普通高等院校计算机类专业系列教材

U0571943

中文版 Photoshop CC 经典项目
设计案例解析

李志港　闫施成　韩婷婷　编著

北京理工大学出版社
BEIJING INSTITUTE OF TECHNOLOGY PRESS

内 容 简 介

本书采用项目与任务驱动的形式，从易到难，列举了9个项目，包括图形创意变换、梦幻场景图像创意设计、人像照片处理、摄影照片调色、创意海报设计、艺术风格海报设计、APP界面交互设计、主题插画设计、网络广告设计，项目共涵盖27个任务。本书每一个实例都按照"任务目标——任务要求——任务思考——任务实施——任务拓展与总结"5个模块进行阐述，满足当前应用型本科高校学生认知需求。

本书可以作为普通高等院校本科学生学习"中文版Photoshop CC项目设计"课程的教材，也可供图像处理爱好者入门学习。

版权专有　侵权必究

图书在版编目（CIP）数据

中文版Photoshop CC经典项目设计案例解析／李志港，闫施成，韩婷婷编著. --北京：北京理工大学出版社，2023.1（2023.3重印）

ISBN 978-7-5763-2090-9

Ⅰ. ①中… Ⅱ. ①李… ②闫… ③韩… Ⅲ. ①图像处理软件 Ⅳ. ①TP391.413

中国国家版本馆CIP数据核字（2023）第022995号

出版发行／北京理工大学出版社有限责任公司

社　　址／北京市海淀区中关村南大街5号

邮　　编／100081

电　　话／（010）68914775（总编室）

　　　　　（010）82562903（教材售后服务热线）

　　　　　（010）68944723（其他图书服务热线）

网　　址／http：//www.bitpress.com.cn

经　　销／全国各地新华书店

印　　刷／三河市天利华印刷装订有限公司

开　　本／787毫米×1092毫米　1/16

印　　张／20　　　　　　　　　　　　　　　　　责任编辑／王玲玲

字　　数／466千字　　　　　　　　　　　　　　文案编辑／王玲玲

版　　次／2023年1月第1版　2023年3月第2次印刷　责任校对／刘亚男

定　　价／54.00元　　　　　　　　　　　　　　责任印制／李志强

图书出现印装质量问题，请拨打售后服务热线，本社负责调换

前　言

　　Photoshop，简称 PS，是由 Adobe Systems 开发和发行的图像处理软件。Photoshop 作为当下最为流行的图形图像处理软件，其功能强大、易学易用，深受图形图像处理爱好者和设计人员的喜爱，其应用范围覆盖整个图像处理和设计行业。

　　基于 Photoshop 在设计行业的应用程度之高，本书将从实用的角度出发，以一些商业案例、工作生活中常应用的案例为主，介绍 Photoshop 的具体操作步骤、工具的使用方法和操作技巧。

　　本书案例用 Photoshop 2021 中文版软件进行设计，根据编者多年的设计工作经验，通过理论结合实际的操作形式，较为系统、全面地介绍 Photoshop 软件在现实生活中涉及的领域。内容包括图形创意变换、梦幻场景图像创意设计、人像照片处理、摄影照片调色、创意海报设计、艺术风格海报设计、APP 界面交互设计、主题插画设计和网络广告设计 9 个项目（其中，项目 9 以二维码形式展现）；每个项目都配备了由易到难的实训任务进行逐步制作，力求通过任务制作，使学习者快速上手，掌握设计思路；按照任务细化知识点，知识点涵盖面广而全，便于学习者掌握软件功能及操作；同时，任务里有拓展知识，便于学习者掌握设计相关理论知识，提升实际应用能力和审美品味。

　　本书既可作为计算机应用技术、动漫制作技术、数字媒体艺术、电子商务以及设计类专业课程教材，也可作为网页制作、美工设计、影视后期、广告宣传、品牌设计、印刷品设计、多媒体制作、包装设计、自媒体设计等行业人员学习和参考的资料。

　　本书由沈阳工学院的教师李志港负责编写项目 2、项目 6 和项目 7，闫施成老师负责编写项目 1、项目 4 和项目 5，韩婷婷老师负责编写项目 3、项目 8 和项目 9，大连盈沐创意设计有限公司设计师姜现译负责给予案例设计与指导。由于时间、经验和能力的限制，本书难免出现一些疏漏之处，恳请广大读者批评、指正。

　　本书项目内容及任务安排：

项目	项目内容	实训任务	
项目 1	图形创意变换	任务 1	倒转城市效果
		任务 2	惊蛰窗花裁剪
		任务 3	小老鼠的自由变换
项目 2	梦幻场景图像创意设计	任务 1	梦幻灯中海
		任务 2	梦幻穿梭水母
		任务 3	梦幻读书记
项目 3	人像照片处理	任务 1	证件照 DIY 制作
		任务 2	旅行照片精修
		任务 3	破损照片修复
项目 4	摄影照片调色	任务 1	赛博朋克风格调色
		任务 2	日式动漫风格调色
		任务 3	高级暗黑森林风格调色

项目	项目内容	实训任务	
项目5	创意海报设计	任务1	"夏日派对"海报背景
		任务2	"夏日派对"海报空间效果
		任务3	"夏日派对"文字视觉效果
项目6	艺术风格海报设计	任务1	波普风格海报设计
		任务2	极简主义风格海报设计
		任务3	超现实主义风格海报设计
项目7	APP界面交互设计	任务1	微信APP图标制作
		任务2	音乐播放器界面设计
项目8	主题插画设计	任务1	"中秋节"传统节日插画设计
		任务2	"春夏秋冬"插画设计
		任务3	手机屏保插画设计
项目9	网络广告设计（二维码）	任务1	茶叶网站banner设计
		任务2	"七夕甜蜜购"弹出式动画广告设计
		任务3	扫码关注GIF动态广告

本书特点：

1. 本书摒弃了传统的讲授方式，以项目案例为主线，案例丰富精彩、贴近生活，实用性强。

2. 按照任务细化知识点，知识点涵盖面广而全，图文并茂，用词通俗易懂，力求用精简的操作步骤实现最佳的视觉设计效果。

3. 在项目案例制作讲解过程中，给出了实用的软件功能技巧提示以及设计技巧提示，可供学习者拓展学习，便于读者更好地吸收知识，提高自己的设计制作水平和实际应用能力。

4. 全书结构编排合理，思路清晰，方便读者学习。

5. 将思政主题有机结合到项目案例中，实现立德树人的教学目标。

6. 本书配套资源中包含了书中实训任务的素材、效果图及视频教程。

目 录

CONTENTS

项目1 图形创意变换

知 识 目 标

了解 Photoshop 软件的应用领域。

了解 Photoshop 软件不同版本的区别。

掌握 Photoshop 软件工作界面。

初步了解并掌握 Photoshop 软件工具与面板。

掌握软件中文件的基本操作。

掌握不同图像格式、模式的区别与应用。

掌握图像的裁剪、变换。

掌握辅助线方式的应用。

能 力 目 标

能够初步学习并理解 Photoshop 软件应用。

能够完成对 Photoshop 中文件文档的相关操作。

能够应用裁剪工具与自由变换对图像进行调整。

能够结合辅助线进行图像处理。

素 质 目 标

培养学生系统的自学能力与探索精神。

培养学生对电脑图像分析问题、解决问题的能力。

培养学生课外拓展训练，锻炼学生自我学习的能力。

任务1 倒转城市效果

任务清单

倒转城市效果

项目名称	任务内容
任务情景	小沈在即将开学之际，想要制作一些漂亮的图案，用来粘贴到自己新学期的笔记本上。首先拍摄了一张晚霞中的城市美景，请你利用 Photoshop 的基础操作知识，帮助小沈简单地制作图像。
任务目标	（1）熟悉 Photoshop 基本操作界面知识。 （2）掌握图像处理的基本知识。 （3）掌握裁剪工具的使用。 （4）掌握抓手工具与缩放工具的辅助运用。
任务要求	请根据任务情景，完成以下任务： （1）打开、分析并裁剪图像。 （2）快速运用抓手工具与缩放工具的方法。 （3）通过画布增加调整图像尺寸。
任务思考	（1）怎样快速调整图像尺寸？ （2）Photoshop 在操作中如何应用抓手工具与缩放工具？ （3）在 Photoshop 中如何通过调整画布增加图像效果？
任务实施	（1）打开素材"城市摄影"，可以看到素材呈现在 PS 软件界面中，如图1-1所示。在右侧工具栏中单击使用"裁剪工具"，并调整至合适的裁剪区域，如图1-2所示，通过目测尽量保证裁剪后的图像趋近于正方形。 图1-1　打开素材

项目名称	任务内容
任务实施	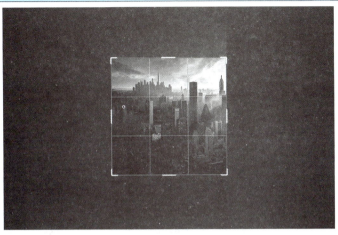 图 1-2 裁剪图像 （2）按"Enter"键确认裁剪，即得到如图 1-3 所示的城市图像。此时，可以应用"缩放工具"与"抓手工具"，观察与检验裁剪后的图像细节，如图 1-4 所示。单击"缩放工具"，系统默认是缩小视角，按住"Alt"键，单击鼠标左键即可放大视角；单击"抓手工具"后，按住鼠标左键并拖动即可调整视角。  图 1-3 裁剪后效果 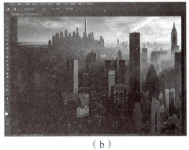 （a）　　　　　　　　（b） 图 1-4 缩放与抓手 （a）缩放；（b）抓手 （3）选择菜单栏中的"图像"→"图像旋转"→"180°"，如图 1-5 所示，将图像进行 180° 旋转，即可得到如图 1-6 所示的城市倒转效果。

项目名称	任务内容
任务实施	 图1-5　图像旋转  图1-6　倒装后效果 （4）接下来为了增加图像效果，选择菜单栏中的"图像"→"画布大小"，可见到目前的画布面板以及对应参数。将"宽度"与"高度"分别增加2厘米，为25.21厘米与25.04厘米，"画布扩展颜色"选择白色，如图1-7所示。 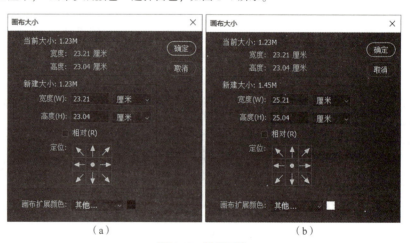 （a）　　　　　　　　　　　（b） 图1-7　扩展画布 （a）画布原数值；（b）扩展数值

项目名称	任务内容
任务实施	（5）确定"画布大小"面板中的数值，即可得到一个类似白色边缘的相框效果，如图1-8所示。  图1-8　最终效果
任务拓展	请自行查找素材图案，练习使用画布设置增加边框效果。
任务总结	

知识要点

1.1.1　Photoshop 软件概述

Photoshop 是一款图像处理软件，属于 Adobe 公司开发的一系列图像处理软件之一。Photoshop，简称 PS，其主要处理像素数字图像，熟练地使用 Photoshop 可以对图像进行编辑与处理，对人们的日常工作具有一定的帮助性。同时，作为基础性的艺术设计电脑软件，熟练学习 Photoshop 具有一定的必要性，能够为学习其他设计类软件打下基础。

1.1.2　Photoshop 软件的应用领域

Photoshop 在艺术设计类行业应用领域中的应用较为广泛，从基础的图像后期处理到平面设计行业都有涉及，如海报设计、版式设计、插画设计、UI 界面设计、摄影后期等。

1. 海报设计

海报设计应用的领域较为广泛，如书籍、电商、广告、招贴等。做海报设计的基础前提就是需要结合理论知识对图像进行处理再设计。在实践应用中离不开 Photoshop 的辅助，并且 Photoshop 可以帮助设计师利用电脑工具快速地产出设计效果。海报设计如图1-9所示。

2. 版式设计

版式设计与海报设计有相同之处，常用于书籍、招贴等平面设计形式中，其在实践设计中除了基本的对图形图案的设计外，更加注重构图形式的设计知识，Photoshop 是目前设计行业中版式设计运用的重要电脑软件之一。版式设计如图1-10所示。

（a）　　　　　　　（b）　　　　　　　　　　　　　（a）　　　　　　　（b）

图 1-9　海报设计　　　　　　　　　　　**图 1-10　版式设计**

（a）海报设计 1；（b）海报设计 2　　　　　　　（a）版式设计 1；（b）版式设计 2

3. 插画设计

插画设计是平面设计领域的方向之一，其是融合了传统绘画与电脑软件，通常运用手绘板结合 Photoshop 软件进行电脑绘制的形式。插画设计普遍应用于网页、书籍、海报等平面设计领域。Photoshop 是目前插画设计行业内所依托的重要软件之一。插画设计如图 1-11 所示。

4. UI 界面设计

UI 界面设计泛指电脑、手机等数字产品操作界面的设计，是近些年随着计算机软件和智能设备技术的发展以及工业产品设计智能化的进步，界面设计成为产品数字媒介交互终端的重要一环。在 UI 界面设计中，Photoshop 是实践操作的重要软件之一，其不但可以制作 UI 思维导图，同时在 APP 图标、网页界面等设计中也是重要工具。UI 界面设计如图 1-12 所示。

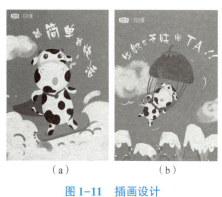

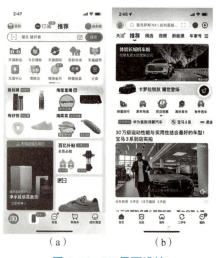

（a）　　　　　　　（b）　　　　　　　　　　　　　（a）　　　　　　　（b）

图 1-11　插画设计　　　　　　　　　　　**图 1-12　UI 界面设计**

（a）插画设计 1；（b）插画设计 2　　　　　　　（a）UI 设计 1；（b）UI 设计 2

5. 影视后期

Photoshop 软件除了在平面设计相关行业应用中占据着重要地位之外，在摄影摄像后期处理中也是作为摄影师的必备电脑软件之一。在摄影后期中，摄影师通常会将自己的摄影作品结合 Photoshop 软件，进行补光、调色、滤镜等特殊图像效果的处理。摄影后期如图 1-13 所示。

（a）　　　　　　　　　　　　　　　　　　（b）

图 1-13　摄影后期

（a）摄影后期 1；（b）摄影后期 2

1.1.3　Photoshop 软件的版本介绍

作为 Adobe 公司旗下的热门软件产品之一，Photoshop 在目前的国内市面上普遍分为两大主流版本，分别为 CS 系列版本以及 CC 系列版本。CS 的最后一个版本是 CS 6，在 2012 年推出，目前已停止更新，但仍然有大部分设计师在使用。CC 版本为目前最新的版本，其会随着时间的推进进行更新，如 Photoshop CC 2021、Photoshop CC 2022 版本等。Photoshop CS 6 与 Photoshop CC 2021 启动界面如图 1-14 所示。二者的区别可以简要概括为：相比较而言，CC 版本中更新了一些细节功能，如 Creative Cloud 功能模块、滤镜 camera raw、3D 功能等，CS 版本较为稳定且安装便捷，同时也能够满足基本的图形图像处理功能。初学者可根据自身计算机硬件条件进行选择，本书的内容参照主要以 Photoshop CC 2021 版本为主。

（a）　　　　　　　　　　　　　　　　　　（b）

图 1-14　Photoshop CS 6 与 Photoshop CC 2021 启动界面

（a）Photoshop CS 6 启动界面；（b）Photoshop CC 2021 启动界面

1.1.4　Photoshop 的基本操作界面

在系统学习 Photoshop 软件应用之前，首先来了解该软件的基本功能界面。单击运行 Photoshop 软件后，可以看到界面为 PS 的历史最近选项，如之前使用软件进行操作，系统会显示曾操作的文件预览。随意新建一个文件，会看到整个软件系统的界面呈现在面前，作为初学者，可以将软件按照上、下、左、右四个方向分别对应菜单栏、属性栏、状态栏、工具箱、面板五大主要功能模块。Photoshop 功能界面如图 1-15 所示。

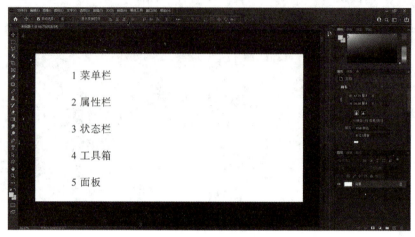

图 1-15　Photoshop 功能界面

1. Photoshop 的菜单栏

菜单栏可以理解为 Photoshop 软件的基础操作部分，其包括一些基本文件操作、图像处理的命令、工具功能等，依次为文件、编辑、图像、图层、文字、选择、滤镜、3D、视图、窗口、帮助这 11 个选项，如图 1-16 所示。操作方式为单击具体选项即可弹出对应命令栏，在这里只做介绍，具体菜单命令的操作方法在后续案例中会详细阐述。

图 1-16　Photoshop 菜单栏

2. Photoshop 的属性栏

属性栏位于菜单栏位置的下方，其作用与面板一样，也是在选择一个工具后对该工具的属性与具体数值进行编辑，不同在于属性栏一般针对每个工具都具有对应属性，面板是在部分复杂程度较高的工具上更加详细的数值属性设置。渐变工具属性栏如图 1-17 所示。

图 1-17　渐变工具属性栏

3. Photoshop 的状态栏

Photoshop 状态栏位于操作界面的底部，其用于显示当前编辑文件的大小、尺寸与分辨率，同时也会显示保存进度。Photoshop 状态栏如图 1-18 所示。

33.33%　　　文档:24.9M/45.6M

图 1-18　Photoshop 状态栏

4. Photoshop 的工具箱

工具箱是 Photoshop 软件最为重要的操作界面,如图 1-19 所示,其囊括了软件中绝大部分命令的使用。进入 Photoshop 界面时,工具箱位于界面左侧,通过单击拖动可以移动工具箱的位置,其包括移动、选区、画笔、图章、矩形工具等。需要注意的是,在 Photoshop CC 版本里,初学者想要了解具体命令的话,也可以将鼠标移动到对应位置停止不动,软件会弹出命令的使用方式及效果动画。

5. Photoshop 的面板

Photoshop 面板位于操作界面的右侧部分,包括图层面板、颜色面板、历史记录面板、文字面板、画笔面板等,在处理图形图像时,选择部分工具后,可在面板界面进行详细参数的调整,配合进行图像的处理。需要注意的是,大部分的面板在默认状态下是隐藏的,需要在窗口菜单栏里进行单击显示。图层面板如图 1-20 所示,隐藏面板的位置如图 1-21 所示。

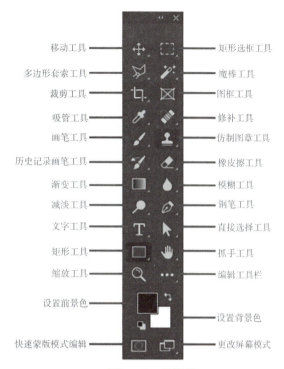

图 1-19　工具箱

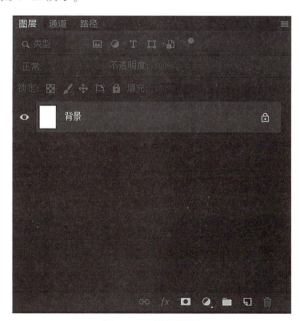

图 1-20　图层面板

图 1-21　隐藏面板的位置

1.1.5　文件的基本操作

1. 打开图像文件

Photoshop 是一款倾向于图形与图像处理的设计软件,在实践应用中会使用不同的图像素材进行编辑与设计，因此就必不可少地会频繁进行打开图像的操作。

在菜单栏单击"文件"→"打开"，快捷键为"Ctrl+O"，然后再选择对应需要打开的图像文件即可。在 Photoshop CC 版本中，进入软件时会有最近使用项目的快捷选择界面，在界面左侧有"新建"与"打开"的选项，单击"打开"也可执行打开的命令，如图 1-22 所示。

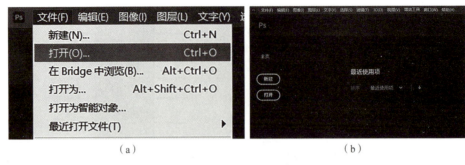

（a）　　　　　　　　　　　　　　（b）

图 1-22　"文件"→"打开"

（a）菜单栏打开；（b）进入界面打开

在实际操作中，另一种方式是拖动打开。具体操作为拖动图像文件直接在 Photoshop 软件中打开，其分为两种情况：一种是当已经打开软件时，在电脑中找到图像文件并选择文件拖动到软件界面，同时松开鼠标左键，即可打开文件；另一种方式是直接将图像文件拖动到 Photoshop 软件快捷方式图像上，当两个文件图标重合时，会提示"用 Adobe Photoshop 打开"的字样，这时松开鼠标左键，即可用启动软件同时打开图像文件，如图 1-23 所示。

（a）　　　　　　　　　　　　　　（b）

图 1-23　拖动文件打开

（a）将文件拖动至界面打开；（b）将文件拖动至 Photoshop 图标打开

2. 新建文件

在 Photoshop 软件应用中，除了打开图像文件外，操作更为频繁的是建立图像文件，无论是使用 Photoshop 软件进行何种设计工作，首先都需要建立对应参数的图像文件。对于新建图像文件的行为，可以简单地理解为在软件中剪裁一张准备用于画图工作的画布。

在菜单栏中单击"文件"→"新建"，快捷键为"Ctrl+N"，便可弹出新建图像文件的界面，如图 1-24 所示。在界面右侧可以看到新建图像文件的具体参数编辑，也就是预设详细信息，从上到下依次为：

名称：用于设置该新建图像文件的名称，便于保存使用，系统默认名称为"未标题-1"。

宽度：设置图像文件的宽度，宽度位置右侧为宽度与高度尺寸单位的选择，一般常用的单位为像素与毫米。

高度：设置图像文件的高度，宽度位置右侧为方向，可以设置图像文件的横/纵向。

分辨率：用于设置图像文件的分辨率与单位。

颜色模式：用于设置图像文件的颜色模式，其中包括位图、灰度、RGB 颜色、CMYK 颜色和 Lab 颜色。

背景内容：用于设置图像文件的背景，其中包括白色、黑色与背景色。

高级：用于一些特殊图像文件数值设置，其中包括颜色配置文件与像素长宽比。

同时，在界面上方也可以看到横向的菜单栏，其中包含的最近使用项是软件智能识别并推荐用户常用的图像文件格式，其余如照片、打印、图稿和插图、Web、移动设备、胶片和视频几项是软件针对一些图像文件的应用场景为用户预设的格式，如照片选项中有横向与纵向不同尺寸的预设，打印选项中有 A4、A5、B5 等不同打印纸张规格的数值。在单击后，系统即可调整到对应图像文件的预设数值，一般不需要再进行修改，直接建立文件即可。

3. 保存文件

对于编辑完成或是阶段性完成的文件，都需要对其进行保存，以便于再次修改，在菜单栏中执行"文件"→"存储"/"存储为"/"存储副本"，快捷键为"Ctrl+S"，如图 1-25 所示。对新建的文件进行保存，系统会自动弹出界面，可以选择保存的路径与更改文件名称；对已经保存过的文件再次执行存储，系统会默认覆盖之前的存档，如果需要重新保存到路径，可执行"存储为"命令；如果需要保存更多的图像文件格式，可以执行存储副本，在其中选择。

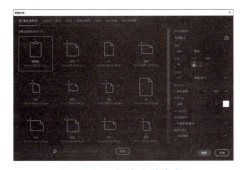
图 1-24　新建文件参数

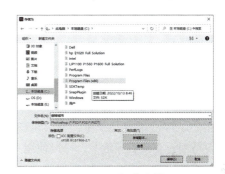
图 1-25　保存文件

1.1.6　调整图像与画布尺寸

1. 图像尺寸

在菜单栏执行"图像"→"图像大小"，在弹出的界面中即可对相应的尺寸进行调整。在"图像大小"中可对图像的高度、宽度、分辨率进行调整，以更改图像尺寸。在面板中，宽度与高度之间有 链接符号，可以对宽度、高度之间的比例进行锁定。在"调整为"选项中可选择 Photoshop 软件的自带尺寸。

2. 画布大小

在菜单栏执行"图像"→"画布大小"，可对图像画布尺寸进行调整，在"画布大小"中可对高度、宽度进行调整，通过定位属性进行画布扩展，可以通过设定更改扩展部分画布的颜色。

图像大小与画布大小如图 1-26 所示。

图像与画布的大小决定着图像文件的大小，在编辑图像时，可以更改与设定图像和画布的尺寸。图像大小与画布大小在实践操作中存在着一些区别：

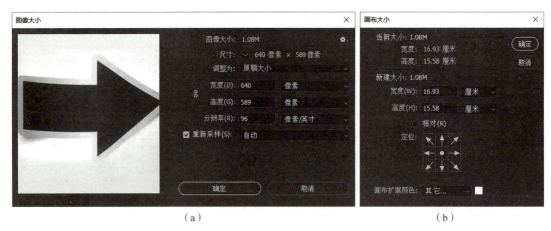

（a）　　　　　　　　　　　　　　　　　　　（b）

图 1-26　图像大小与画布大小

（a）图像大小；（b）画布大小

（1）画布大小改变的是图像背景的大小，图像的大小比例不会跟着画布的改变而改变。

（2）图像大小是编辑的图层的所有对象，改变图像大小，图像会按照所设置的数值变化、变形。

（3）区分点：图像大小改变的东西多些，而画布大小只能改变作图区域。画布大小就是画纸，图像就是画纸上的图。一个是改变画纸的大小，一个是改变画纸上图的比例大小。

1.1.7　缩放与抓手工具

1. 缩放工具

在 Photoshop 软件操作中，常会出现图像窗口显示的比例或过大或过小不便于操作的情况，为了更精细地查看图像细节，可以使用"缩放工具"，快捷键为"Z"，将显示比例放大或缩小，来及时调整视角。

使用缩放工具后，系统默认为缩小视角，鼠标光标为带有"-"的放大镜图案，此时通过移动鼠标位置并单击鼠标左键即可调整；按住"Alt"键，鼠标光标会变为"+"的放大镜图案，可变为放大视角。

2. 抓手工具

在 Photoshop 软件操作中，当图像视角放大后，伴随着操作需要转变操作区域，但并不需要重新调整缩放视角时，可以使用"抓手工具"，快捷键为"H"，来查看在窗口中的图像未显示区域。

☑ 拓展学习

二维码 1-1　Photoshop
的隐藏工具模块

二维码 1-2　操作界
面的个性化调整

二维码 1-3　缩放与
抓手的快捷操作

任务2 惊蛰窗花裁剪

惊蛰窗花裁剪

任务清单

项目名称	任务内容
任务情景	小沈很是喜欢传统文化，想要制作一个窗花图像用于贴在本子上，但是不知道如何精准地裁剪图像，请你根据相关知识帮助她。
任务目标	（1）熟练运用裁剪工具处理图像。 （2）掌握标尺、网格的使用方法。 （3）掌握参考线的使用、移动、删除。
任务要求	请根据任务情景，完成以下任务： （1）分析图像，使用标尺与网格对齐。 （2）使用参考线精准对齐辅助。 （3）裁剪制作惊蛰窗花。
任务思考	（1）标尺的作用是什么？在实践中如何巧妙运用？ （2）在图像处理中为什么需要参考线？其深层次的作用是什么？
任务实施	（1）打开素材"惊蛰-节气"，在菜单栏中执行"视图"→"标尺"，快捷键为"Ctrl+R"。单击后即可看到图像界面上分别出现了横、纵向的标尺，如图1-27所示。在横、纵向标尺交叉处单击鼠标左键，拖动到图像的左上角，即可将标尺的X、Y轴原点对齐在图像左上角，便于观看尺寸数值，如图1-28所示。 图1-27　打开标尺并对齐 　　（2）单击横、纵向标尺并拖动即可拖出蓝色的参考线，将参考线拖动对应至图像中惊蛰窗花的图案边缘，如图1-29所示，此时单击参考线将其拖回横、纵向标尺，也可将其删除。

项目名称	任务内容
任务实施	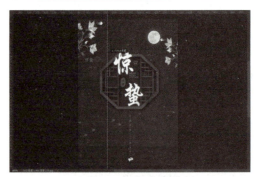 图 1-28　建立参考线 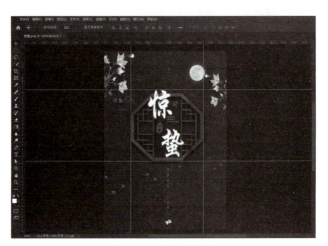 图 1-29　调整参考线 （3）在菜单栏执行"视图"→"显示–网格"，快捷键为"Ctrl+'"，即可在图像中显示网格线，如图 1-30 所示。网格线在图像排列时也会起到参考线的作用。 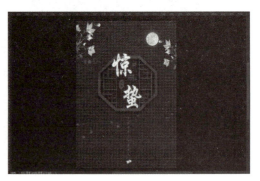 图 1-30　网格 （4）在通过标尺拖出的参考线辅助下，使用裁剪工具进行框选裁剪，系统会自动识别参考线边缘，辅助更精准的处理图像，如图 1-31 所示。

续表

项目名称	任务内容
任务实施	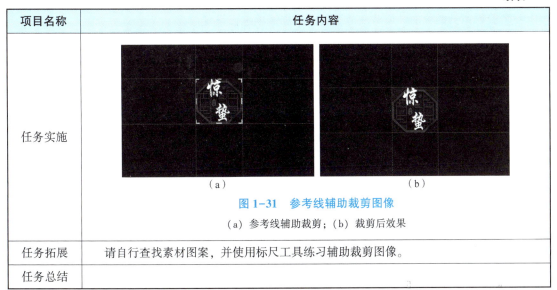（a） （b） 图 1-31 参考线辅助裁剪图像 （a）参考线辅助裁剪；（b）裁剪后效果
任务拓展	请自行查找素材图案，并使用标尺工具练习辅助裁剪图像。
任务总结	

 知识要点

1.2.1 裁剪工具

1. 裁剪工具

在图像处理中，经常会对图像的尺寸进行调整，除了使用图像大小的命令外，最为常用的就是裁剪工具，如图 1-32 所示。单击工具箱中的裁剪工具，快捷键为 "C"，可在图像界面中出现裁剪框，拖动裁剪框的四周进行裁剪图像，裁剪完成后按 "Enter" 键确认即可。

图 1-32 裁剪工具

使用裁剪工具时，在属性栏界面中也可对操作进行详细的参数调整，主要选项如下：

比例：可以选择系统提供的常用固定比例进行裁剪。

自由比例：输入自定义的比例数值，以便于裁剪。

清除：用于清除预设的裁剪比例。

拉直：通过在图像上绘制一条直线拉直图像。

设置裁剪工具的叠加：可对裁剪工具的叠加选项进行设置。

设置其他裁剪：可对颜色、透明度等参数进行裁剪设置。

删除裁剪的像素：确定保留或删除裁剪框外部的像素数据。

内容识别：原始图像外的内容识别填充区域。

裁剪工具属性栏如图 1-33 所示。

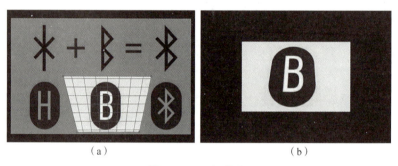

图 1-33　裁剪工具属性栏

2. 透视裁剪工具

透视裁剪工具相较于裁剪工具，如图 1-34 所示，可以在裁剪的同时输出具有三维透视效果的图像，使用时单击画面的 4 个点，系统会自动生成裁剪矩形框，并且可以通过对控制点的调整来改变输出图像的透视效果。

（a）　　　　　　　　　　　　　（b）

图 1-34　透视裁剪

（a）透视裁剪控制框；（b）透视裁剪效果

3. 切片工具

切片工具是该软件自带的一个平面图片制作工具。Photoshop 切片工具将一个完整的网页切割许多小片，以便上传。将网页设计稿切成一片一片的，或一个表格一个表格的，这样可以对每一张进行单独的优化，以便于网络上的下载。可以做成网格的，然后可以用 Dreamwaver 来进行细致的处理。利用切片工具可以快速地进行网页的制作。切片工具效果如图 1-35 所示。

图 1-35　切片工具效果

1.2.2　撤回操作

在编辑处理图像时，常会出现某一步骤操作错误或是失误的情况，此时可执行撤回操作，用于撤回到上一步重新操作，这也是 Photoshop 电脑软件处理图像的优势，即可以进行随意撤回修改，直至满意的效果。

1. 撤回一步

在菜单栏执行"编辑"→"还原"，快捷键为"Ctrl+Z"，可撤回一步，在实践应用中多以快捷键的使用为主。

2. 连续撤回多步

若需要连续地还原，在菜单栏执行"编辑"→"后退一步"，快捷键为"Ctrl+Alt+Z"，可逐个步骤撤回操作。

3. 撤回到某一步骤

更为推荐的方式是利用系统中的历史记录面板。在菜单栏执行"窗口"→"历史记录"可显示历史记录面板，在历史记录面板中能够清晰地观察到图像文件在当前 Photoshop 系统中的所有操作步骤，如图 1-36 所示，系统默认储存 20 步，如想撤回到某一步，直接单击对应的选项即可。

图 1-36　历史记录

1.2.3　辅助工具

1. 标尺

顾名思义，标尺是在图像界面显示尺度的工具，其可以帮助观察图像尺寸，确定图像位置。在菜单栏执行"视图"→"标尺"，快捷键为"Ctrl+R"，即可在图像界面显示水平标尺与垂直标尺，如图 1-37 所示。再次使用快捷键"Ctrl+R"可关闭标尺。

图 1-37　标尺

2. 参考线

在对图像进行编辑的过程中，可以使用参考线辅助图像处理的准确性。

在使用标尺的基础上，将鼠标放于水平/垂直标尺上，按住鼠标左键并向下/右拖动，即可创建参考线，如图 1-38 所示。使用移动工具可对参考线的位置进行调整，将其拖动回对应标尺位置可删除参考线。

图 1-38　参考线

3. 智能参考线

智能参考线是利用软件系统的智能化设定，辅助对齐图像。

在菜单栏执行"视图"→"显示"→"智能参考线"，即可启动智能参考线，在进行图像操作时，系统会根据位置自动显示并对齐，但当界面图像过多时，可将其关闭，否则可能会出现误操作的情况。

4. 网格

网格常用于查看与排列图像，也可起到一定的参考作用，如图1-39所示。在菜单栏执行"视图"→"显示"，可将网格在图像中显示出来，再次执行操作可关闭网格。

图1-39 网格

任务3 小老鼠的自由变换

小老鼠的自由变换

✓ 任务清单

项目名称	任务内容
任务情景	小沈在查找资料时发现了一张小老鼠的插画，很是喜欢，想要将其中的卡通老鼠制作成粘贴卡片，但是发现其位置不太好调整，如何才能让它变得规整呢？
任务目标	（1）掌握新建文件并插入图像的方法。 （2）了解并掌握不同颜色模式的调整。 （3）熟练掌握自由变换的应用方式。
任务要求	请根据任务情景，完成以下任务： （1）新建文件的参数设置。 （2）运用自由变换实现图像位置、大小、方向的调整。 （3）结合裁剪制作图案。 （4）将颜色模式更改为打印的CMYK模式。
任务思考	（1）文件的不同参数代表的意义分别是什么？如何设置与调整？ （2）像素与分辨率是如何确定图像的大小的？ （3）RGB与CMYK颜色模式的意义以及应用类型是什么？ （4）自由变换工具对于Photoshop的操作有何种重要意义？其都包含何种操作方式？

项目名称	任务内容
任务实施	（1）单击"文件"→"新建"，新建一个图像文件，在打印选项中选择 A4 规格的文件，参数为系统默认即可，直接建立，如图 1-40 所示。 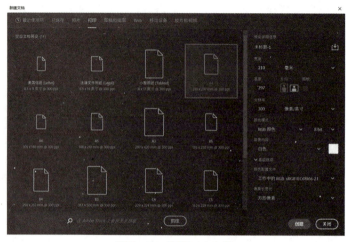 图 1-40　新建 A4 文件 （2）将素材"小老鼠.jpg"直接拖动到新建文件中，可以看到图像呈现出带有边框和控制点的状态，这时说明此图像在"自由变换"的状态下，如图 1-41 所示，此时将鼠标单击拖动控制点或是直接单击拖动图像，可以改变图像的大小与位置，将图像完全覆盖画布后，按"Enter"键确认即可。  图 1-41　自由变换 （3）Photoshop 中系统默认的 A4 文件的颜色模式是 RGB 模式，由于最终处理该图像的目的是打印，执行菜单栏"图像"→"模式"→"CMYK"，可以将图像文件转换为 CMYK 颜色模式，如图 1-42 所示。 （4）单击工具栏中的"裁剪工具"，可以看到图像上出现裁剪区域，将区域的上、下、左、右四个边缘调整到合适的老鼠图案上，按"Enter"键确认，如图 1-43 所示。 （5）单击菜单栏"编辑"→"自由变换"，快捷键为"Ctrl+T"，图像呈现"自由变换"状态。在"自由变换"状态下单击鼠标右键，在弹出的菜单栏中选择"旋转"，如图 1-44 所示，将图像中的"小老鼠"摆正位置。

项目名称	任务内容
任务实施	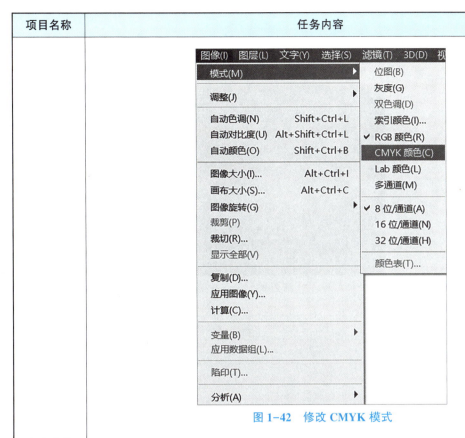 图 1-42　修改 CMYK 模式 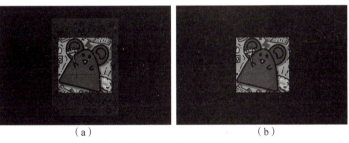 （a）　　　　　　　　　　　　　（b） 图 1-43　裁剪图像 （a）裁剪控制框；（b）裁剪后效果  图 1-44　自由变换旋转

续表

项目名称	任务内容
任务实施	（6）在"自由变换"状态下利用键盘的箭头键进行上、下、左、右的位置微调，得到图 1-45 所示的最终效果。  图 1-45　最终效果
任务拓展	请自行查找素材图案，并使用自由变换工具练习将其转换与变形。
任务总结	

 知 识 要 点

1.3.1　像素与分辨率

1. 像素

像素是指在由一个数字序列表示的图像中的一个最小单位，在 Photoshop 中将图片视角放大到一定程度后，可以观察到呈现出一个个排列整齐并具有不同颜色的方格，如图 1-46 所示，即像素。

2. 分辨率

分辨率即指在单位长度下像素的数量，其直接影响着图像的大小与清晰程度。分辨率的大小直接决定了图像质量。例如 1 in×1 in 的两个图像，分辨率为 72 ppi 的图像包含72×72＝5 184（ppi），而分辨率为 300 ppi 的图像则包含 300×300＝9 000（ppi）。在打印时，高分辨率的图像要比低分辨率的图像包含更多的像素。

在分辨率中又分为显示分辨率、图像分辨率与输出分辨率。显示分辨率指显示屏幕上能够显示的像素数量，显示器的分辨率越高，则显示的图像越清晰；图像分辨率指图像中存储的像素数量，也可用英文缩写"ppi"来表示，其即表示了图像的清晰度，同时也表示图像大小；输出分辨率指设备，如打印机，在单位内输出的点数，也可用英文缩写"dpi"表示，分辨率越高，则输出的图像质量越好。

图 1-46　像素

1.3.2 位图与矢量图

1. 位图

位图颜色丰富，自然逼真，是最常见的图像形式，一般为 jpg、png、bmp、tiff 等格式。其是由一个个相同大小的像素块组成的，每个像素块具有固定位置与颜色信息，所以也叫像素图。其特点是放大到一定程度后会产生失真的马赛克效果。位图色彩变化丰富且支持与编辑的软件较多，其大小与质量取决于图像像素的数量。

2. 矢量图

矢量图能够表现的色彩具有一定限制，一般为 cdr、ai、eps、dwg、svg 等格式，其构成方式与位图不同，由点、线、面等元素构成。矢量图的轮廓形状更容易变化修改，将其任意放大也不会出现位图的失真效果，但在色彩上没有位图丰富、直接，同时，其需要专门的设计软件支持浏览与编辑。

Photoshop 软件就是最为典型的位图编辑软件。通过相关软件，矢量图可以轻松地转化为位图，但位图若要转化为矢量图，则需要经过较为复杂的处理过程。

位图与矢量图如图 1-47 所示。

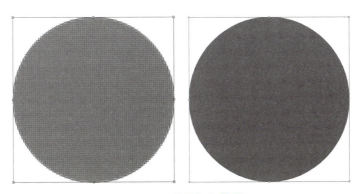

图 1-47　位图与矢量图

1.3.3 图像颜色模式

颜色模式是显示屏幕与打印页面上呈现的图像色彩模式，在日常的图像处理与应用中是很重要的概念。针对不同的使用场景，有其独特的颜色模式。Photoshop 软件中，在新建图像文件界面的颜色模式选项中可以选择位图、灰度、RGB 颜色、CMYK 颜色、Lab 颜色几种模式。下面依次进行讲解。

1. 位图模式

位图模式只具有纯黑色与纯白色，适合制作单色图像，也叫作黑白图像，其深度为1，所以也称作1位图像。

2. 灰度模式

灰度模式下不具有任何颜色，当彩色图像转换为灰度模式时，其所有颜色信息也将被删除。当使用 Photoshop 软件将灰度模式转化为彩色模式时，其原来丢失的彩色信息不能被找回。通常情况下，图像转化为灰度模式后才可转化位图模式。

彩色模式与灰度模式对比如图 1-48 所示。

图 1-48   彩色模式与灰度模式对比

3. RGB 模式

RGB 颜色模式的图像由 R（red）红、G（green）绿、B（blue）蓝光源三原色构成，能够组成 256×256×256 种颜色，其几乎包括人类所能看见的所有颜色，所以 RGB 模式是应用最广泛的颜色模式之一。RGB 颜色一般用于屏幕显示，如电视、电脑、手机等电子成像等。

4. CMYK 模式

CMYK 颜色模式的图像由青色（Cyan）、品红色（Magenta）、黄色（Yellow）印刷三原色加上黑色 Black 也就是印刷油墨色组成，其主要应用为彩色印刷时使用的颜色模式，如杂志、书籍。因为受印刷颜料的限制，有些在 RGB 模式下观察到的颜色是无法完全还原印刷出的，所以当使用 Photoshop 软件设计需要印刷的图像时，就需要将颜色模式调节成 CMYK，以便观察图像最终印刷的色彩效果。

RGB 模式与 CMYK 模式对比如图 1-49 所示。

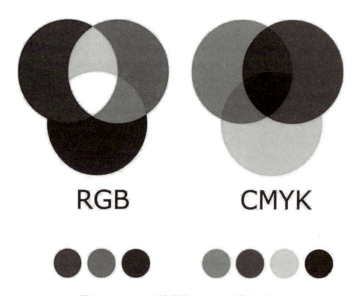

图 1-49   RGB 模式与 CMYK 模式对比

5. HSB 模式

HSB 色彩模式即色度、饱和度、亮度模式。它采用颜色的三属性来表示，即将颜色三属性进行量化，饱和度和亮度以百分比值（0%~100%）表示，色度以角度（0°~360°）表示。HSB 色彩模式以人类对颜色的感觉为基础，描述了颜色的三种基本特性。在 HSB 色彩模式中，H 代表色相，S 代表饱和度，B 代表亮度。色相就是纯色，即组成可见光谱的单色，红色在 0°，绿色在 120°，蓝色在 240°。它基本上是 RGB 模式全色度的饼状图；饱和度代表色彩的纯度，为 0 时即为灰色。白、黑和其他灰度色彩都没有饱和度。最大饱和度时，是每一色相最纯的色光；亮度是指色彩的明亮度。为 0 时即为黑色。最大亮度是色彩最鲜明的状态。

6. Lab 模式

Lab 颜色是 Photoshop 软件中的特殊颜色格式，L 表示亮度，a 表示从绿到红的颜色范围，b 表示从蓝到黄的颜色范围。其弥补了 RGB 与 CMYK 两种颜色的不足，不论使用何种设备输出图像，其颜色都能保持一致性，同时，也是 Photoshop 在不同颜色模式之间转换时使用的中间颜色模式。

1.3.4　文件格式

在日常使用与保存文件时，会涉及"文件格式"的选项，不同的格式有着不同的应用范围与场景。在此列举几个 Photoshop 软件操作中常用的图像文件格式，分别为 JPEG、PNG、PSD、GIF、BMP、TIFF、PDF。

1. JPEG 格式

JPEG 格式也简称为 JPG 格式，是一种有损的图片压缩格式，其能在保证高度压缩率的同时保持图像的最大清晰度，是最为常见与应用的图片格式，具有体积小、传输速度快的优点，是最为常见和常用的图像文件格式。

2. PNG 格式

PNG（Portable Network Graphics）为可移植网络图形，相对于 JPEG 而言，PNG 是一种无损的图片压缩格式，不会在反复传输过程中过多降低清晰度，失真率小，同时，如果图像较复杂的话，则文件体积会较大。其优点是可以支持透明背景的图片形式。

3. PSD 格式

PSD 为 Photoshop 源文件格式，即软件编辑的原始文件格式，文件扩展名为 .psd。其可以保存用户在使用 Photoshop 进行当前图像所有处理步骤流程。在实践应用中，尤其是较为复杂的图像处理时，建议保存一份 PSD 文件，作为能够随时编辑或调整的备份。

4. GIF 格式

GIF 为 8 位图像文件，产生的格式较小，便于网络传输。当保存图像文件为 GIF 时，可以选择决定是否保存透明区域或者转换为纯色。同时，更重要的是，通过多幅图片的转换，GIF 格式还可以保存动画效果。

5. BMP 格式

BMP 为点阵图格式之一，Windows 下显示的点阵图以无损形式保存的文件。优点是不会降低图片的质量，但文件通常占内存较大。

6. TIFF 格式

TIFF 格式采用无损压缩，可支持多种的彩色模式，能够储存的图像信息较多，图像质量往往较高，有利于原稿的传输。但这种格式体积较大，并且兼容性较差，一般用于 Mac 系统用户。

1.3.5 自由变换

在 Photoshop 软件中,会经常在保证原有画布尺寸不变的情况下,针对画布内的某一图层图像进行反复调整变换,这时候就需应用到一个重要命令"自由变换"。自由变换可以对图像进行移动、旋转、放大、缩小、倾斜、透视等操作,执行菜单栏"编辑"→"自由变换",快捷键为"Ctrl+T",即可实现。执行"自由变换"后,对象会出现一个变换边框,并在中心与四周具有控制点,如图 1-50 所示。

使用自由变换时,可使用快捷键"Ctrl""Shift""Alt"来辅助调整图像。按住"Ctrl"键后,可使用鼠标移动某一控制点位置;按住"Shift"键后,可通过对控制点单击进行锁定原比例的图像缩放;按住"Alt"键后,可以锁定中心点不变。

在"自由变换"状态下单击鼠标右键,弹出菜单栏,可对图像进行缩放、旋转、斜切、透视、扭曲、变形等高级变换操作,如图 1-51 所示。

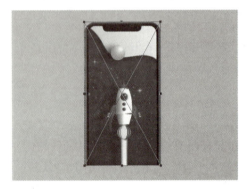

图 1-50　自由变换

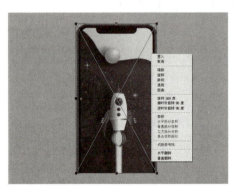

图 1-51　自由变换菜单栏

缩放:鼠标单击控制点,当其变为双箭头图标时,即可拖动缩放,按住"Shift"键的同时进行操作,可以进行等比缩放。

旋转:鼠标移动至控制边框外部,当其变为弯曲的双箭头时,即可进行旋转,按住"Shift"键的同时进行操作,可以进行15°的增量旋转。

斜切:鼠标移动至控制边框外部,拖动控制点,可以对图像进行斜切变形。

透视:拖动控制点,可以对图像进行透视效果变形。

扭曲:按住"Ctrl"键的同时拖动控制点可以进行扭曲,按住"Alt"键的同时拖动控制点可以中心点为基准进行扭曲。

旋转180°:将图像旋转半圈。

顺时针旋转90°/逆时针旋转90°:将图像顺时针或逆时针方向旋转1/4圈。

变形:变形状态下变为网格形态边框,可以拖动网格内的控制点或区域,对图像进行变形。

水平翻转/垂直翻转:对图像沿着水平轴或垂直轴进行翻转。

◇ 拓展学习

二维码 1-4　Photoshop 的快捷键

项目2 梦幻场景图像创意设计

知识目标

掌握选框工具的操作方法。
掌握套索工具的操作方法。
掌握快速选择工具的操作方法。
掌握前景色与背景色的设置和填充。
掌握路径及钢笔工具的相关操作。
熟练掌握图层的使用方法。
掌握图层混合模式的概念。

能力目标

能够熟练建立选区对图像进行处理。
能够熟练运用工具进行抠图。
能够应用渐变工具进行图像的合成。
能够结合图层知识进行相关操作。
能够熟练运用图层混合模式制作图像效果。

素质目标

通过项目教学，培养学生对图像合成的分析问题、解决问题的能力。
培养学生具有勇于创新的工作作风与质量意识。
锻炼学生自我学习分析、处理图像的能力。

任务1 梦幻灯中海

任务清单

梦幻灯中海

项目名称	任务内容
任务情景	小沈最近在科幻电影中看到许多场景效果，想要通过 Photoshop 软件尝试自己进行图像的合成。首先，她找到了海洋与灯泡的素材，想要将其合成为精美的图像效果，请你应用 Photoshop 软件知识与她一起完成。
任务目标	(1) 掌握选区的意义及应用。 (2) 掌握图像合成的方式方法。 (3) 掌握制作图像合成效果的技巧。 (4) 掌握渐变工具的应用。
任务要求	请根据任务情景，完成以下任务： (1) 对灯泡素材进行抠图与处理。 (2) 制作海洋场景。 (3) 制作漂浮游鱼效果。 完成制作渐变背景。
任务思考	(1) 选区、抠图、图像合成的逻辑关系是什么？ (2) 几种选择工具的特点与区别是什么？ (3) Photoshop 中图层的概念是什么？主要如何应用？ (4) 如何保证合成后图像的真实性？ (5) 图像投影的制作方法是什么？
任务实施	(1) 执行"文件"→"新建"命令或"Ctrl+N"快捷键，创建横板 A4 的画布参数，如图 2-1 所示。 图 2-1　新建 A4 文件

项目名称	任务内容
任务实施	（2）应用快捷键"Ctrl+O"，打开"灯泡素材"图片，用移动工具将其拖动到"灯泡海底世界"文件中，选择磁性套索工具框，选出"灯泡"边缘，建立选区，如图2-2所示。  （a）　　　　　　　　　　（b） 图2-2　应用磁性套索选择灯泡 （a）磁性套索使用过程；（b）生成选区 （3）应用快捷键"Ctrl+J"将灯泡单独复制并粘贴一层，将该图层命名为"灯泡"，单击"灯泡素材"图层，按"Delete"键删除，如图2-3所示。  图2-3　灯泡效果 选择菜单"编辑"→"自由变换"，快捷键为"Ctrl+T"，将"灯泡"调整到合适的角度、位置、大小。选择橡皮擦工具，在画布中右击，调整参数（大小：200像素，硬度：0%，常规画笔→柔边圆压力大小），如图2-4所示。擦除灯泡透明部分，灯泡处理效果如图2-5所示。  图2-4　调整参数

项目名称	任务内容
任务实施	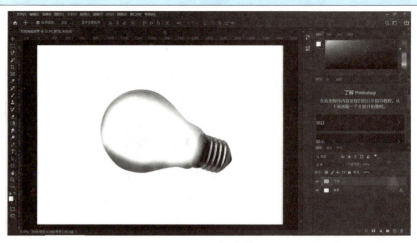 图2-5　处理灯泡效果 （4）打开"海底"图片素材并拖入画布中，用移动工具将其拖至"灯泡"图层下，应用快捷键"Ctrl+T"进行自由变换，调整大小和位置。单击该图层，单击鼠标右键，在弹出的菜单栏中选择"栅格化图层"，如图2-6所示。 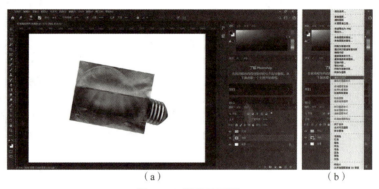 （a）　　　　　　　　　　　　　　　（b） 图2-6　栅格化图层 （a）调整图像大小位置；（b）栅格化图层 （5）单击"灯泡"图层，执行工具箱中的对象选择工具（w），框选灯泡透明的部分。单击"海底"图层，选择菜单"选择"→"反选"或应用快捷键"Ctrl+Shift+I"进行反选，按"Delete"键删除多余的部分，过程如图2-7所示。  （a）　　　　　　　　　　　　　（b） 图2-7　海底素材嵌入过程图 （a）选择并反选；（b）删除部分效果

项目名称	任务内容
任务实施	（6）按住快捷键"Ctrl+D"取消选区，选择橡皮擦工具，选择橡皮擦工具，在画布中右击，调整参数（大小：200 像素，硬度：0%，常规画笔→硬边圆），把天空的部分擦除，效果如图 2-8 所示。 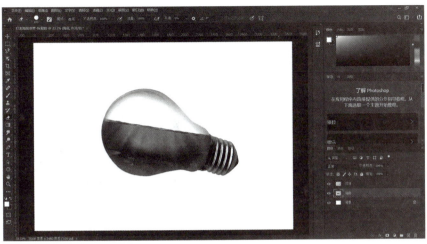 图 2-8　海底嵌入效果图 （7）将素材"小鱼"拖入画布中并调整位置与大小。单击该图层，鼠标右击，执行"栅格化图层"。选择"橡皮擦工具"，在属性栏中将橡皮擦改为硬边圆，调整透明度为 15%，涂抹小鱼在海里的部分，让小鱼与环境融合，属性栏参数及效果如图 2-9 所示。 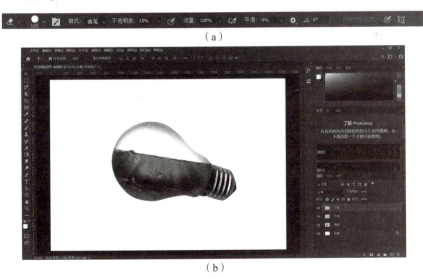 （a） （b） 图 2-9　小鱼合成效果 （a）橡皮擦参数；（b）合成效果 （8）加入倒影。在图层面板中按"Shift"键，单击图层进行全选，按快捷键"Ctrl+J"进行复制，单击鼠标右击，执行"转化为智能对象"，再次单击鼠标右键，执行"栅格化图层"，最终面板如图 2-10 所示。

项目名称	任务内容
任务实施	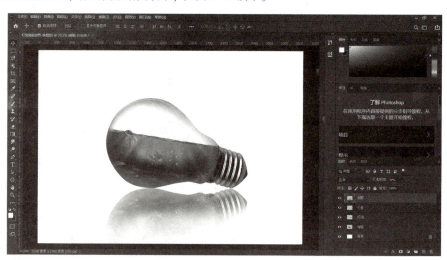 图2-10 面板处操作 (9) 应用快捷键"Ctrl+T"进行自由变换，单击鼠标右击，在弹出的菜单栏中选择"垂直翻转"，调整位置。工具栏选择"橡皮擦工具"，在属性栏中将橡皮擦改为柔边圆，透明度为65%，擦出倒影渐变效果，如图2-11所示。 图2-11 灯泡倒影效果 (10) 加入渐变背景。单击背景图层，选择"渐变"工具，单击属性栏中的颜色条，弹出"渐变编辑器"对话框，将渐变色设置为从黄色到蓝色再到紫色，单击"确定"按钮，如图2-12所示。在属性栏中将渐变样式选择"线性渐变"。在画布中单击鼠标左键，从右下角拖动至左上角。效果如图2-13所示。

项目名称	任务内容
任务实施	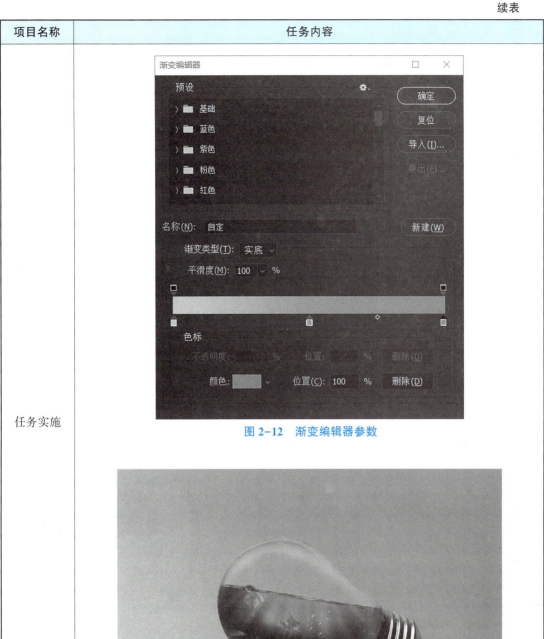 图 2-12 渐变编辑器参数 图 2-13 最终效果
任务拓展	请搜集素材图像，并将图像通过合成制作梦幻效果。
任务总结	

✅ 知识要点

2.1.1 选框工具

选框工具用于生成选区，其分为矩形选框工具、椭圆选框工具、单行选框工具、单列选框工具四部分。单击选框工具后，在工具属性栏位置上就会呈现对应可以调整的选框工具属性，通过对其中参数的调整，以达到理想的工具效果。在属性栏界面中，当将鼠标移动到对应的图标或文字上并停顿1秒时，系统会显示对该属性的解释。

1. 矩形选框工具

用于绘制矩形外轮廓的选区工具。执行工具后，单击鼠标左键直接拖动即可绘制矩形选区，按住"Shift"键可以绘制正方形选区，按住"Alt"键以鼠标点为中心点绘制矩形，同时按住"Shift"键与"Alt"键则建立同时满足以上两种条件的选区。矩形选框工具使用如图2-14所示。

2. 椭圆选框工具

用于绘制椭圆形外轮廓的选区工具。执行工具后，单击鼠标左键直接拖动即可绘制矩形选区，按住"Shift"键可以绘制正圆选区，按住"Alt"键以鼠标点为中心点绘制椭圆，同时按住"Shift"键与"Alt"键则建立同时满足以上两种条件的选区。椭圆选框工具的使用如图2-15所示。

图 2-14　矩形选框工具使用

图 2-15　椭圆选框工具使用

3. 单行/单列选框工具

能快速绘制出高度或宽度为1像素的选区。

选框工具属性栏如图2-16所示。属性栏功能介绍：

羽化：0像素　　　　样式：正常　　宽度　　　　高度　　　　选择并遮住…

图 2-16　选框工具属性栏

（1）使用工具显示：通过图标来显示当前所使用的选框工具类型，如使用矩形选框工具时，就会显示虚线形式的矩形图标，使用椭圆选框工具时，会显示圆形图标。

（2）选区运算组块：分为"新选区""添加到选区""从选区减去""与选区交叉"四项。

在使用选框工具后，默认开启的是"新选区"选项，可直接建立选区，在建立选区后，可以使用其余三个选项来调整现有选区的区域。

"添加到选区"可以通过绘制选区与已有选区进行合并，从而生成新的选区，如图 2-17 所示。

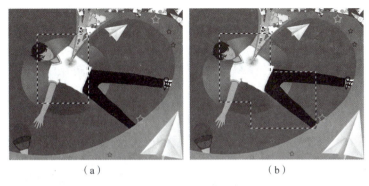

（a）　　　　　　　　　　　　　　（b）

图 2-17　添加到选区

（a）已生成选区效果；（b）添加到选区效果

"从选区减去"可以建立选区来减去已有选区的部分，如图 2-18 所示。

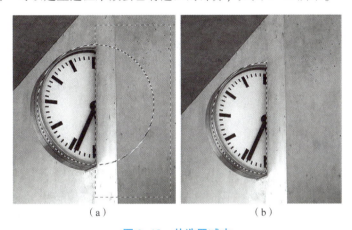

（a）　　　　　　　　　　　　　　（b）

图 2-18　从选区减去

（a）已生成选区效果；（b）从选区减去效果

"与选区交叉"可以利用建立选区与已有选区进行相交，使交叉部分变为新选区，如图 2-19 所示。

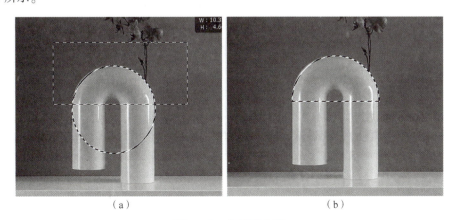

（a）　　　　　　　　　　　　　　（b）

图 2-19　与选区交叉

（a）已生成选区效果；（b）与选区交叉效果

（3）羽化：设置选区边缘的模糊程度，羽化数值越高，模糊程度就会越高。系统默认羽化值为0，当需要建立一个虚化边缘的选区时，可以采用将鼠标单击"选区"属性并左右拖动调节数值，或是直接输入数值两种方法。在利用选区抠图或是填充颜色图案时，要想使图案边缘柔和，常通过羽化值的调整来实现。如图2-20所示，将羽化值进行调整后，使用选框工具，会出现圆角的矩形选区，将选中图案使用移动工具拖动后，产生虚化边缘的效果。

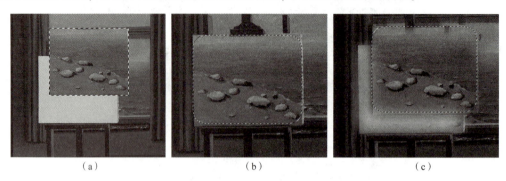

（a）　　　　　　　　　　（b）　　　　　　　　　　（c）

图2-20　羽化效果

（a）正常选区移动；（b）羽化后选区边框；（c）羽化后选区移动

（4）样式：有"固定比例"与"固定大小"两个选项，"固定比例"可以通过宽度与高度比例限制选区的整体比例，"固定大小"可以通过宽度与高度的尺寸控制选区的大小。系统默认为正常选项，此时可随意控制选项大小，当选择"固定比例"或"固定大小"时，选项后的"宽度"与"高度"会自动打开，可以采用将鼠标单击"选区"属性并左右拖动调节数值，或是直接输入数值两种方法进行调整。

（5）宽度/高度：在使用固定比例前提下，调整选框的宽度与高度数值。

2.1.2　套索工具

套索工具中分为套索工具、多边形套索工具、磁性套索工具三部分。不同套索工具的应用具有一定的区别，如套索工具、多边形套索工具常用于建立较为规则的选区生成与抠图，磁性套索工具则常用于不规则复杂图案的选区生成与抠图。相较于选框工具，套索工具组在抠图实践操作中应用更为广泛。

1. 套索工具

相较于选框工具，套索工具的应用可以创建任意形状的选区。在工具箱中选择"套索工具"，快捷键为"L"，在图像中单击鼠标左键并拖动可直接绘制选区。需要注意的是，绘制的起点与终点需要重合，若无重合，系统会自动在二者间以直线形式闭合，形成选区。

套索工具属性栏如图2-21所示，属性栏功能介绍：

（1）选区运算组块：进行"新选区""添加到选区""从选区减去""与选区交叉"四种运算。

（2）羽化：设置选区边缘的模糊程度。

图2-21　套索工具属性栏

2. 多边形套索工具

多边形套索工具适用于创建直线构成的选区。在工具箱中选择"多边形套索工具"，快捷键为"L"，在图像上通过单击创建起点与控制点的方式绘制选区，绘制完成后，在起点位置单击即可创建选区。在使用多边形套索工具时，可以通过按住"Alt"键来绘制直线，如图 2-22 所示。

图 2-22　多边形套索工具使用

属性栏功能介绍：

多边形套索工具属性栏如图 2-23 所示，其功能与套索工具基本一致。

图 2-23　多边形套索工具属性栏

3. 磁性套索工具

磁性套索工具能够根据系统自动识别图像边缘，以绘制控制点最终生成选区，比较适合应用在具有较为复杂外轮廓的图形，且边缘清晰，与背景对比明显。在工具箱中选择"套索工具"，快捷键为"L"，通过移动鼠标光标，系统自动识别图形边缘，或者单击鼠标左键以建立锚点（控制点），从而生成选区，如图 2-24 所示。

磁性套索工具属性栏如图 2-25 所示，其功能介绍：

（1）选区运算组块：进行"新选区""添加到选区""从选区减去""与选区交叉"四种运算。

（2）羽化：设置选区边缘的模糊程度。

（3）宽度：设置与边的距离以区分路径，主要

图 2-24　磁性套索工具使用

图 2-25　磁性套索工具属性栏

是用来定义磁性套索工具检索的距离范围的数值，如当输入数字为 15 时，那么磁性套索工具只会寻找 15 像素距离之内的物体边缘。所以，数字越大，可以寻找的范围也越大，但是可能会导

致边缘不准确，所以宽度一般不宜过大。

（4）对比度：设置边缘对比度以区分路径，便于将想要选取的图像与周围的图像区分开来。如果选取的图像与周围图像的颜色差别较明显，那么就应设置一个较高的百分数值，反之，就应将数值调低。

（5）频率：设置锚点添加到路径中的密度，频率值越高，则当系统识别图案边缘时，自动添加的锚点数量就越多，识别边缘相对准确，但选区边界容易出现毛边；频率值越低，自动添加的锚点数量就越少，则识别边缘相对模糊，但选区边界较为圆滑。频率数值不同的效果如图 2-26 所示。

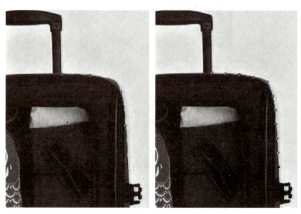

图 2-26 频率数值不同的效果

2.1.3 快速选择工具

快速选择工具模块中分为快速选择工具、魔棒工具两部分，其相较于其他选区工具的特点与优势就是如字面意思"快速选择"。快速选择工具与魔棒工具的使用方法是选区工具中较为简单的存在，它们所依托的是 Photoshop 软件强大的智能识别系统，在抠图工作上应用较多。但需要注意的是，快速选择工具与魔棒工具适用于造型、颜色等复杂程度相对较一般的图像，较为复杂或是需要精细修正边缘的图像抠图还需要应用其他工具。

1. 快速选择工具

快速选择工具可以理解为，用画笔工具辅助 Photoshop 软件的智能识别来"画"出选区。在工具箱中选择"快速选择工具"，快捷键为"W"，鼠标光标将变为画笔圆形，拖动光标，系统会根据运行轨迹建立选区。快速选择工具使用如图 2-27 和图 2-28 所示。

图 2-27 绘制拖动过程

图 2-28 生成选区

快速选择工具属性栏如图 2-29 所示，属性栏功能介绍：

图 2-29　快速选择工具属性栏

（1）选区运算组块：与选框、套索工具功能相同，在图标上由几何形正方形变为画笔样式，分为"新选区""添加到选区""从选区减去"三个选项，系统默认为"新选区"选项，其余两项为调整与修改选区使用。

（2）画笔选项：快速选择工具使用形式为画笔"画"出选区，在此选项中可以调节画笔的"大小""硬度""间距"等参数，通过对画笔的设置可以替换笔尖样式。

（3）对所有图层取样：勾选"对所有图层取样"即可对文件中所有的图层进行选择操作。

（4）自动增强：勾选"自动增强"后，系统在生成的选区边缘会更平滑自然。

（5）选择主体：系统会自动识别并对主体选择建立选区，此选项较为适用于背景简单且主体突出的图像。

2. 魔棒工具

魔棒工具的应用是能够快速选择图像中色彩相同或相近的部分，并形成选区。在工具箱中选择"魔棒工具"，快捷键为"W"，通过单击鼠标左键即可生成选区。画笔选项如图 2-30 所示，魔棒工具使用如图 2-31 所示。

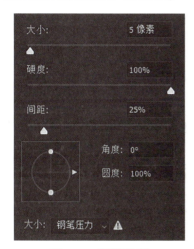

图 2-30　画笔选项

图 2-31　魔棒工具使用

魔棒工具属性栏如图 2-32 所示，属性栏功能介绍：

图 2-32　魔棒工具属性栏

（1）选区运算组块："新选区""添加到选区""从选区减去""与选区交叉"四项。

（2）取样大小：控制取样点像素的大小，取样点越大，创建的选区越大。

（3）容差：确定即将选择的区域与已选择的区域颜色的差异值。容差值越低，颜色差异度越小，建立的选区越精确。不同大小容差值的对比如图 2-33 和图 2-34 所示。

（4）消除锯齿：系统默认勾选，使选区边缘平滑。

（5）连续：勾选后，只选取与取样点相连接的颜色区域；若不勾选，可以选择整个图像中与取样点颜色相近的区域。

图 2-33　低容差值　　　　　图 2-34　高容差值

（6）对所有图层取样：在复合图像的应用中，对所有复合图像进行取样。

（7）选择主体：系统自动识别并对主体选择建立选区。

2.1.4　选区的编辑

当建立好选区后，若想要将其调整，不必取消，Photoshop 软件中提供了几种选区修改的选项。

1. 选区的修改

执行菜单栏"选择"→"修改"，可以对已生成的选区进行微调，其中包含边界、平滑、扩展、收缩、羽化等工具，如图 2-35 所示。

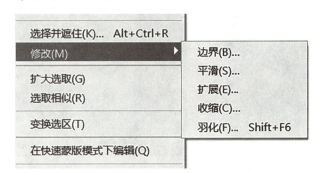

图 2-35　选区修改

（1）边界：在已有选区的基础上，通过设置宽度来生成新的选区。

（2）平滑：设定"取样半径"的参数，对选区边缘进行平滑处理。

（3）扩展：设定"扩展量"的参数，按照数值等比向外扩展。

（4）收缩：与"扩展"相反，设定"收缩量"的参数，按照数值等比向内收缩。

（5）羽化：设定"羽化半径"参数，对选区边缘进行羽化。

2. 选区的变换

对于创建好的选区可进行位置与形状的变换，执行菜单栏"选择"→"变换选区"即可对选区进行变换。"变换选区"的命令操作形式与"自由变换"的类似，命令生成后，会在相应选区上出现变换框，通过调整变换框上的控制点来实现对选区位置、形状的调整。需要注意的是，"变换选区"仅会修改选区的形状，"自由变换"会改变选区内图像的形状。

3. 选区的描边与填充

选区创建完成后，还可进行描边与填充，用来制作创意图形。

2.1.5 渐变工具与油漆桶工具

在图像合成的操作中，当需要对选区进行颜色相关的填充操作时，即可使用渐变工具与油漆桶同工具，了解两种工具的使用技巧，可以对图像的颜色进行丰富的变化。

1. 渐变工具

渐变工具是 Photoshop 中用于填充颜色的主要工具之一，熟练应用渐变工具可以完成不同图案颜色变化的效果，其不仅可以填充图像，也可以填充蒙版与通道。

渐变工具属性栏如图 2-36 所示，属性栏功能介绍：

图 2-36 渐变工具属性栏

（1）渐变色条：可以观察当前渐变颜色，单击可打开渐变编辑器。

（2）渐变类型：线性渐变、径向渐变、角度渐变、对称渐变、菱形渐变，不同渐变类型可从图标图案来理解。

（3）模式：调整渐变应用的混合模式。

（4）不透明度：调整渐变的不透明度效果。

（5）反向：反转渐变效果。

（6）仿色：使渐变效果平滑。

（7）透明区域：可创建包含透明区域的渐变。

2. 渐变编辑器

渐变编辑器是渐变工具的核心功能，如图 2-37 所示。使用渐变工具后，鼠标左键单击属性栏中的渐变色条即可弹出。渐变编辑器可对渐变颜色数量、色相、明度等进行调节，以最终形成渐变效果，同时也可储存效果，以便于多次使用。

属性栏功能介绍：

（1）预设：Photoshop 软件系统为用户提供多种渐变模式的预设，可以直接进行选择应用，同时，用户自己也可存储预设形式，以便于使用。单击螺母图案 ✿ 可以将预设视图变换为"文本、小缩略图、大缩略图、小列表、大列表"的形式，同时，也可将某一预设渐变变为默认状态，或者直接导入电脑中的渐变模板。

（2）渐变存储：当设置完渐变形式后，若想留存记录以便重复使用，编辑名称后，单击"新建"即可存储，存储后的渐变模块会在"预设"中显示。

（3）渐变设置：渐变编辑器的重要部分，对"渐变类型""平滑度""颜色""色标"及其他细节参数进行自定义设置，如图 2-38 所示。

具体操作方法为在渐变色条上直接单击即可添加"色标"，双击"色标"即可打开"拾色器"对颜色进行选取，如图 2-39 所示，拖动即可移动"色标"，按"Delete"键或将"色标"垂直向下拖动即可删除。

在渐变色条上方可添加"不透明度色标"，在渐变色条下方可添加"颜色色标"，二者区别是"不透明度色标"只能对不透明度的参数进行调整，"颜色色标"只能对颜色进行选取。颜色色标与不透明度色标对比如图 2-40 所示。

图 2-37　渐变编辑器

图 2-38　渐变设置

图 2-39　选取色标颜色

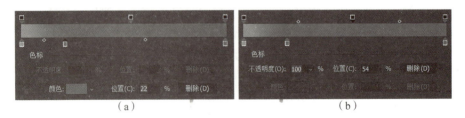

（a）　　　　　　　　　　　（b）

图 2-40　颜色色标与不透明度色标对比

（a）颜色色标；（b）不透明度色标

任务 2　梦幻穿梭水母

梦幻穿梭水母

任务清单

项目名称	任务内容
任务情景	小沈在海底世界观光时，看到了一只发光水母向着自己游来，她觉得这个场景特别美，于是想要使用 Photoshop 结合图像合成与制作一些特殊效果的方法将其还原出来，请你利用所学知识帮助她实现。
任务目标	本次任务共完成以下目标： （1）掌握选区的灵活应用。 （2）掌握图像合成的进阶方式方法与技巧。 （3）熟练掌握图层的概念及应用。 （4）掌握图层混合模式的应用。
任务要求	请根据任务情景，完成以下任务： （1）对街道场景进行效果调整。 （2）制作发光水母效果。 （3）制作雨中光影效果。 （4）制作雨中波纹效果。
任务思考	（1）怎样利用工具命令处理背景效果？ （2）如何灵活运用渐变工具？ （3）进阶处理图像合成的方法是什么？通常辅以哪些命令？ （4）如何进行前景色的填充？ （5）怎样运用调色工具进行辅助？
任务实施	（1）首先按快捷键"Ctrl+N"新建一个竖版 A4 尺寸，颜色模式为 RGB 的图像文件，命名为"穿梭水母"。打开素材文件，将"雨后夜晚"素材拖入画布中，调整位置和大小，如图 2-41 所示。 图 2-41　拖入素材

项目名称	任务内容
任务实施	（2）选择菜单"图像"→"调整"→"亮度/对比度"调整参数（亮度：-70，对比度：0），参数如图 2-42 所示。  图 2-42　亮度/对比度参数 （3）新建图层，单击渐变工具，在属性栏单击渐变条，调出"渐变编辑器"编辑颜色，如图 2-43 所示。单击画布顶端向下拖出渐变效果。在"图层"面板中的模式组下拉列表中选择"柔光"模式，效果如图 2-44 所示。 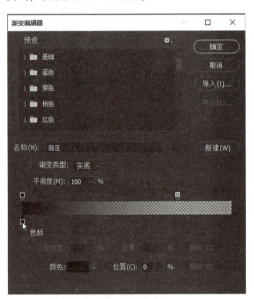 图 2-43　渐变颜色 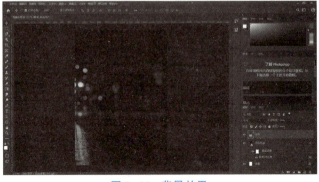 图 2-44　背景效果

项目名称	任务内容
任务实施	（4）打开素材文件，将"水母"素材拖入画布中，调整位置和大小。将混合模式调整为"变亮"，如图 2-45 所示。右击该图层，选择"栅格化图层"，选择橡皮擦工具，调整为柔边圆，擦除水母图片中嵌入生硬的部分，效果如图 2-46 所示。 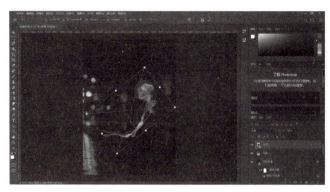 图 2-45　图层混合模式选择"变亮"  图 2-46　水母效果 （5）制作出水母发光的效果。应用快捷键"Ctrl +L"调出色阶，调整输出色阶参数（阴影输出色阶：0，中间输出色阶：0.55，高光输出色阶：145），如图 2-47 所示，单击"确定"按钮，效果如图 2-48 所示。 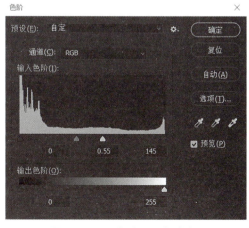 图 2-47　"色阶"面板参数

项目名称	任务内容
任务实施	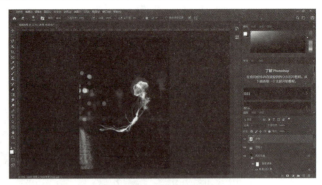 图 2-48　梦幻发光效果 （6）制作水波纹效果。新建图层，在工具栏中选择椭圆选框工具，调整参数（羽化：80 像素），调整前景色为蓝色，拖出椭圆形，按住快捷键"Alt+Delete"填充颜色。将混合模式调整为"变亮"，如图 2-49 所示。 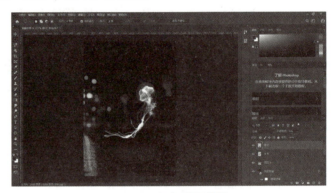 图 2-49　添加影子效果 （7）按快捷键"Ctrl +O"打开"水波纹"素材文件，用移动工具将其拖动到"穿越水母"文件中，调整位置和大小。降低不透明度为 45%。右击该图层，选择"栅格化图层"，选择橡皮擦工具擦除"水波纹"图片中嵌入生硬的部分，效果如图 2-50 所示。  图 2-50　添加水波纹效果 （8）单击"图层"控制面板下方的"添加新的填充或调整图层"图标，选择"曲线"，选择蓝色模式进行调整，如图 2-51 所示。

项目名称	任务内容
任务实施	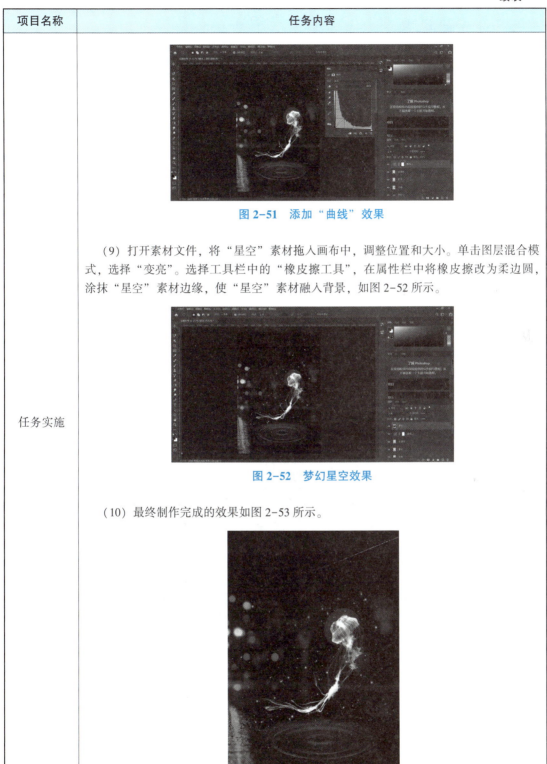 图 2-51　添加"曲线"效果 （9）打开素材文件，将"星空"素材拖入画布中，调整位置和大小。单击图层混合模式，选择"变亮"。选择工具栏中的"橡皮擦工具"，在属性栏中将橡皮擦改为柔边圆，涂抹"星空"素材边缘，使"星空"素材融入背景，如图 2-52 所示。 图 2-52　梦幻星空效果 （10）最终制作完成的效果如图 2-53 所示。 图 2-53　最终效果
任务拓展	请搜集素材图像，并将图像通过合成制作梦幻效果。
任务总结	

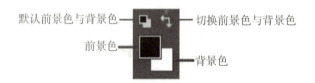

知识要点

2.2.1 前景色/背景色填充

前景色与背景色是 Photoshop 中常用的填色工具，在工具箱底部有前景色/背景色图标，可进行前景色与背景色修改，从而进行填充颜色等操作。前景色与背景色工具如图 2-54 所示。

图 2-54 前景色与背景色工具

单击前景色或背景色模块，会弹出"拾色器"面板，在"拾色器"中即可对前景色/背景色进行选取，也可输入"H、S、B"或"R、G、B"值进行精准颜色的选区，如图 2-55 所示。选取好颜色后，可执行菜单栏"编辑"→"填充"，在填充面板中进行颜色填充（在选区内填充），如图 2-56 所示。单击弯曲的箭头键可切换前景色与背景色。

图 2-55 拾色器   图 2-56 填充面板

在日常操作中经常会直接使用快捷键"Alt+Delete"填充前景色，使用快捷键"Ctrl+Delete"填充背景色。

2.2.2 图层的概念

"图层"是 Photoshop 软件中一种特有概念，也是重要的功能之一，几乎所有的工具命令都需要在对应的图层上进行编辑。一张完整的 PS 平面设计图像作品往往需要多种图层组合而成，且通常随着图像越复杂，所含图层数量也会越多。

对于图层的本质，可以形象地理解为图像即是一本书，图层是书中一张张重叠在一起的纸张，只不过所有的纸张原始状态都为透明的，最终组合成一幅完整的图像。在 Photoshop 软件中，当对图像中某一图层进行编辑时，不会影响到其他图层与其透明状态，也就是说，图层既是独立又是同一的。

在创作复杂图像效果时，如果出现一小部分的处理失误，修改起来非常麻烦，而且需要连同所有图像一起进行修改。如果能够利用好图层功能，分别单独创建图案的各个图层，在出现错误时，只需要将对应图层进行修改，大大减少了麻烦与不必要的时间。

2.2.3　图层的界面

1. 图层的菜单

通过执行菜单栏中的"图层"选项，可以对图层进行相关内容的操作，如图 2-57 所示。

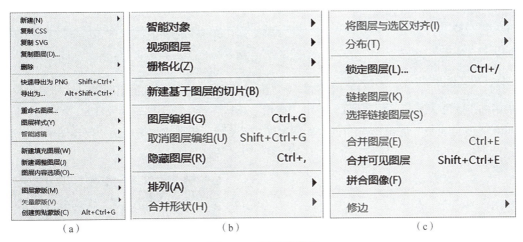

图 2-57　图层的菜单

2. 图层的面板

Photoshop 软件为用户提供了更为直观的图层操作面板，相较于菜单栏中的图层命令，图层面板在日常操作中使用得更频繁，在面板中包含了许多快捷操作，可以提高软件操作效率。图层面板如图 2-58 所示。

图 2-58　图层面板详解

（1）在"类型"中可以对特定的图层进行搜索和显示。后面的小图标为过滤器，分别从像素图层、调整图层、文字图层、形状图层、智能对象5种常用的图层形式进行过滤。

（2）可以对图层混合模式进行选择，用于制作不同的图层视觉效果。不透明度可对图层的透明度进行调整。

（3）对图层中的元素进行锁定，如锁定透明像素、锁定图层像素、防止在画板内自动嵌套以及锁定全部。

（4）图层的显示栏可以显示该图层的属性状态，同时可以在其中对图层进行修改名称、移动、隐藏、合并等编辑操作，利用鼠标右键可以显示该图层菜单栏编辑选项。

（5）图层常用的编辑命令包括链接图层、图层样式、图层蒙版、调整图层、创建新组、新建图层以及删除图层。

2.2.4　图层的基本操作

1. 新建/删除图层

（1）新建图层：执行菜单栏"图层"→"新建"，在打开的"新建图层"对话框中，设置图层的名称、颜色、模式、不透明度，单击"确定"按钮即可创建图层，快捷键为"Shift+Ctrl+N"。也可在"图层面板"底部单击"创建新图层"按钮，此方法更为便捷。创建图层如图 2-59 所示。

（a）　　　　　　　　　　　　　　　　　　（b）

图 2-59　创建图层

（a）"新建图层"对话框；（b）创建面板

（2）删除图层：当需要删除图层时，在"图层面板"底部单击"删除图层"按钮，或将要删除的图层选择并拖动至 上，也可以直接按"Delete"键，如图 2-60 所示。

2. 图层重命名

当需要修改已生成图层的名称时，执行菜单栏"图层"→"重命名图层"，或是在图层面板中将鼠标光标移动至图层名称位置，双击鼠标左键，即可进行编辑修改，如图 2-61 所示。

3. 选择/移动/排列图层

（1）选择图层：当需要选择某一图层时，移动鼠标光标至面板中该图层位置，单击鼠标左键即可。按住"Ctrl"键单击鼠标左键，可对多个图层进行多选；按住"Shift"键再单击两个图层，可将二者中间的所有图层进行选择。当图层被选中后，在面板中会呈现浅色背景。

图 2-60   删除图层

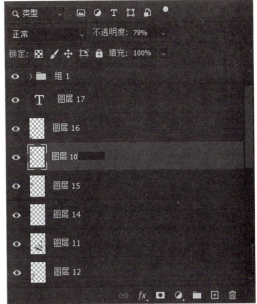

图 2-61   图层重命名

（2）移动图层：在对图像操作中，会经常利用图层的叠加特性，改变图层顺序以制作特殊的效果，如图 2-62 所示。执行菜单栏"图层"→"排列"，可对图层进行位置的移动，快捷键分别为前移一层"Ctrl+]"、后移一层"Ctrl+["、置为顶层"Shift+Ctrl+]"、置为底层"Shift+Ctrl+["。也可直接在图层面板中选择目标图层后，按住鼠标左键拖动至目标位置，或者进行多个图层的共同移动，此方法更为常用与便捷。

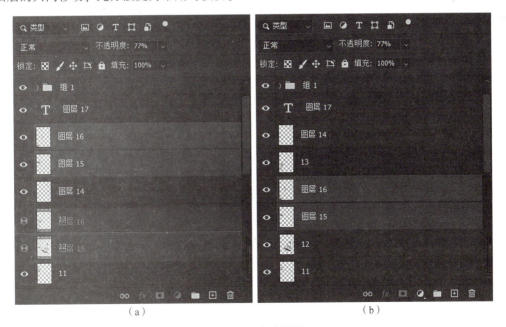

（a）   （b）

图 2-62   移动图层

（a）拖动图层位置；（b）移动图层

（3）排列图层：当画布中出现多个图像图层时，将其中的内容对齐或是以一定规律分布，可执行菜单栏"图层"→"对齐/分布"。

4. 图层分组

在制作一些较为复杂的图像效果时，往往会建立多数量且不同类型的图层，此时可将图层进行分类打组，便于后续操作。鼠标单击面板下方的"创建新组"按钮 ▢，即可建立图层组，将需要分为一组的图层选中并拖动到图层组上即可完成分组，图层组也可通过双击进行重命名；另一种方式为直接选中要分组的图层，单击"创建新组"按钮 ▢，即可在创建组的同时将图层移至其中。

图层组可以展开与收回，便于图层的整理，如图2-63所示。

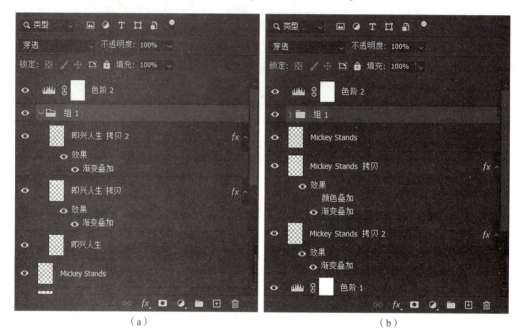

（a）   （b）

图2-63　图层分组

（a）展开分组；（b）收回分组

5. 隐藏图层

当面板中的某些图层暂时不需要显示效果，但又不想删除时，可将图层隐藏。鼠标单击面板中图层的前方"眼睛"图标 ◉，将其取消，即可隐藏图层；再次单击，显示"眼睛"图标 ◉，即可显示图层，如图2-64所示。

按住"Alt"键，单击某图层的"眼睛"图标 ◉，可以隐藏除了该图层之外的所有图层。

6. 锁定图层

在操作中，对某些已完成该部分操作的图层，可锁定图层，以防止误操作。锁定图层组 锁定: ▨ ✎ ✛ ▢ 🔒 位于面板上方位置。

单击"锁定透明像素" ▨，可对当前图层透明部分进行锁定，不可被操作。

单击"锁定图像像素" ✎，可对当前图层图像进行锁定，无法进行色彩编辑。

单击"锁定位置" ✛，可对当前图层位置进行锁定，无法移动。

单击"防止在画板内外自动嵌套" ▢，当图层移动至其他画板中时，仍会保持独立图层。

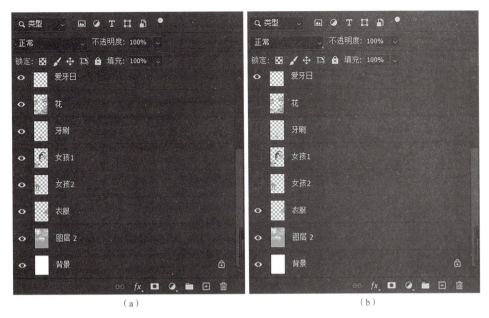

（a）　　　　　　　　　　　　　　（b）

图 2-64　隐藏图层

（a）图层显示；（b）图层隐藏

单击"锁定全部" 🔒，可对图层完全锁定，此时该图层不可被操作。

单击图层后面的"锁头"图标，可解除锁定。

7. 复制图层

在 Photoshop 中会经常使用复制图层来制作图像效果，如图 2-65 所示。图层的复制有如下几种方法：

（1）执行菜单栏"图层"→"复制"，在弹出的对话框单击"确定"按钮，即可完成图层的复制粘贴。

图 2-65　复制图层命令

（2）选择要复制的图层，将其拖动至"创建新图层" ⊞，松开鼠标左键即可将其复制并粘贴。

（3）使用快捷键"Ctrl+C"复制，再使用快捷键"Ctrl+V"粘贴。

（4）使用快捷键"Ctrl+J"，以当前图层为基准复制并粘贴一层。当图层中存在选区时，则以选区中的内容为基准新建图层，如图 2-66 所示。

（5）在移动工具下，选中图层并按住"Alt"键拖动，即可复制并粘贴图层，如图 2-67 所示。

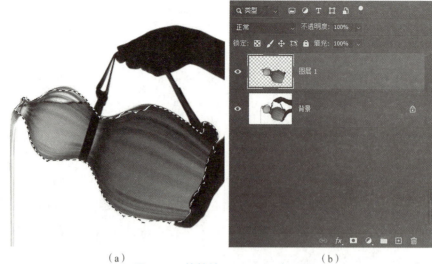

（a）　　　　　　　　　　　　　　　（b）

图 2-66　快捷键 "Ctrl+J" 复制

（a）生成选区；（b）快捷键 "Ctrl+J" 复制

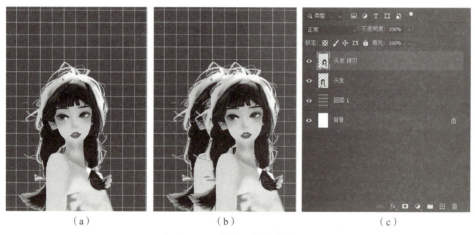

（a）　　　　　　　　　（b）　　　　　　　　　（c）

图 2-67　移动工具复制图层

（a）原图层效果；（b）移动复制；（c）面板显示

8. 图层不透明度与填充

图层 "不透明度" 是常用的图层选项，用来设置图层中图像的透明度，系统默认 "不透明度" 值为 100%，通过调整数值来制作透明效果，如图 2-68 所示。

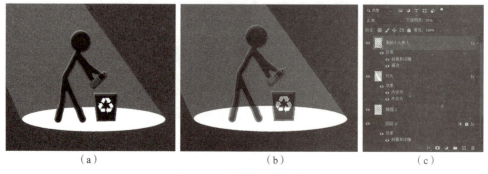

（a）　　　　　　　　　　（b）　　　　　　　　　（c）

图 2-68　不透明度调整效果

（a）原图层效果；（b）不透明度调整；（c）面板显示

图层"填充"用来设置图层内图像的显示效果，同样，系统默认"填充"值为100%，通过调整数值来更改显示效果。

在进行"不透明度"的调整时，图层内容与描边样式均产生效果；而在进行"填充"的调整时，图层内容受到影响，描边样式不会受到影响。

任务3 梦幻读书记

梦幻读书记

任务清单

项目名称	任务内容
任务情景	小沈在读书时候幻想着自己能够在天空与森林中与动物相伴着一起阅读，通过学习，她发现可以用Photoshop进行图像合成，以完成自己的想象场景。
任务目标	（1）熟练掌握图像合成的方法。 （2）掌握运用画笔工具与橡皮擦工具处理图像边缘。 （3）掌握钢笔工具的使用方法。 （4）理解并掌握图层混合模式的原理及应用。
任务要求	请根据任务情景，完成以下任务： （1）处理云朵、天空、树木相间的背景。 （2）利用钢笔工具建立路径选区进行主体物的抠图。 （3）利用图层混合模式制作光晕效果。 （4）使用滤镜加强光晕效果。
任务思考	（1）在抠图中，如何处理图形边缘使其更为自然？ （2）路径的意义与作用是什么？ （3）如何使用钢笔工具进行抠图？ （4）如何根据设计想法快速选择对应的图层混合模式效果？
任务实施	（1）添加背景效果。按快捷键"Ctrl+N"新建一个竖板A4尺寸，颜色模式为RGB的图像文件，命名为"梦幻读书记"。应用快捷键"Ctrl+O"打开素材文件，将"场景"素材拖入画布中，调整位置和大小，如图2-69所示。 图2-69 添加背景效果图

项目名称	任务内容
任务实施	（2）处理"云彩"素材。按快捷键"Ctrl+O"打开"云彩"素材文件，应用快速选择工具绘制云彩选区，用移动工具将其拖入作图画布中，如图2-70所示，并双击图层，命名为"后面云彩"。  （a）　　　　　　　　　　　　　（b） **图2-70　参数图及处理过程图** （a）选中云彩；（b）拖动至背景文件 （3）选择橡皮擦工具，右击，调整参数（大小：260，常规画笔：柔边圆），擦除云彩生硬的部分，如图2-71所示，按快捷键"Ctrl+J"复制图层，该图层命名为"前面云彩"。按快捷键"Ctrl+T"，右击，选择"水平翻转"，效果如图2-72所示。 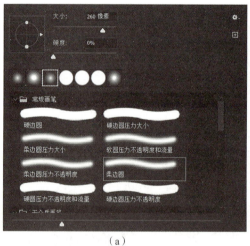 （a）　　　　　　　　　　　　　（b） **图2-71　橡皮擦参数调整及效果图** （a）橡皮擦参数调整；（b）处理边缘效果 （4）处理"树"素材。执行快捷键"Ctrl+O"，打开"树"素材文件，选择魔棒工具在属性栏中调整参数（选区类型：增加到选区，取样大小：取样点，容差：150），单击图像白色部分，参数及效果如图2-73所示。

项目名称	任务内容
任务实施	 图 2-72　云彩处理效果图  图 2-73　使用魔棒工具选中

项目名称	任务内容
任务实施	（5）使用移动工具将其拖入作图画布中，执行快捷键"Ctrl+Shift+I"进行反选，执行快捷键"Ctrl+T"调整至合适位置，并将该图层移动至"前面的云"图层下，制作出叠加效果，如图2-74所示。  图2-74 树的处理效果 （6）处理"人物"素材。执行快捷键"Ctrl+O"打开"人物"素材文件，选择钢笔工具，沿人物轮廓边缘添加锚点绘制路径，如图2-75所示。   （a）　　　　　　　　　（b） 图2-75 钢笔工具绘制闭合路径图 （a）添加锚点；（b）绘制闭合路径 （7）在"路径"面板中右击对应的路径，选择菜单栏中的"建立选区"，在弹出的对话框单击"确定"按钮，建立选区，如图2-76所示。单击人物图层，应用移动工具将其拖入作图画布中，按快捷键"Ctrl+T"，右击，选择"水平翻转"，效果如图2-77所示。

项目名称	任务内容
任务实施	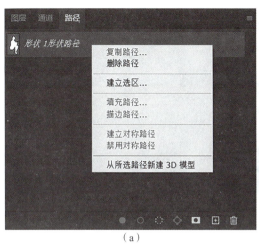  （a）　　　　　　　　　　　　　（b） 图 2-76　建立选区 （a）在"路径面板"中单击右键；（b）将路径建立选区  图 2-77　人物的处理效果 （8）添加人物影子。新建图层，双击命名为"人物影子"，并将该图层拖至"人物"图层下。应用套索工具，绘制出人物影子选区，右击，选择"羽化"，调整参数（羽化半径：30像素），如图 2-78 所示。将前景色设为黑色，按快捷键"Alt+Delete"填充，并将图层不透明度调为 60%，如图 2-79 所示。 （9）处理"狼"素材。按快捷键"Ctrl+O"，打开"狼"素材文件，应用快速选择工具绘制狼选区，用移动工具将其拖入作图画布中，并将该图层拖至"树"图层下，制作出叠加效果，如图 2-80 所示。按快捷键"Ctrl+T"，调整至合适位置大小，选择橡皮擦工具擦除狼轮廓生硬的部分，使狼与场景衔接更自然，效果如图 2-81 所示。  图 2-78　羽化选区

续表

项目名称	任务内容
任务实施	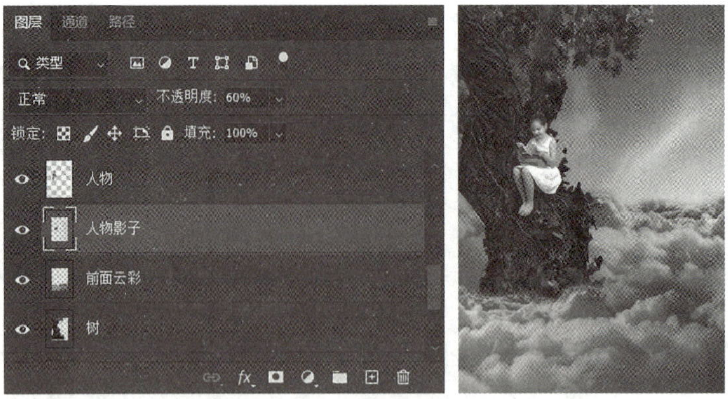 （a）（b） 图 2-79　制作阴影效果 （a）调整图层不透明度；（b）阴影效果 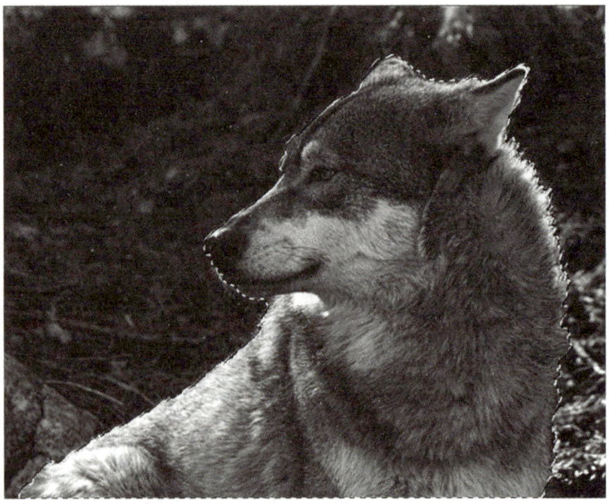 图 2-80　狼素材抠图过程 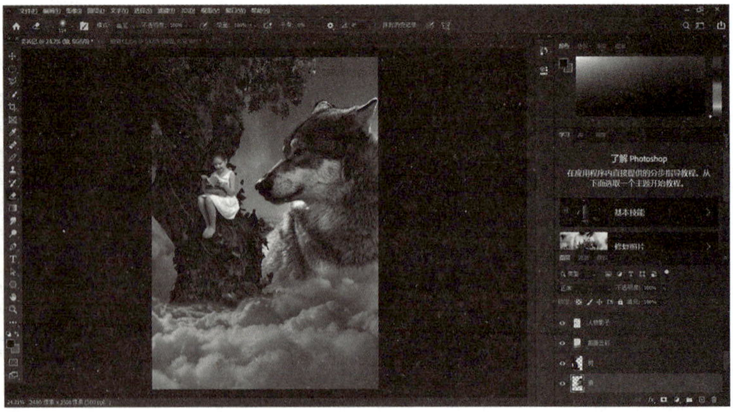 图 2-81　狼素材衔接效果图

项目名称	任务内容
任务实施	（10）将"光晕"素材拖入画布中，调整至合适位置后，在"图层"面板中的"混合模式"选项单击下拉列表，选择"叠加"模式，如图 2-82 所示，混合模式前后效果如图 2-83 所示。 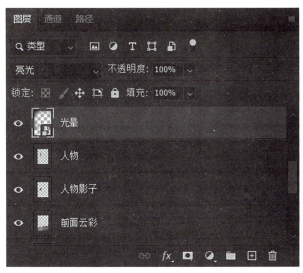 图 2-82　图层面板  （a）　　　　　　　　　　（b） 图 2-83　混合模式前后效果 （a）原图像效果；（b）调整混合模式效果 （11）调节整个画面。选中所有图层，建立组（作为备份），复制组，并将组内图层合并，如图 2-84 所示。单击鼠标右键，在菜单中选择"转换为智能对象"。 （12）执行菜单"滤镜"→"渲染"→"镜头光晕"，调整参数（亮度：150%，镜头类型：35 毫米聚焦）后单击"确定"按钮，如图 2-85 所示。 （13）最终效果如图 2-86 所示。

项目名称	任务内容
任务实施	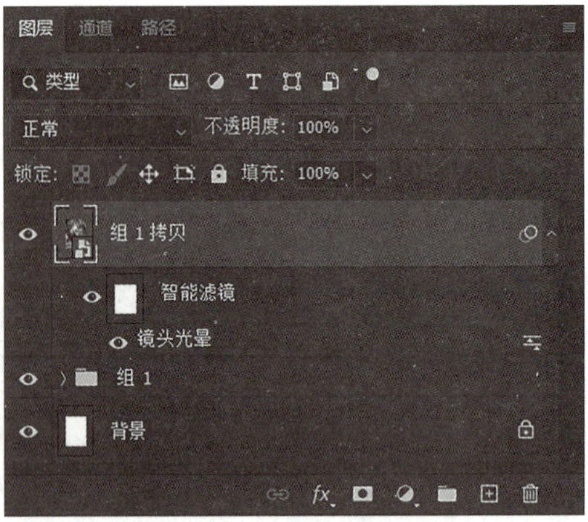 图 2-84　图层面板  （a）　　　　　　　　　　（b） 图 2-85　镜头光晕参数及效果图 （a）镜头光晕参数；（b）效果  图 2-86　最终效果
任务拓展	请搜集素材图像，并将图像通过合成制作梦幻效果。
任务总结	

☑ **知识要点**

2.3.1 路径

1. 路径面板

执行菜单栏"窗口"→"路径"，即可打开"路径"面板，对选中路径单击鼠标左键即可弹出菜单栏，并进行相关操作。使用面板下方 ● ○ ⚪ ◇ ▢ ⊞ 🗑 按键也可对路径进行编辑，如图 2-87 所示。

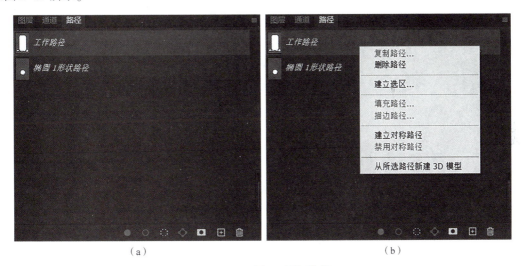

（a）   （b）

图 2-87 路径面板与菜单

（a）"路径"面板；（b）"路径"面板菜单

面板菜单：

（1）复制路径：对路径进行复制。

（2）删除路径：对路径进行删除。

（3）建立选区：以当前封闭路径为基准，生成选区。

（4）填充路径：对路径进行颜色填充。

（5）描边路径：对路径进行颜色描边。

（6）建立/禁用对称路径：用于建立/禁用对称的路径。

（7）从所选路径新建 3D 模型：用路径建立 3D 模型。

面板下方选项依次从左至右：

（1）● 用前景色填充路径。

（2）○ 用画笔描边路径。

（3）⚪ 将路径作为选区载入。

（4）◇ 从选区生成工作状态。

（5）▢ 添加蒙版。

（6）⊞ 创建新路径。

（7）🗑 删除当前路径。

2. 创建/删除/储存路径

在使用相关路径工具绘图时，单击"创建新路径" ⊞ ，然后再进行绘制。需要删除时，按"De-lete"键或直接拖动到 🗑 均可，操作方式与图层相近。双击路径名称可储存路径。

3. 填充路径

使用"路径"面板菜单中的"填充路径"可弹出对话框，在对话框中可以针对选项进行调整路径填充颜色。也可直接单击面板下方 ⬤ 按钮快速填充前景色。创建与删除路径如图 2-88 所示，"填充路径"对话框如图 2-89 所示。

图 2-88　创建与删除路径

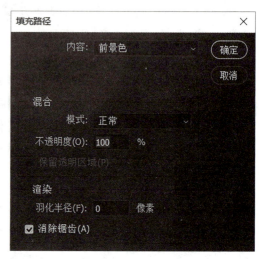

图 2-89　"填充路径"对话框

（1）内容：可选择使用前景色、背景色、黑色、灰色50%、白色以及其他颜色进行填充。
（2）混合：调整填充颜色的混合模式以及不透明度。
（3）渲染：调整填充颜色的羽化值。

4. 描边路径

使用"路径"面板菜单中的"描边路径"，可弹出对话框，在对话框中可以针对选项进行调整路径描边。在其中可选择使用的"描边工具"，也可直接单击面板下方 ⭕ 按钮快速使用画笔描边。

5. 路径生成选区

使用"路径"面板菜单中的"建立选区"，可弹出对话框，如图 2-90 所示，在对话框中可以对选区的"羽化值"进行调整。使用路径生成选区在 Photoshop 软件中为常用选项。

图 2-90　"建立选区"对话框

2.3.2　钢笔工具

钢笔工具是 Photoshop 软件中的常用工具，其常用于抠图、建立路径、制作图案、修补图像等。使用鼠标左键在工具箱中按住钢笔工具，会弹出工具组，其中包含"钢笔工具""自由钢笔工具""弯度钢笔工具""添加锚点工具""删除锚点工具""转换点工具"。

1. 钢笔工具

单击钢笔工具，在属性栏中可对工具属性进行选择，如图 2-91 和图 2-92 所示。

图 2-91　钢笔工具组

图 2-92　钢笔工具属性栏

（1）　选择工具模式：选择使用钢笔绘制出"路径""形状""像素"，系统默认为绘制"路径"。如果选择"形状"，属性栏会发生变化，可通过设定"填充"与"描边"的相关参数来绘制图形。

（2）　建立：可将当前绘制的路径建立"选区""蒙版""形状"，如图 2-93 所示。

（a）　　　　　　　　　　（b）　　　　　　　　　　（c）

图 2-93　建立选区、蒙版、形状的区别
（a）选区；（b）蒙版；（c）形状

（3）　路径操作：对所建立的路径进行运算，包括"合并形状""减去顶层形状""与形状区域相交""排除重叠形状""合并形状组件"。

（4）　路径对齐方式：可选择路径的"对齐""分布"方式，其原理与图层的对齐分布一致。

（5）　路径排列方式：将当前路径进行排列，包括"置为顶层""前移一层""后移一层""置为底层"，其原理与图层的移动排列一致。

（6）⚙设置其他钢笔和路径选项：可设置钢笔的"粗细"以及显示"颜色"。

（7）☑ 自动添加/删除 自动添加/删除：勾选后，在使用钢笔工具时，将光标移动至路径上可添加或删除"锚点"。

2. 自由钢笔工具

相较于"钢笔工具"，"自由钢笔工具"会根据系统自动识别图像边缘，以绘制锚点最终生成路径。其工作原理与使用方法类似于磁性套索工具。

单击自由钢笔工具，在属性栏中可对工具属性进行选择。属性栏中大部分选项的使用方式与钢笔工具相同。

自由钢笔工具属性栏如图 2-94 所示，属性栏功能介绍：

> `⌀ ∨  路径  ∨  建立：  选区…   蒙版    形状    ⬚  |⬛  ⁺⬢  ⚙  ☑ 磁性的   对齐边缘`

图 2-94　自由钢笔工具属性栏

（1）⚙设置其他钢笔和路径选项：除了钢笔的"粗细"以及显示"颜色"外，增加了"曲线拟合"参数来决定自动添加锚点的数量，参数值越小，自动添加的锚点越多，反之越少。"磁性"选项中的"宽度"用于设置自由钢笔工具捕捉的与边的距离；"对比"用于设置边缘的对比度；"频率"用于决定锚点的密度。勾选"钢笔压力"，会更改绘图板压力，以更改钢笔宽度。

（2）☑ 磁性的 磁性的：系统默认为勾选，取消勾选使自由钢笔失去吸附性，不能自动根据图形边缘添加锚点。

3. 弯度钢笔工具

相较于"钢笔工具"，"弯度钢笔工具"会根据添加的不同锚点间的距离、位置，自动生成与调整路径的弧度，其较为适合绘制具有一定规律的圆形、弧形图形路径。缺点是没有钢笔工具中锚点的控制杆，所以不太适用于绘制不规则的或是精细图形路径。设置其他钢笔和路径选项，如图 2-95 所示；弯度钢笔应用，如图 2-96 所示。

图 2-95　设置其他钢笔和路径选项
　　　　　　（自由钢笔工具）

图 2-96　弯度钢笔应用

4. 添加/删除锚点工具

"锚点"在钢笔工具中具有核心作用，其等同于路径的控制点，确定了路径的曲直度即弧度。在绘制较为复杂路径的过程中，可以通过尽可能多的"锚点"来约束轮廓线的精细程度，同时也可在已完成的路径上添加或是删除锚点。

将"钢笔"光标移动至路径上，当光标右下方出现"+"时，单击鼠标左键即可添加锚点；将"钢笔"光标移动至现有锚点上，当光标右下方出现"-"时，单击鼠标左键即可删除锚点。添加/删除锚点如图 2-97 所示。

（a）   （b）

图 2-97 添加/删除锚点

（a）添加锚点；（b）删除锚点

5. 转换点工具

使用"转换点工具"可以将锚点生成"控制杆"。使用方式为选择"转换点工具"后，鼠标左键单击锚点进行拖动，即可拖动出"控制杆"，再通过移动两侧的"控制杆"，可对锚点两侧的曲线进行调节。

"转换点工具"也可改变锚点类型，使用工具后单击锚点，若此时锚点为直角点，拖动后可变为带有"控制杆"的平滑点；若此时锚点为平滑点，单击后可转换为直角点。转换点工具如图 2-98 所示。

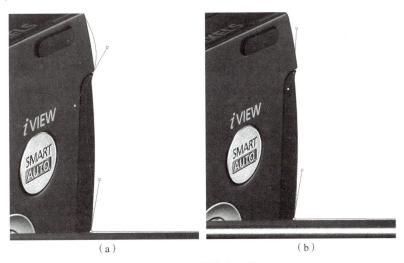

（a）   （b）

图 2-98 转换点工具

（a）平滑点；（b）转换直角点

2.3.3 选择工具

"路径选择工具"与"直接选择工具"，快捷键为"A"，是应用在路径中的特定工具，在绘制和调节曲线路径时使用率非常高。

1. 路径选择工具

使用路径选择工具 路径选择工具 可直接对路径进行选取。由于路径的特殊性，其在图层面板中不会显示，所以在操作中需要使用路径选择工具对选中路径移动位置。

2. 直接选择工具

使用直接选择工具 直接选择工具 可对路径中的锚点进行单个或多个选取，选取后，可对锚点进行移动、删除或者应用"控制杆"对锚点进行相关调整。直接选择工具对于路径有着重要意义，对于路径曲线，最重要的锚点位置和曲率都需用直接选择工具来调节。

拓展学习

二维码 2-1　钢笔工具使用范例

二维码 2-2　通道

项目3　人像照片处理

 知识目标

掌握修复工具组中的工具使用方法。

掌握液化工具的作用及使用方法。

掌握加深/减淡工具的使用方法。

掌握模糊/锐化工具的使用方法。

掌握仿制图章工具的使用方法。

熟练掌握证件照的格式与制作方式。

熟练掌握人像修饰的要点与具体操作方式。

 能力目标

能够熟练运用修复画笔与修补工具进行脸部美化修饰。

能够熟练运用修补工具进行图像的修复。

能够熟练运用仿制图章工具对图像进行自然效果的修改。

能够针对人像照片运用多种修补工具进行修饰与调整。

 素质目标

培养学生对图像形象美感感知意识与综合修饰能力。

通过项目教学，培养学生分析、修复照片的能力。

培养学生将专业技能结合日常需求灵活运用的能力。

任务1　证件照 DIY 制作

☑ **任务清单**

证件照 DIY 制作

项目名称	任务内容
任务情景	班级通知要收取红底 1 寸照片，作为学生证件使用，小沈想到可以利用自己正在学习的 Photoshop 软件 DIY 一下后直接去打印，这样就不需要支付多余的拍摄费用了。
任务目标	（1）掌握修复工具组中所有工具的区别与应用。 （2）掌握使用液化工具对人脸美化的技巧。 （3）掌握使用选择并遮住抠图的方法。 （4）掌握证件照的排版。
任务要求	请根据任务情景，完成以下任务： （1）处理人像污点与修饰。 （2）证件照替换背景。 （3）裁剪照片。 （4）证件照排版。
任务思考	（1）修复工具的工作原理是什么？不同工具的区别是什么？ （2）选择并遮住工具的特点是什么？ （3）证件照为何要在打印前进行排版？
任务实施	（1）打开素材"证件照"，该素材可以自己动手寻找一个白色背景墙面，打好灯光、摆好角度，使用手机相机进行拍摄，也可适当使用手机相机的美颜效果进行前期美化处理。如图 3-1 所示。 图 3-1　自行拍摄证件照素材

项目名称	任务内容
任务实施	（2）对脸部进行精修。通过素材可以观察到，即使运用了手机相机美颜，脸部也是会有部分暗纹。使用工具栏中的污点修复画笔工具，按快捷键"J"，将画笔调整至合适大小，对脸部暗纹进行单击处理，处理后效果如图 3-2 所示。  （a）　　　　　　　　　　（b） 图 3-2　暗纹处理后效果对比 （a）原图像；（b）处理后效果 （3）对人脸进行美化修饰。进一步对人脸进行美化，执行菜单栏"滤镜"→"液化"，快捷键为"Shift+Ctrl+X"，在弹出的液化界面的左侧工具栏中使用"脸部工具"，对人像进行瘦脸、大眼、微笑等操作，也可使用右侧面板中的"人脸识别液化工具"进行详细的参数调整，数值参考图 3-3。美化后效果如图 3-4 所示。  图 3-3　液化数值参考 （4）替换背景。执行菜单栏"选择"→"选择并遮住"，快捷键为"Alt+Ctrl+R"，在弹出的选择并遮住工作界面中使用快速选择工具将人像选中，如图 3-5 所示。再使用调整画笔边缘工具调整至合适大小，沿着人像边缘处进行涂抹，将右侧面板中的视图调整为闪烁虚线，可以方便观察到头发边缘被自然的选取，如图 3-6 所示。

续表

项目名称	任务内容
任务实施	 （a）　　　　　　　　　　　（b） **图 3-4　美化后效果对比** （a）原图像；（b）美化后效果 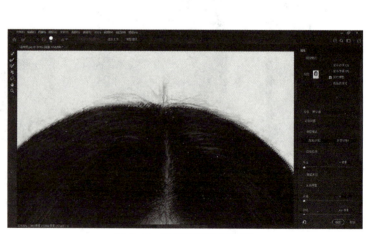 **图 3-5　快速选中人像** ![图3-6] **图 3-6　使用调整边缘画笔**

项目名称	任务内容
任务实施	（5）在右侧全局调整中单击"反相"，以反相选择白色背景部分，输出设置为选区，单击"确定"按钮，如图3-7所示。此时将照片中的白色背景变为选区，如图3-8所示。将前景色调整为红色，应用快捷键"Alt+Delete"将背景填充为红色，如图3-9所示。  图3-7　调整反相，输出选区  图3-8　创建背景选区  图3-9　填充红色背景 （6）此时已将证件照修改为红底效果，但在人物头发边缘部分存在这一些瑕疵，需要进行精细修复，如图3-10所示。使用工具栏中的修补工具，通过绘制选区拖动的方法将头发边缘的白边修复，修复效果如图3-11和图3-12所示。  图3-10　头发边缘瑕疵

项目名称	任务内容
任务实施	 （a）　　　　　　　（b） **图 3-11　修补后对比**　　　　　　**图 3-12　修补后最终效果** （a）原图像；（b）修补后效果 　　（7）调整证件照尺寸。新建宽度 2.5 厘米、高度 3.5 厘米（1 寸照尺寸）、分辨率 300 像素，竖版，颜色模式为 CMYK 的图像文件，如图 3-13 所示。使用移动工具直接将之前处理好的图像拖入文件，并运用自由变换，调整至匹配该尺寸的合适大小，如图 3-14 所示。  **图 3-13　新建 1 寸照尺寸文件** 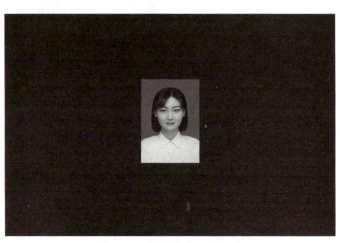 **图 3-14　调整大小匹配尺寸**

续表

项目名称	任务内容
任务实施	（8）1寸照排版。新建宽度11.6厘米、高度7.8厘米、分辨率300像素/英寸，横版，颜色模式为CMYK的图像文件，如图3-15所示。将调整好的1寸照片使用移动工具拖入排版文件中，如图3-16所示。 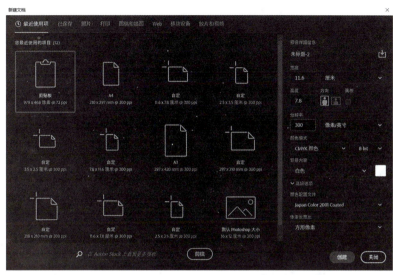 图3-15　新建文档  图3-16　拖入排版 　　使用移动工具，按住"Alt"键，单击1寸照片并拖动，将其复制3份。选中4个1寸照图层，通过单击移动工具属性栏中的水平分布 ▮▮，让4张照片变为相同间距，如图3-17所示。 　　（9）最后，将4张1寸照片图层选中，同样使用移动工具，按住"Alt"键，单击向下拖动，再次复制4张，并调整合适距离，即可制作出完整的DIY的1寸照片排版，如图3-18所示。

续表

项目名称	任务内容
任务实施	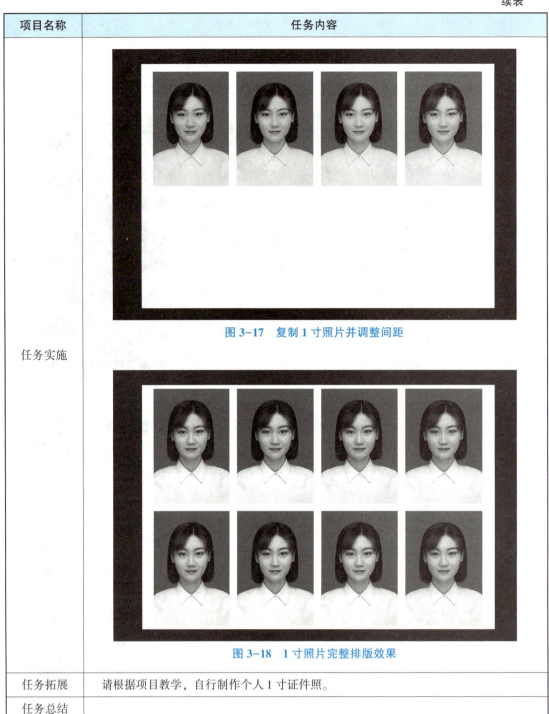 图 3-17　复制 1 寸照片并调整间距 图 3-18　1 寸照片完整排版效果
任务拓展	请根据项目教学，自行制作个人 1 寸证件照。
任务总结	

知识要点

3.1.1　修复工具组

　　Photoshop 软件诞生之初的最主要功能之一就是对照片进行修复。我们在日常拍摄照片的过程中，为了提高照片的质量，尤其是对于人像类的照片，人人皆有爱美之心，大家都希望将人像处理得更为精致。Photoshop 提供了能够更方便、智能、美化的处理人像的工具组，其中根据功能的不同，分为污点修复画笔工具、修复画笔工具、修补工具、内容感知移动工具、红眼工具。

1. 污点修复画笔工具

污点修复画笔工具可以快速消除图像的污点、划痕以及其他污痕，其使用方式与画笔工具类似，使用类似绘制的方式对图像尤其是人像区域进行相关效果的修补与调整。

如图 3-19 所示，具体使用方式可通过单击并拖动鼠标光标进行大面积污点处理，或是单击鼠标光标进行细节污点处理。

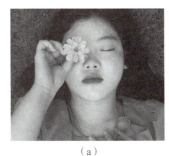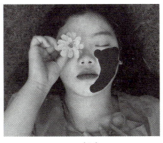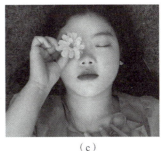

（a）　　　　　　　　　　（b）　　　　　　　　　　（c）

图 3-19　污点修复画笔修复人像过程与效果

（a）原图像；（b）修补涂抹过程；（c）修补后效果

污点修复画笔工具属性栏如图 3-20 所示，属性栏功能介绍：

图 3-20　污点修复画笔工具属性栏

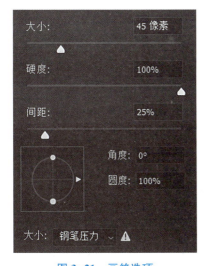

图 3-21　画笔选项

（1）画笔选项：可调整画笔的"大小""硬度""间距"，以及对画笔的绘制路径"角度""圆度""大小"进行调整。画笔"大小"也可使用快捷键"［""］"调整，如图 3-21 所示。

（2）绘画模式：用于设置修复图像时使用的混合模式，除常规的混合模式外，可设置"替换"模式，作用为保留画笔边缘处的杂色、纹理。

（3）类型：包括"内容识别""创建纹理""近似匹配"三项。"内容识别"通过对画面内容识别进行修复；"创建纹理"通过纹理方式进行修复；"近似匹配"通过近似像素进行匹配修复。

（4）对所有图层取样：勾选对所有图层取样即可对文件中所有的图层进行选择操作。

（5）设置画笔角度：影响画笔效果。

（6）始终对"大小"使用"压力"：在关闭时，画笔预设控制压力。

需要注意的是，污点修复画笔工具是自动进行像素取样的，使用时只需要通过单击或拖动即可，不需要进行其他步骤，如图 3-22 所示。

2. 修复画笔工具

修复画笔工具用于修复与消除瑕疵，用于人像修整中时，其效果与污点修复画笔相似，但在使用方式上有所不同。修复画笔工具的工作原理也是利用像素取样后通过画笔进行绘制修整，从而进行校正污点，但不同的是，需要进行手动取样，如图 3-23 所示。

Adobe Photoshop

 "污点修复画笔工具"会自动进行像素取样，只需一个步骤即可校正污点。要手动设置来源，请使用"修复画笔工具"。

　　　　　　继续(C)　　　取消

□ 不再显示

图 3-22　污点修复画笔注意事项

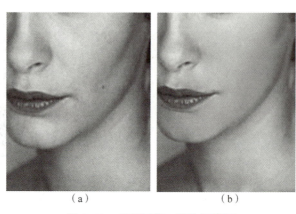

（a）　　　　　　　　　　　　　（b）

图 3-23　修复画笔工具使用效果

（a）原图像；（b）修复后效果

　　单击修复画笔工具后，按住"Alt"键后，鼠标光标会换成类似于"靶子"的十字图案，移动至需要选取的像素区域单击左键即可，取样后可通过移动鼠标画笔对需要校正的区域进行覆盖。

　　修复画笔工具属性栏如图 3-24 所示，属性栏功能介绍：

图 3-24　修复画笔工具属性栏

　　（1）画笔选项：可调整画笔的"大小""硬度""间距"，以及对画笔的绘制路径"角度""圆度""大小"进行调整。画笔"大小"也可使用快捷键"［""］"调整。

　　（2）仿制源：切换仿制源面板，如图 3-25 所示。仿制源是指取样的像素源，在"储存"区域可选择储存最多 5 种取样像素，可供随时切换，源于进行精细的修复操作；在"源"下方的"X、Y"可显示与设定"源"的水平和垂直位置；"水平翻转"可对取样好的"源"进行水平翻转，"垂直翻转"可对取样好的"源"进行垂直翻转，单击"锁定"标识可保持长宽比，"旋转"可对"仿制源"进行设置角度旋转，单击可复位；"帧位移"可设置帧的位移，单击"锁定帧"进行锁定；在"显示叠加"下可对"仿制源"的"不透明度""混合模式"进行设置，同时，勾选"已剪切"，剪切叠加至当前画笔，勾选"自动隐藏"，在绘画时自动隐藏叠加，勾选"反相"，进行

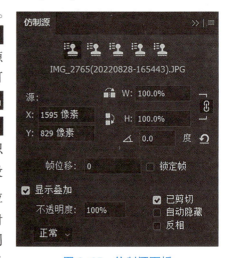

图 3-25　仿制源面板

反相叠加。

（3）模式：用于设置修复图像时使用的混合模式。

（4）源：设置修复区域的源。"取样"使用画布样本为修复源，"图案"可使用并选取图案作为修复源。

（5）对齐：勾选后对每个描边使用相同的位移。

（6）使用旧版：勾选后使用旧版修复画笔的算法。

（7）样本：可选择当前图层、当前和下方图层、所有图层进行取样。

（8）设置画笔角度：影响画笔效果。

（9）始终对"大小"使用"压力"：在关闭时，画笔预设控制压力。

（10）扩散：设置 1~7 的数值，以设定画笔的扩散程度。

3. 修补工具

修补工具可以看作修复画笔工具的一种补充。使用修补工具可以用其他区域的像素修复选中的区域，将样本像素的纹理、光照和阴影与源像素进行匹配。修补工具的特点是需要生产选区来定位精准，较为适合不规则边缘的区域修补，修补效果较为自然。

如图 3-26 所示，对照片中影响构图效果的玻璃框，使用修补工具通过反复建立选区拖动的方式修补照片，制作自然的修补效果。

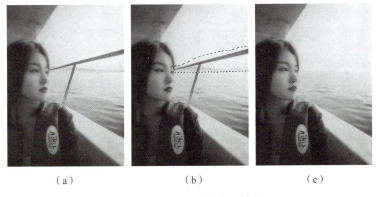

（a）　　　　　　　　　（b）　　　　　　　　　（c）

图 3-26 修补工具应用效果

（a）原图像；（b）修补建立选区过程；（c）修补后效果

属性栏（图 3-27）功能介绍：

图 3-27 修补工具属性栏

（1）选区运算组块：由于修补工具是通过建立选区修补，所以在属性栏中也提供选区运算的相关选择，其功能与选区工具中的相同，分为"新选区""添加到选区""从选区减去""与选区交叉"四项。

（2）修补模式：包括"正常"与"内容识别"两种模式。两种模式的操作方法相同，但图像处理效果不同。"内容识别"模式会根据其所处的环境做出接近其所处环境的选择。

"正常"模式下，可选择"源"与"目标"的修补顺序；勾选"透明"，可在混合修补时使用透明度；"扩散"可调整扩散数值。

在"内容识别"模式下，"结构"通过数值来调整源结构的保留程度；"颜色"调整可修改的源色彩程度。

4. 内容感知移动工具

内容感知移动工具可以看作更为强大的修补工具，它的使用方法与修补工具相似，同样是通过生成选区，可以选择移动与复制图像，图像重新组合后，系统可自动填补与修复图像边缘像素，让图像更为自然。内容感知移动工具的应用效果如图 3-28 所示。

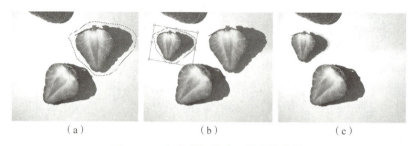

（a） （b） （c）

图 3-28　内容感知移动工具应用效果

（a）原图像选择；（b）建立选区移动；（c）移动后效果

内容感知移动工具属性栏如图 3-29 所示，属性栏功能介绍：

图 3-29　内容感知移动工具属性栏

（1）选区运算组块：包括"新选区""添加到选区""从选区减去""与选区交叉"四项，进行选区的调整与运算。

（2）模式：包括"移动"与"扩展"。"移动"模式下可对取样选区进行移动处理，在移动后删除原选区图案；"扩展"模式下重复拖动，不会删除原选区图案，可复制取样选区。"扩展"模式移动如图 3-30 所示。

（3）结构：通过数值调整源结构的保留程度。

（4）颜色：调整可修改的源色彩程度。

图 3-30　"扩展"模式移动

（5）投影时变换：在操作时可以旋转和缩放选区内容，类似于自由变换效果。

5. 红眼工具

红眼工具是"修复工具组"中最后一个工具，它可以后期弥补在暗处开闪光灯拍摄人像造成的"红眼"问题。"红眼"这个术语实际上是针对人物拍摄的，当闪光灯照射到人眼的时候，瞳孔会放大，让更多的光线通过，视网膜的血管就会在照片上产生泛红现象。

红眼工具的使用方式较为简单，在设置好属性栏参数后，直接在人物瞳孔部位单击鼠标左键即可，效果对比如图 3-31 所示。

内容感知移动工具属性栏如图 3-32 所示，属性栏功能介绍：

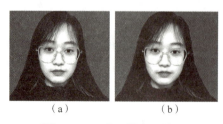

（a） （b）

图 3-31　红眼工具应用效果

（a）红眼图像；（b）修复后效果

图 3-32　红眼工具属性栏

（1）瞳孔大小：可设置瞳孔的大小，即眼睛暗色中心的大小。

（2）变暗量：用来设置瞳孔的暗度，数值越大，则暗度越大。

3.1.2　选择并遮住

选择并遮住工具是一款强大的选择工具组，其中集合了快速选择工具、调整边缘画笔工具、画笔工具、对象选择工具、套索工具等一系列选择工具，同时也可进行相关属性的详细参数调整，作为一款综合的选择工具。选择并遮住工具的特点是特别针对适合抠选毛发类的图像进行抠图。

打开选择工具有两种方法：一是在使用其他选择工具时，在属性栏中会看到"选择并遮住"选项，如图3-33所示，单击即可；二是执行菜单栏"选择"→"选择并遮住"，快捷键为"Alt+Ctrl+R"。

图3-33　在快速选择工具属性栏中打开"选择并遮住"

打开"选择并遮住"后，会出现新的操作界面，这也是该工具与其他选择工具不同之处，如图3-34所示。在界面左边为工具选项，可选择使用快速选择工具、调整边缘画笔工具、画笔工具、对象选择工具、套索工具、抓手工具、缩放工具，对图像进行绘制选区的相关操作，如图3-35所示。

图3-34　在菜单栏打开"选择"→"选择并遮住"

界面右边为属性面板，可对相关属性进行详细调整，具体如下：

（1）视图模式：可选择"洋葱皮""闪烁虚线""叠加""黑底""白底""黑白""图

图 3-35　选择并遮住操作界面

层"七种显示模式，不同的视图模式下选区区域与非选区区域的显示会有不同，可根据习惯自行设定。图 3-36 所示为"洋葱皮""闪烁虚线""叠加"三种模式下的视图区别。

（a）　　　　　　　　　（b）　　　　　　　　　（c）

图 3-36　"洋葱皮""闪烁虚线""叠加"模式下的显示区别
（a）洋葱皮；（b）闪烁虚线；（c）叠加

在选择不同视图模式后，对应的参数也会转换匹配至该模式特有的参数选项，如图 3-37 所示。勾选"显示边缘"，会显示调整区域的边缘；勾选"显示原稿"，会显示图像原始状态；勾选"实时调整""高品质预览"，会提高预览图像的清晰度，但有可能影响使用流畅度。

"洋葱皮""叠加""黑底""白底"四种模式下的"不透明度"选项可调整非选区区域的不透明度，以便于分辨选区内容；"叠加"模式下，"颜色"可切换非选区区域的颜色，选择"被蒙版区域"与"选定区域"可切换叠加的是否为选区区域，如图 3-38 所示。

预设选项可载入、储存、删除、自定义预设参数，记住设置选项可始终使用这些设置。

（2）调整模式："颜色识别"用于图像简单或是对比鲜明的背景下选区识别；"复杂识别"用于复杂背景下或是头发、皮毛的选区识别。

（3）边缘检测：改变"半径"数值可调整边缘区域的大小；勾选"智能半径"，使半径自

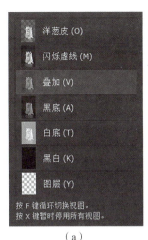
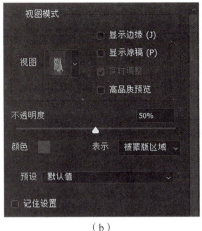
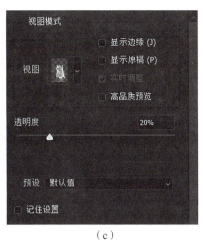

（a） （b） （c）

图 3-37 视图模式类型选择与"叠加""洋葱皮"不同参数调整

（a）视图模式类型；（b）叠加模式参数；（c）洋葱皮模式参数

（a） （b）

图 3-38 "被蒙版区域"与"选定区域"

（a）被蒙版区域；（b）选定区域

动适应图像选区边缘。

（4）全局调整："平滑"可平滑选区的锯齿状边缘；"羽化"可虚化选区边缘；"对比度"可增加选区边缘的对比度；"移动边缘"可伸缩或扩展选区边缘；"清除选区"可取消选区；"反相"可对选区进行反选。

（5）输出设置："净化颜色"可调整从图像中移去颜色边的数量；"输出到"可下拉选择输出模式为选区、图层蒙版、新建图层、新建带有图层蒙版的图层、新建文档、新建带有图层蒙版的文档，以确定建立完选区图像的输出方式，如图 3-39 所示。

如图 3-40 所示，针对猫咪的图案进行建立选区抠图，可以发现毛发类的轮廓使用其他选择工具都不能有效地建立选区，只能使用选择并遮住工具。

在选择并遮住工具界面中，先使用快速选择工具将猫咪主体进行选择，如图 3-41 所示。再使用调整边缘画笔工具沿着猫咪的毛发边缘进行绘制涂抹，如图 3-42 所示。输出设置中，选择"选区"即可将除猫咪图案外的部分转化为选区，如图 3-43 所示。可观察到通过调整边缘画笔工具将猫咪的毛发进行了选取，如图 3-44 所示。

图 3-39 输出设置   图 3-40 猫咪图案

图 3-41 猫咪主体选择

图 3-42 处理边缘

图 3-43 输出选区

图 3-44 毛发边缘

3.1.3 液化工具

液化滤镜工具是用于修饰图像的强大工具，其使用方法简单，通过系统识别图像后，进行推拉、扭曲、旋转、反射、折叠、膨胀图像的任意区域，如图 3-45 所示。使用液化工具还可以对人像进行大眼、隆鼻、瘦脸等操作，达到美颜的效果。

图 3-45 液化工具工作界面

执行菜单栏"滤镜"→"液化"即可使用液化工具。液化工具会以当前图像生成新的工作界面，其界面分布逻辑与 Photoshop 工作界面一样，左侧为工具选项，可选择"向前变形工具""重建工具""平滑工具""顺时针旋转扭曲工具""褶皱工具""膨胀工具""左推工具""冻结蒙版工具""解冻蒙版工具""脸部工具""抓手工具""缩放工具"对图像进行相关操作，大多工具都是以画笔的形式进行操作的。右侧为面板选项，在其中可对不同工具的"画笔参数"进行调整，也可对"人脸""蒙版""视图"等参数进行调整。下面进行详细讲解：

1. 工具选项

（1）向前变形工具、重建工具、平滑工具：向前变形工具可对图像进行简单的单一变形；重建工具可对变形后的位置还原；平滑工具可对变形后的位置进行平滑操作。使用方式为按住鼠标左键拖动即可。"洋葱皮""闪烁虚线""叠加"模式下的显示区别如图 3-46 所示。

（2）顺时针旋转扭曲工具、褶皱工具、膨胀工具、左推工具：对图像进行复杂变形。如旋

（a）　　　　　　　　　　　　　　（b）

图 3-46　"洋葱皮""闪烁虚线""叠加"模式下的显示区别

（a）原图像；（b）使用后效果

转扭曲，制作褶皱、膨胀、拉伸效果等。使用膨胀工具制作趣味"大头"效果如图 3-47 所示。

（a）　　　　　　　　　　　　　　（b）

图 3-47　使用膨胀工具制作趣味"大头"效果

（a）原图像；（b）使用后效果

　　（3）冻结蒙版工具、解冻蒙版工具：使用冻结蒙版工具可将画面中的部分区域进行冻结锁定，冻结区域后，被冻结的区域不可进行任何操作。如图 3-48 所示，先使用冻结蒙版工具将人物主体区域冻结，再使用膨胀工具对背景进行效果制作，可以看到冻结的人物区域不会受到膨胀效果的影响。

（a）　　　　　　　　　　（b）　　　　　　　　　　（c）

图 3-48　结合使用冻结蒙版制作效果

（a）使用冻结蒙版；（b）背景变形；（c）最终效果

（4）脸部工具：脸部工具是针对人脸修饰功能的丰富且智能的工具，如图3-49所示。使用该工具后，系统会自动识别照片中的人脸部分，将鼠标光标移动至脸颊、眼睛、鼻子、嘴等五官处，会出现调整框，单击拖动即可对人脸细节进行精修。如图3-50所示，通过脸部工具将人物进行脸部精修效果对比。

（5）抓手工具、缩放工具：对视图进行不同视角的详细操作时可使用。

2. 面板参数选项

（1）画笔工具选项：由于液化工具的使用形式均是基于画笔工具的操作，在画笔工具选项中可对画笔"大小""密度""压力""速率"进行相关参数调整，勾选"固定边缘"可固定画笔边缘，如图3-51和图3-52所示。

图 3-49　脸部工具

（a）　　　　　　　　　　（b）　　　　　　　　　　（c）

图 3-50　针对人脸不同部位的调整框

（a）眼睛；（b）鼻子；（c）嘴

图 3-51　结合数值调整

（2）人脸识别液化：该面板处功能非常强大，可将人脸的眼睛、鼻子、嘴唇、脸部形状进行识别并转换成数值的形式，进行"大小""高度""宽度"等进行调整，同时也可配合脸部工具共同使用，如图3-53所示。

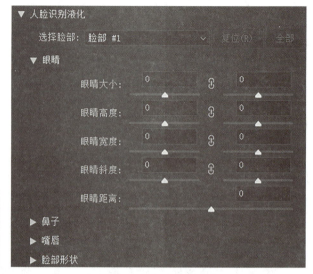

图3-52　画笔工具选项

图3-53　人脸识别液化

（3）载入网格选项：可载入、储存现有的数据效果，如图3-54所示。

（4）蒙版选项：在蒙版选项中，可进行选区运算，如"替换选区""添加到选区""从选区中减去""与选区交叉""反相选区"。或是使用蒙版操作"取消蒙版""全部蒙住""全部反相"，如图3-55所示。

图3-54　载入网格选项

图3-55　蒙版选项

（5）视图选项：可通过勾选各项条件用于辅助具体操作，包括"显示参考线""显示面部叠加""显示图像""显示网格""显示蒙版""显示背景"，如图3-56所示。

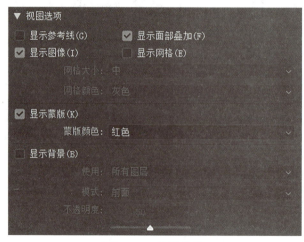

图3-56　视图选项

（6）画笔重建选项：在进行相关工具的操作后，单击"重建"按钮可重建恢复到之前工作的某一部，"恢复全部"可将图像恢复到原始图像状态，如图3-57所示。

图3-57 画笔重建选项

任务2 旅行照片精修

旅行照片精修

任务清单

项目名称	任务内容
任务情景	小沈与好朋友在假期时候去露营旅行，拍摄了多张精美的照片，她想要将其中较为喜欢的一张照片进行精修。
任务目标	本次任务共完成以下目标： （1）掌握仿制图章工具的应用。 （2）掌握减淡工具的应用。 （3）熟练掌握摄影照片的修复、处理、美化。
任务要求	请根据任务情景，完成以下任务： （1）对照片背景人物进行修复、去除。 （2）增加背景装饰效果。 （3）调整色调，增亮人物，突出主体。 （4）结合文字制作艺术照效果。
任务思考	（1）仿制图章工具与修复画笔工具的应用效果的区别是什么？ （2）减淡工具如何运用？能够制作何种效果？同为一组的加深与海绵工具如何运用？ （3）将照片增加装饰性的方法有什么？若添加文字，如何保证画面的协调性？
任务实施	（1）打开素材"旅行照片"，应用快捷键"Ctrl+J"复制粘贴为新图层，如图3-58所示。 　（2）处理照片背景中遮挡的帐篷部分，使用工具栏中的"修复画笔工具"，快捷键"J"，在属性栏中将"模式"调整为"替换"，在画笔选项中，将硬度数值适当调小，使画笔边缘效果虚化，如图3-59所示。按住"Alt"键，单击鼠标左键对一旁的树枝与天空的位置进行取样，取样后在需要覆盖处单击鼠标左键进行处理，如图3-60所示，使用树枝与天空覆盖原帐篷位置。 　（3）处理背景帐篷支架部分。使用工具栏中的"仿制图章工具"，使用方式与"修复画笔工具"相似，在属性栏中选择"柔边圆"形式的画笔，如图3-61所示。通过按住"Alt"键，对帐篷支架旁边的图像采样后，对其进行覆盖，如图3-62所示，此处需结合放大视角对图案进行仔细的操作。

续表

项目名称	任务内容
任务实施	 图 3-58　导入素材 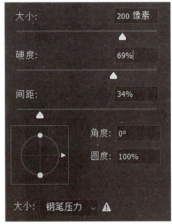 图 3-59　调整画笔预设  （a）　　　　　　　　　　　（b） 图 3-60　处理背景帐篷 （a）原图像；（b）处理后效果

项目名称	任务内容
任务实施	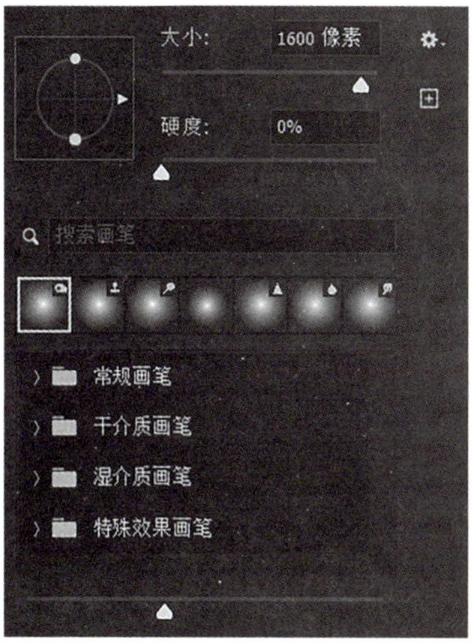 图 3-61 选择"柔边圆"画笔  （a）　　　　　　　（b） 图 3-62 处理覆盖帐篷支架 （a）局部处理细节；（b）处理后效果 　　（4）使用工具栏中的"加深工具"，快捷键为"O"，在背景过亮的草坪处进行涂抹，将色调略微加深，如图 3-63 所示。再使用"减淡工具"，对人物主体进行提亮，如图 3-64 所示。 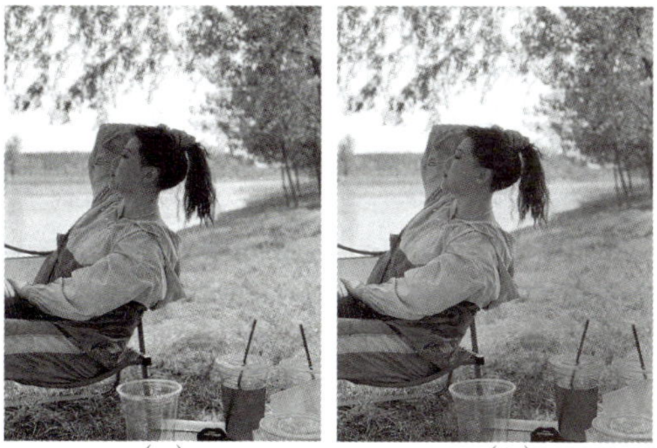 （a）　　　　　　　（b） 图 3-63 加深背景草坪 （a）原图像；（b）加深后效果

续表

项目名称	任务内容
任务实施	 （a）　　　　　　　　　　（b） 图 3-64　提亮主体人物 （a）原图像；（b）减淡后效果 （5）执行菜单栏"图像"→"调整"→"自然饱和度"，将"自然饱和度"选项数值调整为50，如图3-65所示，增加画面色彩鲜艳程度，制作出具有小清新风格的照片效果，如图3-66所示。  图 3-65　增加画面饱和度 （6）执行菜单栏"图像"→"画布大小"，在对话框中分别将宽度、高度增加100像素，"画笔扩展颜色"选择为白色，如图3-67所示。最终可供照片打印时裁剪使用，如图3-68所示。

项目名称	任务内容
任务实施	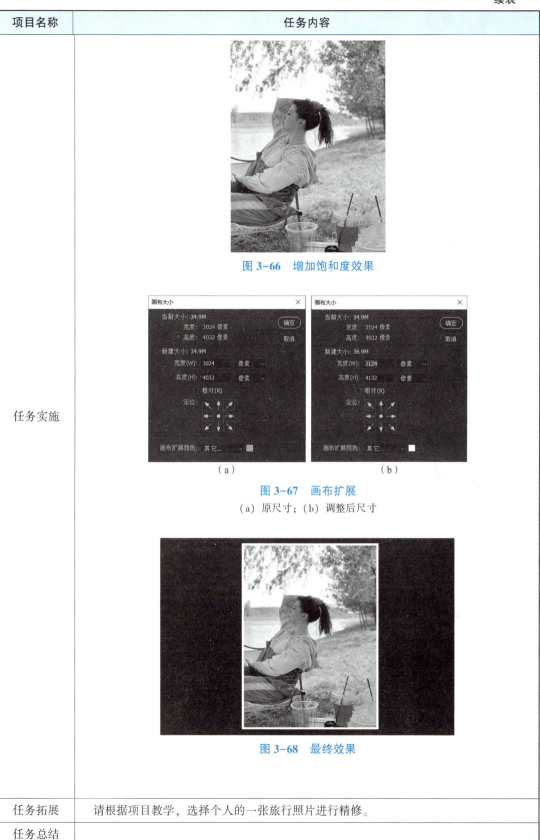 图3-66 增加饱和度效果 （a）　　　　　　　　（b） 图3-67 画布扩展 （a）原尺寸；（b）调整后尺寸 图3-68 最终效果
任务拓展	请根据项目教学，选择个人的一张旅行照片进行精修。
任务总结	

☑ **知 识 要 点**

3.2.1 仿制图章工具

1. 仿制图章工具

仿制图章工具可以将图像中的一部分区域复制，然后粘贴并覆盖在其他区域中，就像图章使用一样。该工具常用于利用图像自由内容去除照片中的缺陷。

使用仿制图章工具后，按住"Alt"键在图像中单击，定义要复制的内容，称作"取样"，之后将鼠标光标移动至其他区域单击左键或是按住左键拖动鼠标即可将取样像素复制到当前位置。此时，画面会出现"圆形光标"和"十字形光标"，"圆形光标"是我们操作的区域，"十字形光标"代表所在的复制位置。

如图3-69所示，在拍摄照片时意外将远处的人力车拍摄进画面，虽然通过景深将其虚化了，但依然存在影响照片效果，此情况下即可使用仿制图章工具通过"Alt"键取样周围树木、马路等图案像素，在人力车进行粘贴，覆盖图案，最终将图像修复成较为自然的背景效果。

（a） （b）

图3-69 仿制图章工具使用效果
（a）原图像；（b）处理后效果

仿制图章工具属性栏如图3-70所示，属性栏功能介绍：

图3-70 仿制图章工具属性栏

（1）画笔选项：可调整画笔的"大小""硬度"，也可选择特殊效果的画笔，如图3-71所示。

（2）切换画笔设置面板：切换到画笔设置面板，对画笔参数进行更为详细的调整，如图3-72所示。

（3）切换仿制源面板：与修复画笔设定相同，设置仿制源的相关信息参数，如图3-73所示。

（4）模式：可选择混合模式，以设置效果模式。

（5）不透明度：设置描边的不透明度。

（6）流量：设置描边的流量。

（7）角度：设置画笔角度。

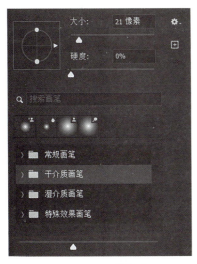

图 3-71　画笔选项

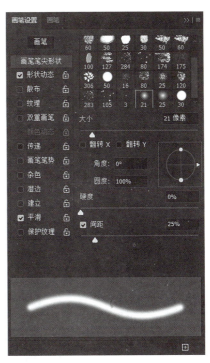

图 3-72　画笔设置面板

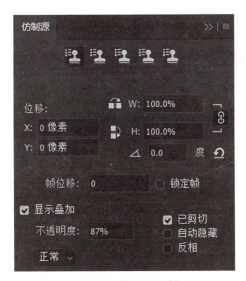

图 3-73　仿制源面板

（8）对齐：勾选后可以连续对像素进行取样，取消勾选则每单击一次鼠标，都是用初始取样点中的样本像素，也就是每次单击都是另一次复制。

（9）样本：从"当前图层""当前与下方图层""所有图层"采取仿制样本。

2. 图案图章工具

图案图章工具区别于仿制图章工具的是，仿制图章工具主要用来复制取样图像。使用图案图章工具可以利用图案进行绘画，可以从图案库中选择图案或者自己创建图案。

图案图章工具属性栏与仿制图章工具基本相同，可参考仿制图章工具属性栏选项，如图 3-74 所示，使用图案图章工具将原有的照片远景部分绘制成森林图案。

（a）　　　　　　　　　　　　　（b）

图 3-74　图案图章工具使用效果

（a）原图像；（b）使用后效果

3.2.2　减淡工具

早期也称为遮挡工具（因为其原理与传统洗印照片工艺中的遮挡相似）。减淡工具可以将图像中部分区域减淡，也可以理解为将需要变亮的部分颜色加亮。使用形式为画笔工具。减淡工具使用效果如图 3-75 所示。

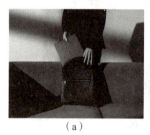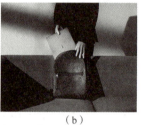

（a）　　　　　　　　　　（b）

图 3-75　减淡工具使用效果

（a）原图像；（b）减淡后效果

减淡工具属性栏如图 3-76 所示，属性栏功能介绍：

图 3-76　减淡工具属性栏

（1）画笔预设：可选择画笔形式以及"大小""硬度"数值。

（2）画笔设置：弹出画面设置面板，可在其中对画笔更为详细的参数进行修改。

（3）范围：通过"阴影""中间调""高光"的选项设置，改变画笔涂抹的范围。

（4）曝光度：设置画笔涂抹的"曝光度"，可以理解为强度，"曝光度"越大，单次涂抹效果越明显。

（5）启用喷枪样式建立效果：单击后涂抹可增加喷枪样式。

（6）设置画笔角度：可设置画笔图案的角度。

（7）保护色调：勾选后，系统保护最小化的阴影与高光中的修剪，以防止颜色发生色相偏移。

3.2.3　加深工具

加深工具，顾名思义，是用来将图像变暗，颜色加深。该工具可将画面色彩在色调上加深，以改变部分图像视觉效果。其使用形式与减淡工具相同。加深工具使用效果如图 3-77 所示。

（a）　　　　　　　　　　（b）

图 3-77　加深工具使用效果

（a）原图像；（b）加深后效果

加深工具属性栏如图 3-78 所示，加深工具属性栏功能与减淡工具完全一致。

图 3-78　加深工具属性栏

3.2.4　海绵工具

海绵工具是 Photoshop 软件中用来吸取颜色的工具，这个工具可以将有颜色的部分变为黑白色且效果明显，如图 3-79 所示。

（a）　　　　　　　　　　（b）

图 3-79　海绵工具使用效果

（a）原图像；（b）使用后效果

海绵工具属性栏如图 3-80 所示。海绵工具属性栏功能与减淡/加深工具较为相似，不同之处在于：

图 3-80　海绵工具属性栏

（1）模式："去色"模式下产生降低画面饱和度效果，"加色"模式下产生提高画面饱和度效果，如图 3-81 所示。

（a）　　　　　　　　　　（b）

图 3-81　加色模式效果

（a）原图像；（b）加色后效果

（2）流量：数值越大，画笔单次涂抹效果越明显。

（3）自然饱和度：勾选后，系统最小化修剪，以获得不饱和色与完全饱和色，使画面更加自然。

任务3　破损照片修复

破损照片修复

任务清单

项目名称	任务内容
任务情景	与小沈一起游玩的好朋友将自己的照片打印了出来带在身上，但不小心将其损坏，产生了许多划痕，请你与小沈一起帮助她修复破损照片。
任务目标	（1）掌握锐化工具的使用方法。 （2）掌握应用人像修饰相关工具结合颜色调节，能够将老照片修复的方法。
任务要求	请根据任务情景，完成以下任务： （1）将老照片色调调亮。 （2）使用仿制图章工具处理照片中的裂痕。 （3）使用修复画笔工具修复脸上的斑纹。 （4）使用加深、减淡、锐化工具对画面细节进行修复还原。 （5）通过自然饱和度将画面色调进行平衡处理。
任务思考	（1）锐化工具的效果是什么？模糊与涂抹工具的效果是什么？ （2）如何熟练地应用仿制图章与修复画笔工具？
任务实施	（1）首先导入素材"破损照片"，应用快捷键"Ctrl+J"复制粘贴背景，如图3-82示。执行菜单栏"图像"→"调整"→"曲线"，调整画面曲线，如图3-83所示。提高照片亮度和清晰度，效果如图3-84所示。 图3-82　导入素材

续表

项目名称	任务内容
任务实施	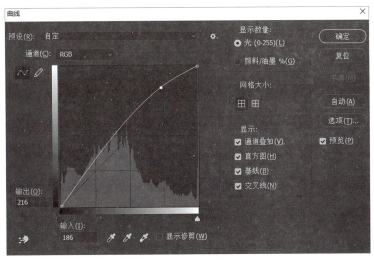 图 3-83　调整曲线  （a）　　　　　　　　　　（b） 图 3-84　调整画面亮度 （a）原图像；（b）调整后效果 （2）处理画面大裂痕部分。使用工具栏中的"仿制图章工具"，快捷键为"S"，在属性栏中将画笔预设中的大小调整为"66"，调整为边缘虚化画笔，如图 3-85 所示。按住"Alt"键取样，取样后单击鼠标左键进行仔细的覆盖处理，修复画面大裂痕部分，如图 3-86 所示。 （3）处理画面小划痕部分。使用工具栏中的"仿制图章工具"，快捷键为"S"，按住"Alt"键取样，取样后单击鼠标左键进行仔细的覆盖处理，修复画面小划痕部分，如图 3-87 所示。 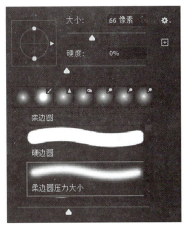 图 3-85　调整画笔设置

项目名称	任务内容

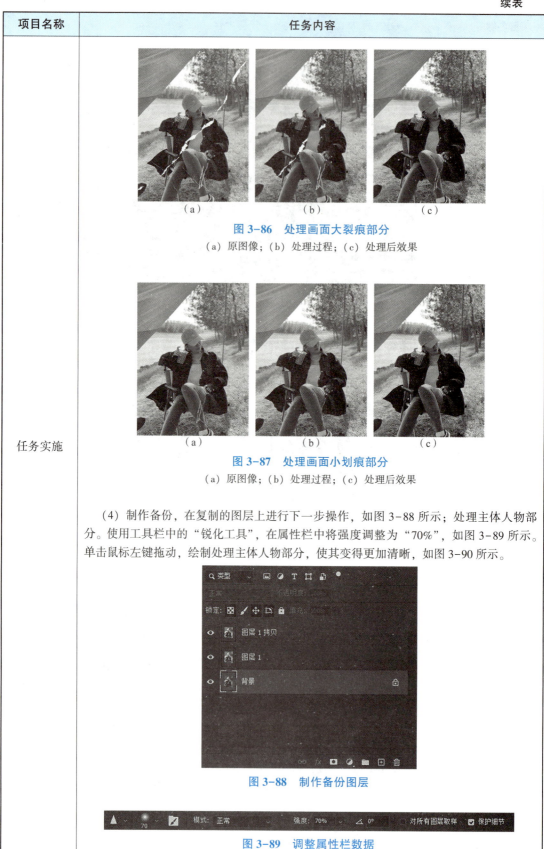

（a）　　　　　　　　（b）　　　　　　　　（c）

图 3-86　处理画面大裂痕部分

（a）原图像；（b）处理过程；（c）处理后效果

（a）　　　　　　　　（b）　　　　　　　　（c）

图 3-87　处理画面小划痕部分

（a）原图像；（b）处理过程；（c）处理后效果

　　（4）制作备份，在复制的图层上进行下一步操作，如图 3-88 所示；处理主体人物部分。使用工具栏中的"锐化工具"，在属性栏中将强度调整为"70%"，如图 3-89 所示。单击鼠标左键拖动，绘制处理主体人物部分，使其变得更加清晰，如图 3-90 所示。

图 3-88　制作备份图层

图 3-89　调整属性栏数据

项目名称	任务内容
任务实施	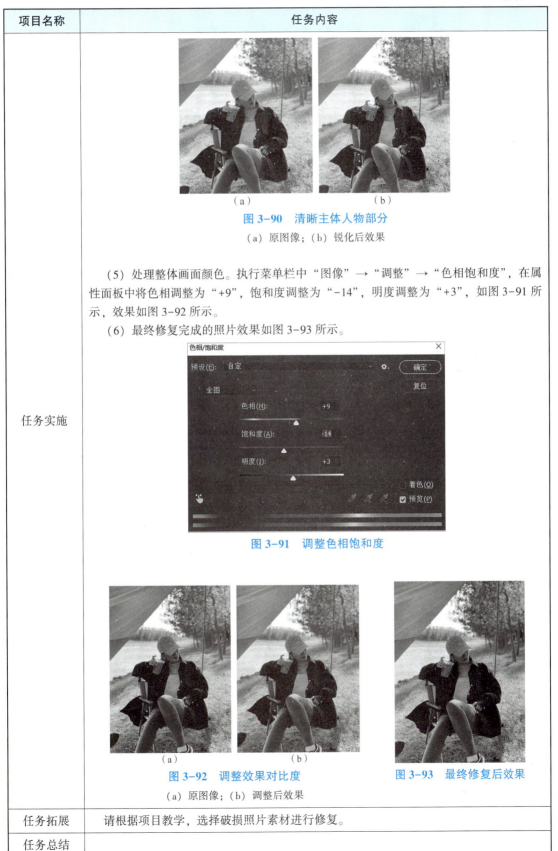
任务拓展	请根据项目教学，选择破损照片素材进行修复。
任务总结	

图 3-90　清晰主体人物部分

（a）原图像；（b）锐化后效果

（5）处理整体画面颜色。执行菜单栏中"图像"→"调整"→"色相饱和度"，在属性面板中将色相调整为"+9"，饱和度调整为"-14"，明度调整为"+3"，如图 3-91 所示，效果如图 3-92 所示。

（6）最终修复完成的照片效果如图 3-93 所示。

图 3-91　调整色相饱和度

图 3-92　调整效果对比度

（a）原图像；（b）调整后效果

图 3-93　最终修复后效果

✦ 知识要点

3.3.1 模糊工具

模糊工具可通过画笔将涂抹的区域变得模糊。模糊有时是一种表现手法，将画面中部分被背景做模糊处理，就可以凸显主体。如图 3-94 所示，为了突出电饭煲产品主体，可将前面的桌子与背部的厨房背景进行模糊。

（a） （b）

图 3-94 模糊工具效果

（a）原图像；（b）模糊后效果

模糊工具属性栏如图 3-95 所示，属性栏功能介绍：

图 3-95 模糊工具属性栏

（1）画笔预设：可选择画笔形式以及"大小""硬度"数值。

（2）画笔设置：弹出画面设置面板，可在其中对画笔更为详细的参数进行修改。

（3）模式：可选择"正常""变暗""变亮""色相""饱和度""颜色""明度"七种混合模式。

（4）强度：数值越大，画笔涂抹效果越明显。

（5）设置画笔角度：可设置画笔图案的角度。

（6）对所有图层取样：勾选后，从符合数据中取样仿制数据。

3.3.2 锐化工具

锐化工具与模糊工具的效果正好相反，通过画笔将模糊的区域变得清晰，但需要注意的是，若是涂抹过多，会产生类似过度曝光的效果。如图 3-96 所示，通过锐化工具在主体涂抹，可将主体人物锐化清晰。

锐化工具属性栏功能与模糊工具的基本一致，不同之处是可通过勾选"保护细节"使涂抹时保护最小化像素，如图 3-97 所示。

涂抹工具的效果就好像在一幅未干的油画上用手指涂抹一样。如图 3-98 所示，通过涂抹工具，将画面远处的树林涂抹，制作出类似油画效果的背景。

锐化工具属性栏功能与模糊/锐化工具基本一致，不同之处是可通过勾选"手指绘画"在涂

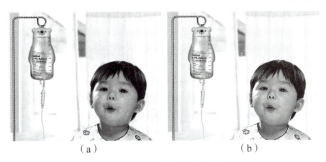

（a）　　　　　　　　　　（b）

图 3-96　锐化工具效果

（a）原图像；（b）锐化后效果

图 3-97　锐化工具属性栏

（a）　　　　　　　　　　（b）

图 3-98　涂抹工具效果

（a）原图像；（b）涂抹后效果

抹时接入当前前景色，如图 3-99 所示。

图 3-99　涂抹工具属性栏

☑ 拓展学习

二维码 3-1　人像修饰小知识

项目 4　摄影照片调色

知识目标

掌握对图像亮度/对比度/自然饱和度的调节。

熟练掌握色相/饱和度的概念以及调节方法。

熟练掌握色彩平衡中不同色的调节方法。

熟练掌握色阶的概念及调节效果。

熟练掌握曲线的概念及调节效果。

掌握色彩通道的调色方法。

掌握不同风格图像调色色彩思维与操作方法。

能力目标

能够学习理解基本的色彩知识与调色思维。

能够熟练地理解并运用色相、饱和度、明度的概念及在调色工具中的运用。

能够应用 Photoshop 软件中不同类型的调色工具对图像进行调色。

能够根据不同的颜色方法选取合适的调色工具进行工作。

素质目标

通过项目教学，培养学生对色彩构成原理理解的基本能力。

通过项目教学，培养学生分析色彩搭配问题，并解决此类问题的能力。

培养学生具有勇于创新、对不同风格色彩的创造能力。

任务 1　赛博朋克风格调色

赛博朋克风格调色

任务清单

项目名称	任务内容
任务情景	小沈在看过一些科幻类电影后，对未来科幻风格的设计产生了兴趣，经过查找资料，发现其中一种色彩风格叫"赛博朋克"。她想要使用刚学会的 Photoshop 软件尝试进行"赛博朋克"的照片处理。使用 Photoshop 软件进行照片调色就需要一系列的调色命令，请你帮助她。
任务目标	（1）掌握 Photoshop 中几种颜色选取的方法。 　（2）掌握使用亮度/对比度命令调色。 　（3）掌握使用色相/饱和度命令调色。 　（4）掌握使用色彩平衡命令调色。 　（5）掌握使用可选颜色命令调色。
任务要求	请根据任务情景，完成以下任务： 　（1）素材的修饰、调整。 　（2）图层的整理。 　（3）使用亮度/对比度，调整画面明亮度。 　（4）使用色相/饱和度，调整画面饱和度。 　（5）使用色彩平衡，平衡画面效果。 　（6）使用可选颜色，加强单独颜色效果。
任务思考	（1）亮度/对比度、色相/饱和度、色彩平衡、可选颜色，四种调色命令的效果区别是什么？它们分别适用于何种颜色风格调色？ 　（2）色相、饱和度、明度的概念是什么？对这三种色彩属性进行调整分别会产生什么效果？ 　（3）当想要着重调节画面中某一种或几种颜色时，如何操作？ 　（4）对图像图层在调色前需要做哪些整理？
任务实施	（1）首先导入"街区"与"天空"素材，如图 4-1 所示。 　（2）单击"天空素材"，选择工具栏中的"移动工具"，如图 4-2 所示。将"天空素材"移入"街区素材"中，如图 4-3 所示。 　（3）调整"天空素材"不透明度为"63%"，选择工具栏中的"磁性套索工具"，沿建筑物边缘框出选区，如图 4-4 所示。按住"Ctrl+J"快捷键复制"天空素材"图层并隐藏原本天空素材，如图 4-5 所示。 　（4）导入"花"素材，使用工具栏中的"快速选择工具"将花抠出，如图 4-6 所示。使用"移动工具"拖入"街区素材"，如图 4-7 所示。

项目名称	任务内容
任务实施	 图 4-1　导入素材  图 4-2　移动工具  图 4-3　移入素材

项目名称	任务内容
任务实施	  

图 4-4　磁性套索工具

（a）　　　　　　　　　　　（b）

图 4-5　复制"天空"图层并删除"天空"原图层

（a）复制"天空"图层；（b）删除"天空"原图层

图 4-6　快速选择工具

项目名称	任务内容
任务实施	 图 4-7　移动工具 （5）按快捷键"Ctrl+J"复制多个"花"图层，按快捷键"Ctrl+T"调整"花"素材大小，使用"移动工具"调整位置丰富画面细节，如图 4-8 所示。 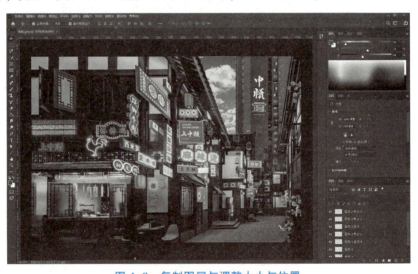 图 4-8　复制图层与调整大小与位置 （6）按住"Ctrl"键选中所有图层并单击"图层面板"中的"创建新组"建立组，按快捷键"Ctrl+J"复制组并合并当前组中的所有图层为一个图层，将原组隐藏，如图 4-9 所示，对图像整体调色需要针对一个图层操作。 （7）执行菜单栏"图像"→"调整"→"亮度/对比度"，如图 4-10 所示。"亮度"数值调整为"33"，"对比度"数值调整为"26"。原图画面没有明确的暗部，调整亮度与对比度，使画面明暗更清晰，如图 4-11 所示。

项目名称	任务内容
任务实施	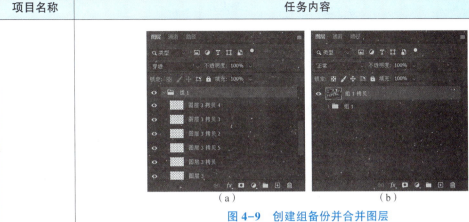 （a）　　　　　　　　　　　　　（b） **图 4-9　创建组备份并合并图层** （a）将所有调整创建组并复制作为备份；（b）合并原组图层  **图 4-10　调整亮度与对比度**  **图 4-11　亮度与对比度效果** 　　（8）执行菜单栏"图像"→"调整"→"色相/饱和度"，快捷键为"Ctrl+U"。选择"色相与饱和度"中的"全图"将"色相"数值调整为"-37"，"饱和度"数值调整为"+5"。再次选择"色相与饱和度"中的"红色"区域将"色相"数值调整为"+20"，"饱和度"数值调整为"+12"，如图 4-12 所示。

续表

项目名称	任务内容
任务实施	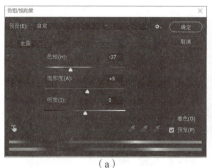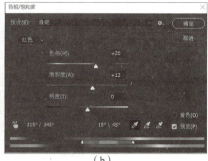（a）　　　　　　　　　　　　　　　（b） 图 4-12　色相/饱和度数值调整 （a）"全图"数值调整；（b）"红色"数值调整 　　（9）赛博朋克风的色彩高饱和体现在"洋红""青色""蓝色"三种颜色上，原图对这三种颜色的体现极少，使用"色相与饱和度"提高"洋红""青色""蓝色"三种颜色在画面中的色相与饱和度，如图 4-13 所示。  图 4-13　色相与饱和度效果 　　（10）执行菜单栏"图像"→"调整"→"色彩平衡"。 　　选择"色彩平衡"中的"中间调"，将"青色-红色"数值调整为"-37"。 　　选择"色彩平衡"中的"中间调"，将"洋红-绿色"数值调整为"-46"。 　　选择"色彩平衡"中的"中间调"，将"黄色-蓝色"数值调整为"+51"。 　　选择"色彩平衡"中的"高光"，将"青色-红色"数值调整为"+38"。 　　选择"色彩平衡"中的"高光"，将"洋红-绿色"数值调整为"-41"。 　　选择"色彩平衡"中的"高光"，将"黄色-蓝色"数值调整为"-2"。 　　如图 4-14 所示。 　　（11）在提高"洋红""青色""蓝色"色相与饱和度的同时，要对原有颜色的色彩倾向做调整，将画面多余颜色的色彩用"色彩平衡"调整为"洋红""青色""蓝色"三色，如图 4-15 所示。

项目名称	任务内容
任务实施	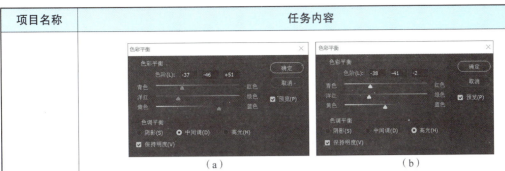 图 4-14　色彩平衡调整 （a）对"中间调"调整；（b）对"高光"调整  图 4-15　色彩平衡效果 （12）执行菜单栏"图像"→"调整"→"可选色彩"。 选择"可选色彩"中的"青色"，将"青色"数值调整为"+62%"。 选择"可选色彩"中的"青色"，将"洋红"数值调整为"−25%"。 选择"可选色彩"中的"洋红"，将"青色"数值调整为"−44%"。 选择"可选色彩"中的"洋红"，将"洋红"数值调整为"+48%"。 如图 4-16 所示。 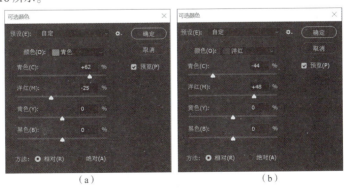 图 4-16　可选颜色数值调整 （a）对"青色"调整；（b）对"洋红"调整 调整画面整体颜色，增加"洋红""青色""蓝色"的色彩效果。

续表

项目名称	任务内容
任务实施	(13) 最终效果展示如图 4-17 所示。  图 4-17　最终效果
任务拓展	请自主拍摄一张城市街景照片，并将其调色为赛博朋克风格。
任务总结	

✅ 知识要点

4.1.1　颜色选取

在对图像的处理与设计中，除了考虑到形态方面的调整外，另一个重要方向就是颜色的设计。Photoshop 软件为用户提供了多种颜色选取方式。

1. 拾色器

"拾色器"是 Photoshop 中最常用的拾取颜色工具之一，在"前景色/背景色""渐变"等工具中皆可使用。在"拾色器"中的"颜色条"界面可通过鼠标单击或拖动，调整要选取的颜色范围，如红、蓝、绿等。选取的颜色会在"新的"中显示，与"当前"颜色进行直观对比。选取颜色的范围如图 4-18 所示。

在"色域"界面可对选取的颜色调整饱和度、明度，如图 4-19 所示，鼠标光标单击向左区域，颜色的灰度越高；单击向右区域，颜色的纯度越高；单击向上区域，颜色越明亮；单击向下区域，颜色越暗。若想选取一个又亮又纯的绿色，就需要选取右上角区域的颜色；若想选取一个明亮但是带有一点灰度的绿色，就需要往左上角区域选取。选取左上角最顶端为纯白色，右下角最底端为纯黑色。在色域中选取不同饱和度、明度颜色，如图 4-19 所示。

在"颜色模式"区域可以根据"HSB""RGB""CMYK""Lab"四种模式的选项，通过输入固定的数值，精确地选取颜色。

2. 颜色面板

"颜色面板"位于系统默认的界面面板区域，图层面板的上方。其是快捷的颜色选取方式，可以替代大部分拾色器功能。通过对"色域""颜色条"的操作对前景或背景色进行快速选取。

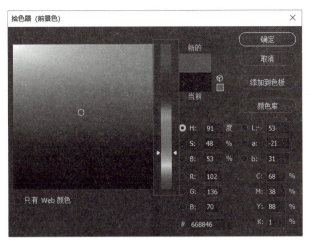

图 4-18 选取颜色范围

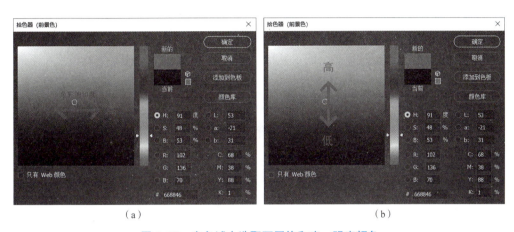

（a）　　　　　　　　　　　　（b）

图 4-19 在色域中选取不同饱和度、明度颜色

（a）在色域中选取不同饱和度；（b）在色域中选取不同明度颜色

3. 色板面板

"色板面板"位于"颜色面板"位置旁，其颜色选取方式较为固定，类似于绘画时在调色板上调好的颜色，可以根据 Photoshop 软件系统提供的颜色类型或风格进行选择。点开选中的文件夹可看到里面的固定色块，直接单击即可。同时，单击 ▢ 可创建新组；单击 ⊞ 可创建新色板；单击 🗑 可删除色板。颜色模式如图 4-20 所示，颜色面板如图 4-21 所示，色板面板如图 4-22 所示。

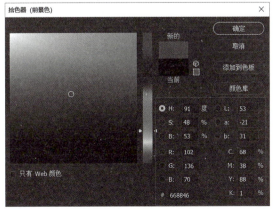

图 4-20 颜色模式

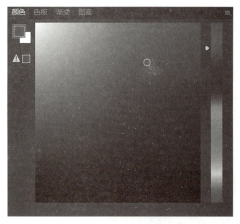 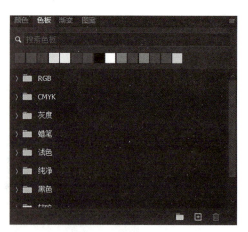

图 4-21　颜色面板　　　　　　　　　　　图 4-22　色板面板

4. 吸管工具

"吸管工具"为直接吸取颜色的工具，通过单击鼠标左键吸取可直接操作。如图 4-23 所示，可对 2022 年潘通流行色"长春花蓝"进行吸取，吸取后在拾色器中可观察到该颜色在不同颜色模式（RGB、CMYK、HSB、Lab）下的参数，并且可用于图像颜色设计。

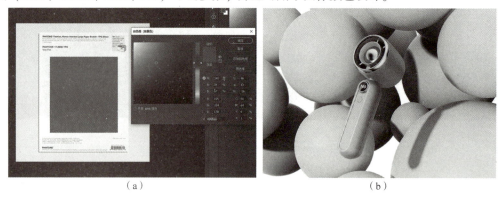

（a）　　　　　　　　　　　　　　　　（b）

图 4-23　"长春花蓝"颜色吸取及应用

（a）"长春花蓝"颜色吸取；（b）"长春花蓝"在产品配色中的应用

吸管工具属性栏如图 4-24 所示，属性栏功能介绍：

图 4-24　吸管工具属性栏

（1）取样大小：影响着取样像素的平均值，数值越大，代表着取样的像素越多。如图 4-25 所示，在"5×5 平均"选项下，吸取的颜色为共 25 像素块颜色的平均值。

（2）样本：选择取样的图层，分为"所有图层""当前图层""当前和下方图层""所有无调整图层""当前和下一个无调整图层"。

（3）显示取样环：勾选后，在选取样色时，会出现环形的预设显示图像，上半部分显示新的颜色，下半部分显示当前颜色。

5. 颜色取样工具

"颜色取样工具"一般用于检测图像中像素的色彩构成，对分析画面的颜色平衡来说，可以提供比较直接的数据参考。取样环如图 4-26 所示。颜色取样工具如图 4-27 所示。

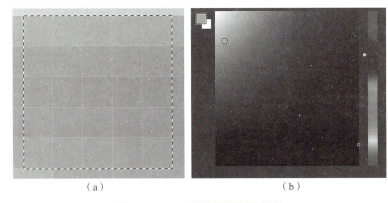

图 4-25　5×5 平均取样吸取颜色

(a) 5×5 像素；(b) 取样颜色

图 4-26　取样环

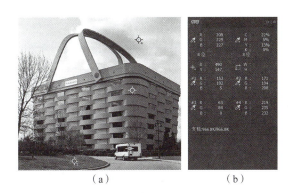

图 4-27　颜色取样工具

(a) 取样区域；(b) 取样数值

使用 "颜色取样工具" 直接将鼠标光标移动至想要取样的部分，单击左键即可，在信息面板中可观察到该部分颜色的 RGB 值。可以创建多个取样点，同时对比观察。按住 "Ctrl" 键可移动取样点。

4.1.2　亮度/对比度

在对图像颜色的处理中， "亮度/对比度" 可以对图像的色调进行调整。执行菜单栏 "图像" → "调整" → "亮度/对比度" 可打开对话框，可对相应数值进行调整。亮度/对比度如图 4-28 所示。

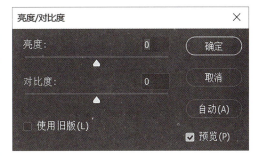

图 4-28　亮度/对比度

(1) 亮度：决定图像整体的明暗程度， "亮度" 值越大，构成图像的像素就会越亮。向右滑动增加正的数值增亮图像，向左滑动增加负的数值变暗图像。

(2) 对比度：调整图像高光与阴影的颜色对比， "对比度" 数值影响图像清晰度。如图 4-29 所示，首先将原素材的 "亮度" 调亮 45，发现图像过亮，不是很自然，将 "对比度" 调整为-50，图像变得自然许多。

(3) 使用旧版：勾选后， "亮度/对比度" 数值恢复到 0。

（a）　　　　　　　　　　（b）　　　　　　　　　　（c）

图4-29　"亮度/对比度"调节图像色调

（a）原图像；（b）调整亮度；（c）调整对比度

（4）自动：单击后，系统会根据图像自动调整"亮度/对比度"到合适的数值，如图4-30所示。选择"自动"后，系统将数值自动修改为"亮度3""对比度36"。

图4-30　"自动"调整

（5）预览：勾选后，数值发生变化，同时会在图像上可视。系统默认勾选。

4.1.3　色相/饱和度

"色相/饱和度"是Photoshop软件中进行图像调色的重要命令，其是基于色彩的三大属性（色相、饱和度、明度）进行操作的，如图4-31所示，主要功能也是对这三种属性的参数进行调整。

1. 色相

顾名思义，就是颜色的倾向，比如黄色、红色、青色。色相的调节就可以让红色变成黄色，黄色变成青色，配合饱和度和明度，就可以把所有的颜色调节出来，所以它的功能是非常强大的。

2. 饱和度

就是颜色的纯度，也就是该颜色的纯净度。可以理解为绘画颜料中的颜色就是纯度最高的，当进行绘画时，在色板上进行调和混入其他颜色时，饱和度就会降低，混入的颜色越多，其饱和度越低。如明度的改变其实也会改变色彩的灰度，这样肯定导致颜色的纯度降低，也会受到其他颜色影响，如图4-32所示。

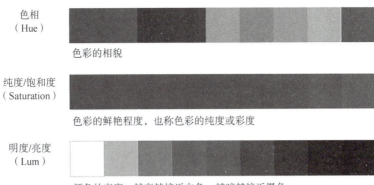

色相
（Hue）

色彩的相貌

纯度/饱和度
（Saturation）

色彩的鲜艳程度，也称色彩的纯度或彩度

明度/亮度
（Lum）

颜色的亮度，越亮越接近白色，越暗越接近黑色

图4-31　色彩三要素

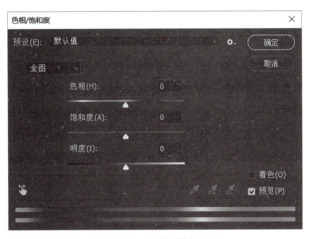

图4-32　色相/饱和度

3. 明度

指颜色的明暗程度。其是平衡色彩亮与暗的一个指标，每个颜色都有一个明暗指标，明度为255的时候就是白色，明度为0的时候就是黑色。

（1）预设：可选择系统自带的颜色调整方案，选择后，系统会根据图像色彩自动调整参数，如图4-33所示，选择旧样式后，系统自动将数值变为"饱和度-40""明度+5"。当需要自己调整时，选择"默认值"即可。单击 ⚙ 可"存储预设""载入预设""删除当前预设"。

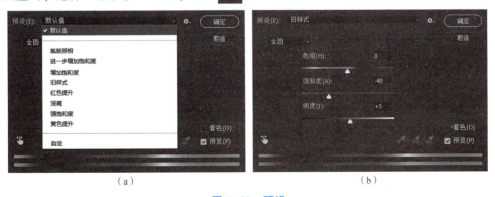

（a）　　　　　　　　　　　　　　　　　（b）

图4-33　预设

（a）预设菜单；（b）选中预设

（2）色相：调整图像中色彩倾向。需要注意的是，调整颜色的变化是按照颜色在色相环上的位置关系决定的，如把"色相"标移动到色相条两端的任意一端时，画面中的颜色并不会变成红色，绿色反而会变成洋红色，蓝色会变成黄色。这是因为当把"色相"标移动到两端的红色区域时，色相条的数值为"180"，这个180就是颜色在色相环中要移动的度数。色环如图4-34所示。

图4-34　色环

同时，也可通过选区对图像中的某一部分区域进行调色，如图4-35所示，将人物穿的衣服生成选区，通过调整"色相"可在不影响图像其他部分的基础上，将衣服调整为偏粉的颜色。

（3）饱和度：调整图像中色彩的纯度。当需要一个高饱和颜色时，将数值调高；需要一个偏灰的颜色时，将数值调低。如图4-36所示，通过反选快捷键"Ctrl+Shift+I"，将除了人物外的街道背景选择，通过提高"饱和度"增加街景的光感。

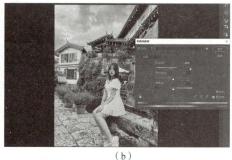

（a）　　　　　　　　　　　　　　（b）

图4-35　色相调整衣服颜色

（a）原图像；（b）调整色相效果

（a）　　　　　　　　　　　　　　（b）

图4-36　饱和度调整场景颜色

（a）原图像；（b）调整饱和度效果

（4）明度：调整图像中明暗度。如图4-37所示，在调整场景"饱和度"后，可适当降低图像明度，制作出夜晚街道场景的颜色效果。

（5）着色：勾选"着色"后，在色相条中选择的是何种颜色，图像就会是何种颜色，同时保留图像原来的明暗关系。相对而言，勾选"着色"，在"色相""饱和度""明度"显示条上会更直观地观察颜色，以便于调整。如图4-38所示，勾选后会看到"色相"自动指向偏黄色，"饱和度"自动指向一个低数值，代表着人物的衣服是一个低饱和度的淡黄色。

图4-37 明度调整场景颜色

图4-38 勾选着色后效果

（6）区域选择：在"色相/饱和度"命令中默认是对全图所有颜色进行调节，当有需要时，可以通过下拉菜单选择"红色、黄色、绿色、青色、蓝色、洋红"，其分别是光源三原色与颜料三原色。当选择一种颜色区域后调整"色相""饱和度""明度"数值时，只会对画面中该颜色的像素进行调整，其他颜色像素保持不变。如图4-39所示，对原图中绿色小鸟形态的产品进行调色，可选择"绿色"再进行"色相""饱和度""明度"数值调整，将其变换为黄色，同时不会影响图中其他颜色的变化。选择绿色区域进行调整，如图4-40所示。

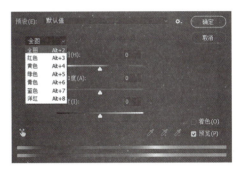

图4-39 区域选择

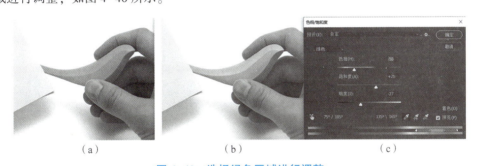

（a） （b） （c）

图4-40 选择绿色区域进行调整

（a）原图像；（b）调整效果；（c）选择绿色区域调整

4.1.4 色彩平衡

"色彩平衡"命令将图像分为"高光""中间调""阴影"三个色调，可对其中一个或多个色调进行调整，调节整个图像的色彩平衡度。"色彩平衡"命令的特点是针对图像的整个颜色范围进行调整，在命令对话框中，相对应的两种颜色为互补色，如青色与红色，当提高某种颜色的比例时，位于另一侧的补色就会减少，如图4-41所示。

如图4-42所示，通过"色彩平衡"可将风景图片由原来的颜色调整为蓝色调，使画面整体显得更清新自然。

首先，整体画面呈现亮色调，选择"高光"，将"蓝色+55"，如图4-43所示。

然后，选择"阴影"，将"红色+45"，红蓝亮色为互补色，对比之下，图像整体的蓝色调会显得更明显，如图4-44所示。

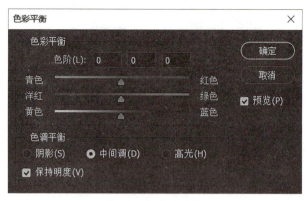

图 4-41　色彩平衡

（a）　　　　　　　　　　　（b）

图 4-42　色彩平衡调色

（a）原图；（b）调色后效果

图 4-43　高光色调调节

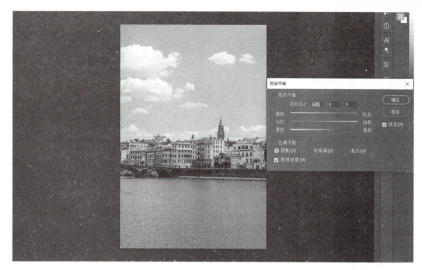

图 4-44 阴影色调调节

4.1.5 可选颜色

"可选颜色"命令用来单独调整画面内的某个颜色，同时不影响其他颜色，主要针对"青色""洋红""黄色""黑色"进行调整。例如选蓝色，则只有画面中的蓝色部分会变化，其他不变，如图 4-45 所示。

"可选颜色"是高端扫描仪与分色程序使用的一项技术，其是在图像中每个加色与减色的原色分量中增加与减少印刷色的量，所以它的调色原理是基于"C 青色（Cyan）""M 洋红（Magenta）""Y 黄色（Yellow）""K 黑色（Black）"进行的。

如图 4-46 所示，通过"可选颜色"可将风景图片中原来的黄绿色调增加绿色色调，提升画面质感。

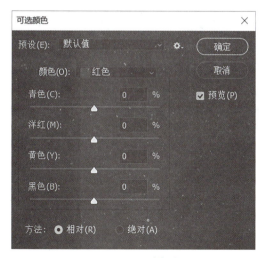

图 4-45 可选颜色

（a）　　　　　　　　　　　（b）

图 4-46 可选颜色调色

首先，选择"绿色"，将"青色+65""洋红-70""黄色-80"，去除绿色中的暖色调，使颜色更绿，如图 4-47 所示。

然后，选择"黄色"，将"青色+76""洋红+50""黄色-50"，将黄色色调改为突出主要显示的绿色，如图 4-48 所示。

图 4-47　绿色调色

图 4-48　黄色调色

拓展学习

二维码 4-1　色彩构成原理

任务 2　日式动漫风格调色

任务清单

日式动漫风格调色

项目名称	任务内容
任务情景	通过前面的学习，小沈已经能够应用 Photoshop 软件对照片进行基本调色了。由于最近观看了几部比较流行的日本动漫，非常喜欢里面的画面风格，小沈拍摄了几张照片，想要自己制作，但对效果总是不够满意，请你运用一些更为复杂的调色命令帮助她。
任务目标	（1）掌握对象选择工具的应用。 （2）掌握色阶命令的应用。 （3）掌握模糊效果的制作。
任务要求	请根据任务情景，完成以下任务： （1）素材的修饰、调整。 （2）图层的整理。 （3）使用色阶调整色调。 （4）使用模糊滤镜。
任务思考	（1）色阶的作用是什么？较为适合调整何种色彩效果？ （2）阴影、中间色、高光的概念是什么？调整后可得到什么样的效果？
任务实施	（1）首先打开"草地"素材与"薰衣草"素材，如图 4-49 所示。 图 4-49　打开素材 　　（2）使用工具栏中的"对象选择工具"框住"薰衣草"，选择其中一部分"薰衣草"抠出，为丰富画面做准备，如图 4-50 所示。 　　（3）使用工具栏中的"移动工具"将"薰衣草"拖入"草地"素材中，按住"Alt"键，并且鼠标左键拖动复制"薰衣草"图层。使用工具栏中的"移动工具"移动复制好的"薰衣草"图层到合适位置，形成一个薰衣草草地，主要起到丰富画面的作用，如图 4-51 所示。

项目名称	任务内容
任务实施	 图4-50　对象选择工具  图4-51　移动"薰衣草" （4）为了使紫色在画面中的整体平衡，再次打开"薰衣草草丛"素材，使用工具栏中的"快速选择工具"框选"薰衣草草丛"，如图4-52所示，单击属性栏中的"选择并遮住"，选择"调整边缘画笔工具"涂抹"薰衣草草丛"边缘，使"薰衣草草丛"边缘更加自然，随后单击"确定"按钮完成抠图，如图4-53所示。  图4-52　快速选择工具 （5）选择工具栏中的"移动工具"将"薰衣草草丛"拖入"草地素材"并调整位置，使紫色在画面中更加丰富，如图4-54所示。

项目名称	任务内容
任务实施	图 4-53　选择并遮住属性 图 4-54　调整"薰衣草草丛"位置 （6）天空是营造动漫风的关键所在，为了丰富画面的整体效果，打开"天空"素材，将"天空"素材拖入"草地"素材中并调整位置与大小，如图 4-55 所示。 图 4-55　拖入"天空"素材

项目名称	任务内容
任务实施	(7) 为了更好地识别"风车"形状,将"天空"素材的图层不透明度调整为"70%"。选择工具栏中的"磁性套索工具",沿建筑物边缘框出选区,将遮挡部分删除,以露出风车图案,如图4-56所示。   (a)　　　　　　　　　　　　　　　(b) **图4-56　使用磁性套索工具扣除遮挡** (a) 调整不透明度;(b) 扣除遮挡部分 (8) 按住"Ctrl"键选中所有图层并单击"图层面板"中的"创建新组"建立组,按快捷键"Ctrl+J"复制"组",并合并当前组中的所有图层为一个图层,将原"组"隐藏,如图4-57所示。  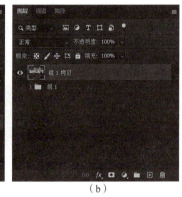 (a)　　　　　　　　　　　　　　　(b) **图4-57　创建组备份并合并图层** (a) 将所有调整创建组并复制作为备份;(b) 合并原组图层 (9) 执行菜单栏"图像"→"调整"→"色阶"。选择"RGB"通道,将灰色数值调整为"1.04",白色数值调整为"213"。选择"蓝"通道,黑色数值调整为"13",灰色数值调整为"1.30",白色数值调整为"162",如图4-58所示。动漫风格中很少出现极暗的颜色,将画面色彩明度增加,会使画面整体变亮,如图4-59所示。 (10) 执行菜单栏"图像"→"调整"→"曲线"。选择"RGB"模式将曲线两端向上拉,如图4-60所示。"RGB"是画面的三原色,将画面变亮主要用到的就是"RGB"。原图中整体画面是偏暗的,而动漫风的整体画面是亮色居多,呈现一种治愈的感觉,如图4-61所示。 (11) 执行菜单栏"图像"→"调整"→"自然饱和度"。"自然饱和度"数值调整为"+100","饱和度"数值调整为"+46",如图4-62所示。原图画面灰色居多,动漫风在色彩上有明确倾向,调整整体画面颜色的饱和度,使颜色更加符合动漫风的氛围,如图4-63所示。

项目名称	任务内容
任务实施	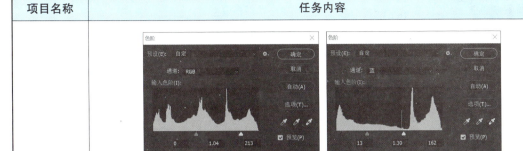 （a）　　　　　　　　　　　（b） 图 4-58　色阶数值调整 （a）"RGB"通道调整；（b）"蓝"通道调整  图 4-59　色阶效果 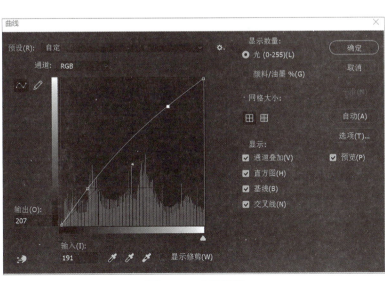 图 4-60　曲线调整

续表

项目名称	任务内容
任务实施	 图 4-61　曲线效果 自然饱和度 自然饱和度(V):　+100 确定 取消 饱和度(S):　+46 ☑ 预览(P) 图 4-62　自然饱和度  图 4-63　自然饱和度效果 　　(12) 执行菜单栏 "滤镜"→"模糊"→"表面模糊"。"表面模糊"中的"半径"数值调整为"8"像素,"阈值"数值调整为"10"色阶,将画面模糊,更加符合动漫的风格,如图 4-64 所示。

项目名称	任务内容
任务实施	 图 4-64 "表面模糊"数值调整 （13）最终效果展示，如图 4-65 所示。 图 4-65 最终效果
任务拓展	请自主拍摄一张田野照片，并将其调色为日式动漫风格。
任务拓展	

✅ **知识要点**

4.2.1 自然饱和度

　　"自然饱和度"在调节图像饱和度的时候会保护已经饱和的像素，也就是在调整时会大幅增加不饱和像素的饱和度，而对已经饱和的像素只做很少、很细微的调整，如图 4-66 所示。

　　相较于"色相/饱和度"，"自然饱和度"会更加聪明，它在将画面中饱和度高的区域保证基本不变的基础上，将饱和度低的地方进行调整，使所有颜色的饱和度保持一个平衡状态，特别是

图 4-66　自然饱和度

对人物皮肤的肤色有很好的保护作用。如图 4-67 所示，对照片的"色相/饱和度"调节到最大值，画面会呈现过于饱和艳丽甚至失真的情况；进行"自然饱和度"调节，则照片会更加自然。

（a）　　　　　　　　　　　　　　　　　（b）

图 4-67　色相/饱和度与自然饱和度的区别

（a）色相/饱和度效果；（b）自然饱和度效果

4.2.2　色阶

　　"色阶"通常用来表示图像中高光、中间调、暗调的分布情况，是图像处理中应用最为频繁的命令之一，可以对亮度过亮或过暗的照片进行调整，如图 4-68 所示。

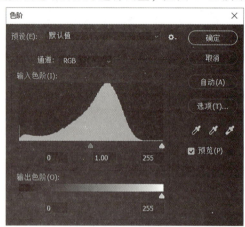

图 4-68　色阶

　　执行菜单栏"图像"→"调整"→"色阶"，快捷键为"Ctrl+L"，在弹出的对话框中会出现色阶图，左边的黑色滑块代表"阴影" ，中间的灰色滑块代表"中间色"，右边的白色滑块代表"高光"，如图 4-69 所示。

图 4-69 调整高光

（1）预设：可选择 Photoshop 软件提供的一些不同色阶效果的预设选项。单击 ⚙️ 可进行存储、载入、删除预设。

（2）通道：可选择对图像整体颜色进行调整，或者对特定的颜色单独编辑，其根据图像的颜色模式不同会有改变，如 RBG 模式下可选择"红、绿、蓝"三种通道。

（3）输入色阶：显示色阶的曲线度，可通过拖动滑块或者直接输入数值，以"高光""中间色""阴影"为基础调整颜色色调对比。需要注意的是，当调整两侧"高光"与"阴影"的位置时，"中间色"也会随之移动改变。调整中间色，如图 4-70 所示，调整阴影如图 4-71 所示。

图 4-70 调整中间色

（4）输出色阶：往右拖动输出色阶中的黑色滑块，图像变亮。与最右边的白滑块重合时，整个图像变为全白；相反，白色滑块往左拖动，图像变暗，和最左边的黑滑块重合时，整个图像变为全黑。

（5）自动：系统根据图像色调自动调整效果。

（6）颜色吸管：在图像中取样以设置黑场，可以将通过吸管吸取的像素作为阴影像素，以改变图像亮度；在图像中取样，以设置灰场，可以将通过吸管吸取的像素作为中间色像素，以改变图像亮度；在图像中取样，以设置白场，可以将通过吸管吸取的像素作为高光像素，以改变图像亮度。

图4-71 调整阴影

✓ **拓展学习**

二维码4-2 色彩搭配原理　　二维码4-3 赛博朋克风格　　二维码4-4 日式动漫风格

任务3　高级暗黑森林风格调色

高级暗黑森林风格调色

✓ **任务清单**

项目名称	任务内容
任务情景	同学们最近在做保护森林与动物的主题宣传，他们知道小沈在学校学习了Photoshop，于是找到她帮忙制作一张森林系的图像。
任务目标	本次任务共完成以下目标： （1）掌握使用曲线命令调色。 （2）掌握使用通道混和器命令调色。
任务要求	请根据任务情景，完成以下任务： （1）素材的修饰、调整。 （2）图层的整理。 （3）使用曲线命令调整图像蓝色色调。 （4）使用通道混和器整合图像颜色。

续表

项目名称	任务内容
任务思考	（1）曲线的作用是什么？较为适合调整何种色彩效果？ （2）曲线与色阶的区别是什么？相对而言，曲线更复杂在哪儿？ （3）通道混和器与可选颜色的区别是什么？
任务实施	（1）首先打开"森林素材"，如图 4-72 所示。  图 4-72　打开素材 （2）导入一张"鹿"图片，使用"快速选择工具"将"鹿"抠出，如图 4-73 所示。使用工具栏中的"移动工具"将其拖入"森林"素材中。使用"自由变换"，快捷键为"Ctrl+T"，将"鹿"进行水平翻转并调整"鹿"的大小与方向，丰富画面效果，如图 4-74 所示。  图 4-73　使用快速选择工具选择 （3）单击"鹿"图层，应用快捷键"Ctrl+J"复制"鹿"图层，将复制好的图层改为"鹿影子"。选择"鹿影子"图层，单击"图层面板"中的"图层样式"，选择"颜色叠加"，颜色调整为黑色，不透明度调整为"26%"。制作鹿的"影子"，使"鹿"在画面中更加自然，如图 4-75 所示。 （4）使用"自由变换"（快捷键"Ctrl+T"），首先将"鹿影子"进行垂直翻转并调整位置，直至镜像垂直，其次将"鹿影子"斜切并拉至合适位置，制造"鹿影子"被光照拉扯的真实效果，使图片中的"鹿影子"更加自然，如图 4-76 所示。 （5）按住"Ctrl"键选中所有图层并单击"图层面板"中的"创建新组"建立组。按快捷键"Ctrl+J"复制"组"并合并当前组中的所有图层为一个图层，将原"组"隐藏，为调色做准备，如图 4-77 所示。

项目名称	任务内容
任务实施	 图 4-74　应用"自由变换"将图像缩小 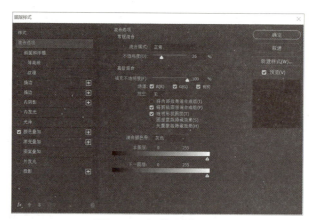 图 4-75　调整图层样式  （a）　　　　　　　　　　（b） 图 4-76　应用自由变换制作影子效果 （a）翻转投影；（b）斜切制作效果

续表

项目名称	任务内容

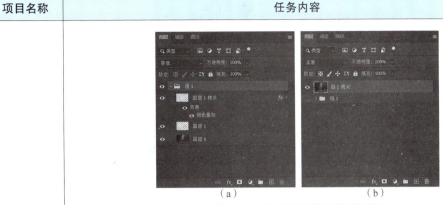
（a）   （b）

图 4-77 创建组备份并合并图层

（a）将所有调整创建组并复制作为备份；（b）合并原组图层

（6）调整画面整体色调。执行菜单栏"图像"→"调整"→"曲线"。选择"RGB"将曲线两端向下拉扯，选择"蓝"将曲线两端向下拉扯至合适位置，如图 4-78 所示。降低整体图片的明度，使图片变暗，以方便下一步调色，如图 4-79 所示。

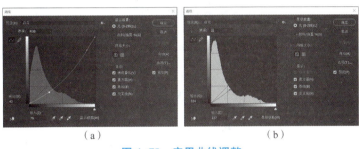
（a）   （b）

图 4-78 应用曲线调整

（a）"RGB"通道调整；（b）"蓝"通道调整

图 4-79 曲线调色后效果

（7）调整画面部分颜色效果。执行菜单栏"图像"→"调整"→"通道混和器"。选择"红"，将"红色"调整为"+69%"，"绿色"调整为"-42%"，"蓝色"调整为"+44%"。选择"蓝"，将"红色"调整为"-86%"，"绿色"调整为"+124%"，"蓝色"调整为"+94%"，如图 4-80 所示。调整图片整体颜色比重，体现森林的庄重感。

任务实施

续表

项目名称	任务内容
任务实施	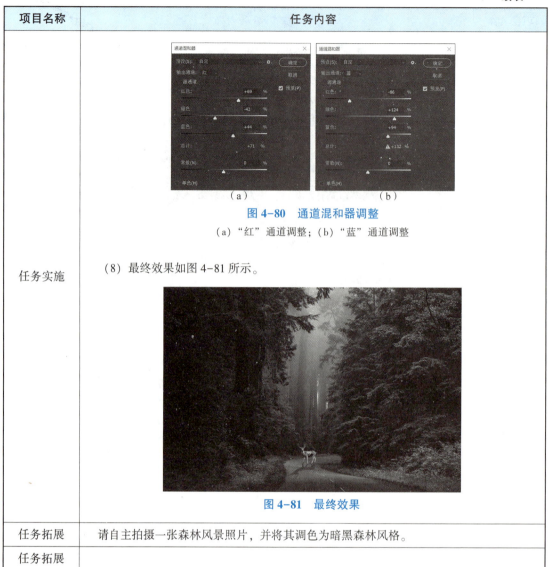 图 4-80　通道混和器调整 （a）"红"通道调整；（b）"蓝"通道调整 （8）最终效果如图 4-81 所示。 图 4-81　最终效果
任务拓展	请自主拍摄一张森林风景照片，并将其调色为暗黑森林风格。
任务拓展	

 知识要点

4.3.1　曲线

"曲线"可用于调整图像画面整体的色调及色彩平衡，曲线作为重要的影调和色彩调整工具，在 Photoshop 中占据着重要位置。如果说直方图是摄影师的"X 光片"，那么曲线工具就是摄影师的"手术刀"。

相较于"色相/饱和度""色阶"等工具，"曲线"的内容更丰富，使用方式更为复杂，同样，它能够制作出的色彩效果也更多样。

（1）预设：可选择 Photoshop 软件提供的一些不同曲线效果的预设选项。单击 ⚙ 可进行存储、载入、删除预设。

（2）通道：选择对图像整体颜色进行调整，或者对特定的颜色单独编辑，通常为了效果的丰富，会选择多个通道进行反复调整。如图 4-82~图 4-86 所示，对 RBG 模式下的"西藏风景"素材分别进行"红""绿""蓝"通道的曲线调节效果。

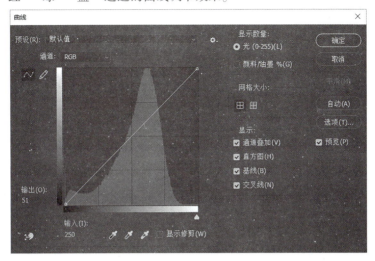

图 4-82　曲线

图 4-83　西藏风景

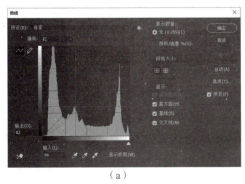
　　　　（a）

　　　　（b）

图 4-84　红色通道调节

（a）"红色"通道；（b）调节效果

（3）曲线：水平轴代表图像中像素的色调分布，从左至右为阴影、中间色、高光；垂直轴

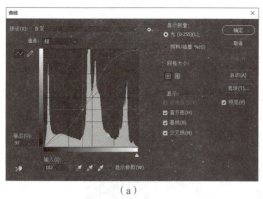

（a）　　　　　　　　　　　　　　　　　　（b）

图 4-85　绿色通道调节

（a）"绿色"通道；（b）调节效果

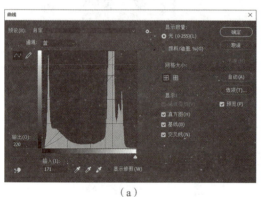

（a）　　　　　　　　　　　　　　　　　　（b）

图 4-86　蓝色通道调节

（a）"蓝色"通道；（b）调节效果

代表颜色值，也就是色阶从下到上亮度值逐渐增加。"曲线"默认形状是一条从下到上的对角线，表示所有像素的输入与输出值相同。使用的过程就是调整曲线形状，以改变整个图像的色调分布。曲线与色调原图如图 4-87 所示。

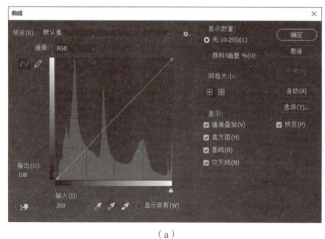

（a）　　　　　　　　　　　　　　　　　　（b）

图 4-87　曲线与色调原图

（a）曲线界面；（b）风景原图

通过添加点来调整曲线形状，将鼠标光标移动至曲线上，当光标变为"十字标"形状时，单击左键即可添加点，再进行拖动，可改变曲线形状。曲线上扬，可将色调调亮；曲线下沉，可将色调调暗。曲线调亮色调如图 4-88 所示，曲线调暗色调如图 4-89 所示。

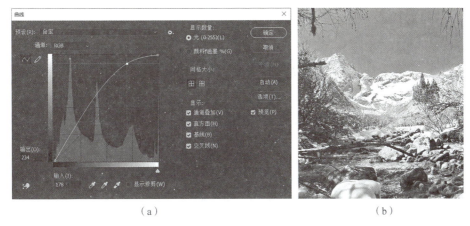

（a）   （b）

图 4-88 曲线调亮色调

（a）曲线调整；（b）图像调亮效果

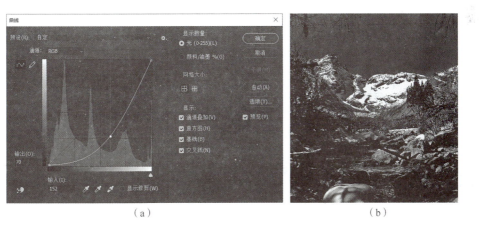

（a）   （b）

图 4-89 曲线调暗色调

（a）曲线调整；（b）图像调暗效果

同时，可通过添加多个点来调整曲线形状，以对画面色调进行细致操作，如图 4-90 所示。

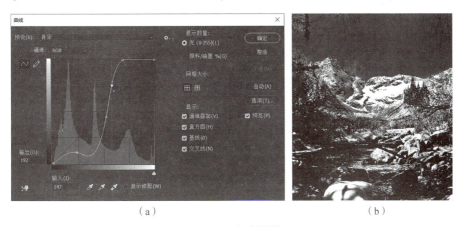

（a）   （b）

图 4-90 多点操作

（a）曲线多点调整；（b）多点调整效果

（4）编辑点以修改曲线：通过增加与拖动"控制点" 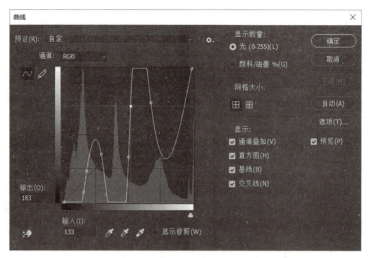 来改变曲线形状，如图4-91所示。

图4-91 控制点修改曲线

（5）通过绘制来修改曲线：通过铅笔 直接重新自由绘制曲线，绘制完成后，可单击"平滑"对曲线进行平滑处理，让效果更自然，如图4-92所示。

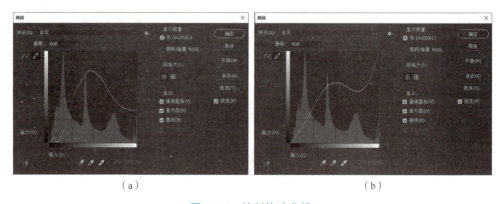

（a） （b）

图4-92 绘制修改曲线

（a）绘制曲线；（b）平滑效果

（6）图像调整 ：在图像上直接单击鼠标拖动，可以修改曲线。使用后，当鼠标光标在图像上移动时，曲线中会有对应的光标显示，代表该色调所处的曲线位置。

（7）颜色吸管：在图像中取样以设置黑场；在图像中取样以设置灰场；在图像中取样以设置白场。意义及使用方式与"色阶"工具一致。

（8）自动：使用后系统根据图像的色调自动调整曲线效果。

（9）选项：单击后会打开"自动颜色校正选项"对话框，用来控制由"色阶"和"曲线"中的"自动颜色""自动色调""对比度""自动"选项应用的色调与颜色校正，如图4-93所示。同时，也可对"阴影""中间调""高光"的颜色进行设置，对"阴影"和"高光"的修剪比值进行调整。

（10）显示数量：可反转强度值与百分比的显示。"光（0~255）（L）"与"颜料/油墨%G"的曲线显示如图4-94所示。

（11）网格大小： 以四分之一色调增量显示简单网格， 以10%增量显示详细网格。两种网格的精确度不同，在详细网格模式下，可以准确地将控制点对齐在网格上。简单网格与详细

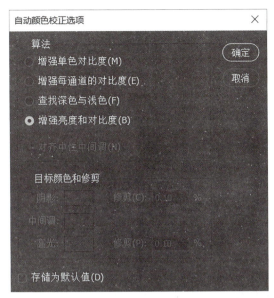

图 4-93　自动颜色校正选项

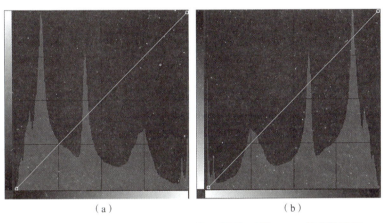

（a）　　　　　　　　　　　　（b）

图 4-94　"光（0~255）（L）"与"颜料/油墨%G"的曲线显示

（a）"光（0~255）（L）"；（b）"颜料/油墨%G"

网格的对比如图 4-95 所示。

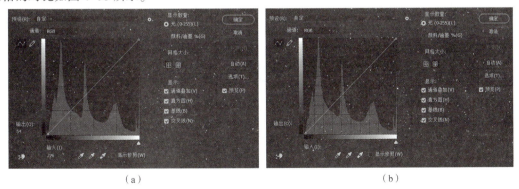

（a）　　　　　　　　　　　　（b）

图 4-95　简单网格与详细网格对比

（a）简单网格；（b）详细网格

（12）显示：通道叠加，勾选后，在曲线界面中会叠加显示不同通道的曲线，如图 4-96 所示；直方图，勾选后，在曲线上叠加直方图；基线，勾选后，在网格上显示以 45°角绘制的基线；交叉线，勾选后，在调整曲线时，会显示水平线与垂直线，辅助在拖动时将点对齐。有无直方图区别如图 4-97 所示。

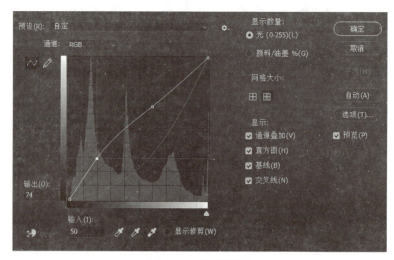

图 4-96　通道叠加

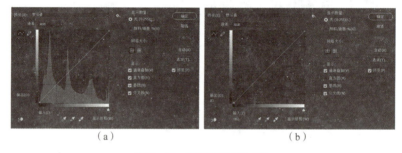

（a）　　　　　　　　　　（b）

图 4-97　有无直方图区别

（a）显示直方图；（b）无直方图

4.3.2　通道混和器

"通道混和器"针对整个图片的 RGB 三原色，比如调整红色通道，那么即使是绿色和蓝色的地方，也会受红色通道的影响而变色，如图 4-98 所示。

相较于"可选颜色"对图像中的某一特定区域颜色调整，"通道混和器"中对相同通道的一种颜色进行调节时，其余颜色也会改变。通道混和器调节图像如图 4-99 所示。

（1）预设：可选择 Photoshop 软件提供一些不同通道混和器效果的预设选项。单击 ⚙. 可进行存储、载入、删除预设。

（2）输出通道：输出通道就是要增加的颜色类型或者增加对应颜色的亮度信息。

（3）红色、绿色、蓝色：红色、绿色、蓝色所表示的是分别在这三个颜色区域内，如果一个颜色对应红、绿、蓝三个颜色通道的某一个通道亮度信息为零，则不属于这个颜色区域，比如绿色（0，255，0），它并不属于红色和蓝色两个颜色区域，因为红色通道和蓝色通道没有对应的亮度信息，所以对绿色启用通道混和器修改红色或蓝色的数值是不起作用的。简单来说，如果一个颜色不属于某个颜色区域内，那么对这个颜色区域作出修改是不会影响输出通道的颜色的，

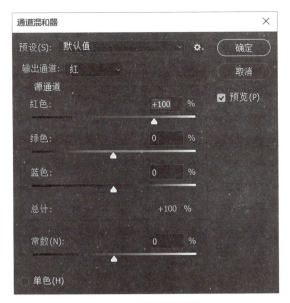

图 4-98　通道混和器

图 4-99　通道混和器调节图像

不会增加或减少输出通道的颜色/亮度信息。

（4）常数：从整体上增加或减少输出通道的颜色。

拓展学习

二维码 4-5　曲线与色阶的区别

二维码 4-6　色彩心理

二维码 4-7　暗黑森林系风格

项目 5　创意海报设计

 知识目标

掌握图层蒙版的创建及编辑方法。
掌握图层混合模式的分类及操作方法。
掌握混合模式的分类及功能属性。
熟练掌握文字工具的使用方法。
掌握剪切蒙版的应用技巧。
掌握图层样式的添加方法。

知 技 能 目 标

能够熟练运用图层蒙版进行图像合成。
能够结合项目需要应用图层蒙版、剪切蒙版以及矢量蒙版。
能够熟练运用画笔工具及渐变工具编辑图层蒙版。
能够熟练掌握文字工具的操作方法和技巧。
能够将图层样式灵活应用于设计中。

素 质 目 标

通过项目教学，培养学生分析问题、解决问题的能力。
依据任务需求，独立完成创新设计的基本素质。
培养学生开动脑筋，高效完成项目制作的能力。
通过任务拓展训练，培养学生自学能力。

任务 1　"夏日派对"海报背景

任务清单

"夏日派对"海报背景

项目名称	任务内容
任务情境	小沈帮朋友设计制作一张夏日派对海报，海报设计通常由多张图像素材完成图像合成处理。无论是平面广告设计、海报设计、宣传单设计还是效果图修饰等视觉艺术创意，多少会涉及图像合成处理技术。在 Photoshop 中进行图像合成时，操作的方式方法有多种，但使用最多的还是图层蒙版。为什么呢？接下来我们来学习一下吧。
任务目标	（1）熟练掌握创建与删除图层蒙版的操作方法。 （2）掌握图层蒙版的操作技巧。
任务要求	请根据任务情境，完成以下任务： （1）为图层添加图层蒙版。 （2）编辑图层蒙版。
任务思考	（1）图层蒙版的使用原理是什么？ （2）创建蒙版有哪些方法？ （3）蒙版的操作技巧是什么？
任务实施	（1）执行"文件"→"新建"命令或按"Ctrl+N"快捷键，创建如图 5-1 所示参数，命名为"夏日派对海报"文件。 验设详细信息 夏日派对海报 宽度 210 毫米 高度 297　方向　画板 分辨率 300　像素/英寸 颜色模式　RGB 颜色　8 位 背景内容　白色 高级选项 图 5-1　新建文件参数 　　（2）打开"素材 1""素材 2"，用移动工具将其拖动到"夏日派对海报"文件中，自动创建"图层 1"和"图层 2"，调整图像大小，如图 5-2 所示。 　　（3）选中"图层 2"，单击"图层"控制面板下方的"添加图层蒙版"图标 ◻️，为该图层添加图层蒙版，当前图层后会出现一个白色框，如图 5-3 所示。

项目名称	任务内容
任务实施	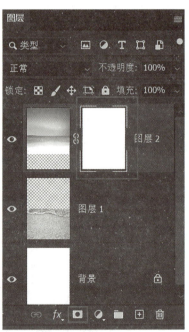图 5-2　新建文件参数 图 5-3　"添加图层蒙版"图标、图层蒙版样式 （4）选择"渐变"工具，单击属性栏中的"点按可编辑渐变"按钮，弹出"渐变编辑器"对话框，将渐变色设置为从黑色到白色，渐变样式选择线性渐变，单击"确定"按钮，如图 5-4 所示。在图像窗口中按住"Shift"键，从天空图像下边缘垂直向上拖曳渐变色至海平面处，释放鼠标左键，可将"图层 2"中不需要的部分隐藏，保留需要的部分与"图层 1"自然融合，效果如图 5-5 所示。 （5）根据画面需要，将前景色设置为黑色，选择画笔工具，选择柔边圆画笔，调整笔刷大小，在图层蒙版上拖动画笔可遮去上层部分图像，使海面与沙滩衔接自然，如图 5-6 所示。

项目名称	任务内容
任务实施	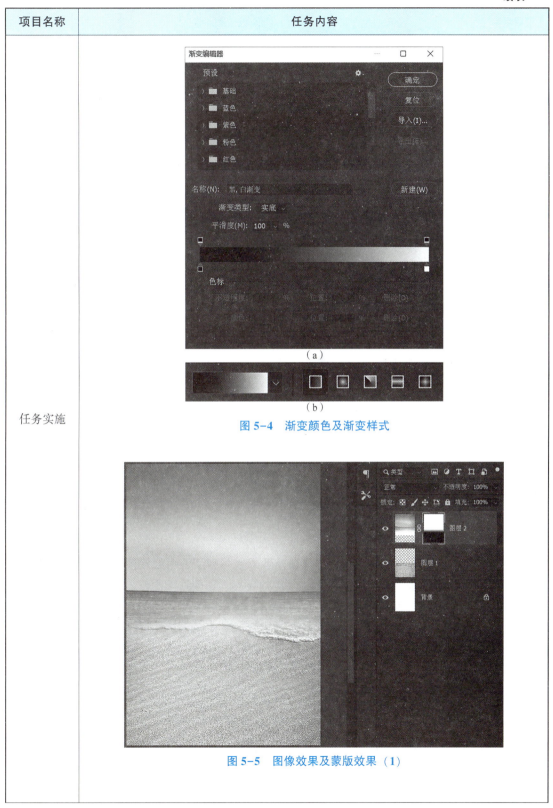 （a） （b） 图 5-4　渐变颜色及渐变样式 图 5-5　图像效果及蒙版效果（1）

续表

项目名称	任务内容
任务实施	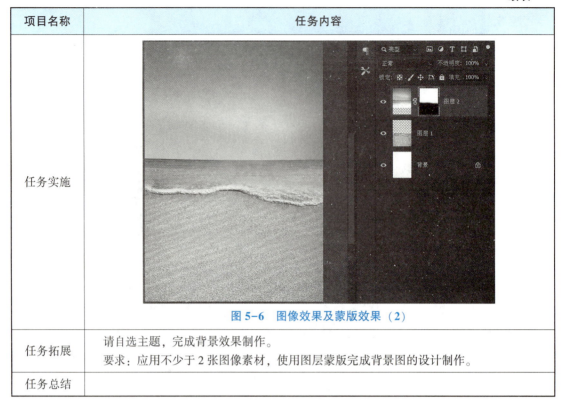 图 5-6　图像效果及蒙版效果（2）
任务拓展	请自选主题，完成背景效果制作。 要求：应用不少于 2 张图像素材，使用图层蒙版完成背景图的设计制作。
任务总结	

知 识 要 点

5.1.1　图层蒙版

1. 认识图层蒙版

图层蒙版可以使图层中图像的某些部分被处理成透明和半透明的效果，而且可以恢复已经处理过的图像，是 Photoshop 中一种独特的处理图像方式。在编辑图像时，可以为某一图层或多个图层添加蒙版，并对添加的蒙版进行编辑、隐藏、链接、删除等操作。

图层蒙版是与分辨率相关的位图图像，可使用绘画或选择工具进行编辑。图层蒙版是非破坏性的，可以返回并重新编辑蒙版，而不会丢失蒙版隐藏的像素。

在"图层"面板中，图层蒙版显示为图层缩览图右边的附加缩览图，此缩览图代表添加图层蒙版时创建的灰度通道。

2. 图层蒙版的工作原理

蒙版中的纯白色区域可以遮盖下面图层中的内容，只显示当前图层中的图像；蒙版中的纯黑色区域可以遮盖当前图层中的图像，显示出下面图层中的内容；蒙版中的灰色区域会根据其灰度值使当前图层中的图像呈现出不同层次的透明效果。

明白了图层蒙版的工作原理后，可以根据需要创建不同的图层蒙版。如果要完全隐藏上面图层的内容，可为整个蒙版填充黑色；如果要完全显示上面图层的内容，可以为整个蒙版填充白色，如图 5-7 所示。如果要使上面图层内容呈现半透明效果，可以为蒙版填充灰色；如果要使上面图层内容呈现渐隐效果，可为蒙版填充渐变色，如图 5-8 所示。

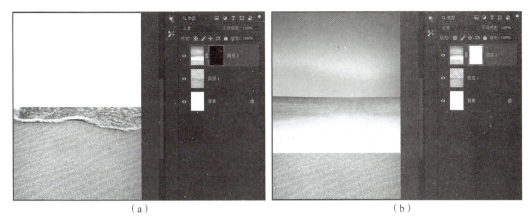

（a）　　　　　　　　　　　　　　　　　（b）

图 5-7　完全遮隐图层内容与完全显示图层内容

（a）完全遮隐图层内容；（b）完全显示图层内容

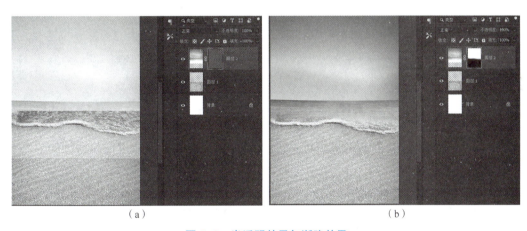

（a）　　　　　　　　　　　　　　　　　（b）

图 5-8　半透明效果与渐隐效果

（a）半透明效果；（b）渐隐效果

5.1.2　图层蒙版基本操作

1. 创建图层蒙版

在 Photoshop 中有两种创建图层蒙版的方法，下面分别讲解这两种操作方法。

（1）直接添加图层蒙版。

选择图像图层，单击"图层"控制面板下方的"添加图层蒙版"按钮 ，或选择"图层"→"图层蒙版"→"显示全部"命令，可以创建隐藏图层蒙版，如图 5-9（a）所示。

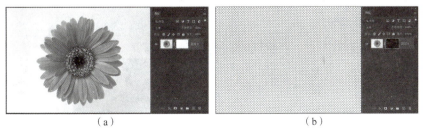

（a）　　　　　　　　　　　　　　　　　（b）

图 5-9　添加图层蒙版与创建隐藏图层蒙版

（a）添加图层蒙版；（b）创建隐藏图层蒙版

按住"Alt"键的同时，单击"图层"控制面板下方的"添加图层蒙版"按钮，或选择"图层"→"图层蒙版"→"隐藏全部"命令，可以创建一个遮盖全部图层的黑色蒙版，如图5-9（b）所示。

（2）依据选区添加图层蒙版。

将拖鞋部分创建选区，单击"图层"控制面板下方的"添加图层蒙版"按钮 ，选区部分保留，选区以外的部分被黑色蒙版遮盖，如图5-10所示。

（a）　　　　　　　　　　　　（b）

图5-10　为选区添加图层蒙版后效果

（a）添加蒙版前效果；（b）添加蒙版后效果

2. 显示和隐藏图层蒙版

按住"Alt"键的同时，单击图层蒙版缩览图，图像窗口中的图像将被隐藏，只显示蒙版缩览图中的效果。按住"Alt"键的同时，再次单击图层蒙版缩览图，将恢复图像窗口中的图像效果。按住"Alt+Shift"快捷键的同时，单击图层蒙版缩览图，将同时显示图像和图层蒙版的内容。按住"Alt+Shift"快捷键的同时，再次单击图层蒙版缩略图，将恢复图像窗口中的图像效果。如图5-11所示。

（a）　　　　　　　　　　　　（b）

图5-11　显示蒙版图像与显示图像和图层蒙版

（a）显示蒙版图像效果；（b）显示图像和图层蒙版效果

3. 图层蒙版的链接

在"图层"控制面板中，图层缩览图与图层蒙版缩览图之间存在链接图标，当图层图像与蒙版关联时，移动图像时，蒙版会同步移动。单击链接图标，将不显示此图标，可以分别对图像与蒙版进行操作。

4. 应用、停用图层蒙版

在"通道"控制面板中，双击蒙版通道，弹出"图层蒙版显示选项"对话框，可以对蒙版的颜色和不透明度进行设置，如图5-12所示。

选择"图层"→"图层蒙版"→"停用"命令，或按住"Shift"键的同时，单击"图层"控制面板中的图层蒙版缩览图，图层蒙版被停用，

图5-12　图层蒙版显示选项

图像将全部显示。按住"Shift"键的同时，再次单击图层蒙版缩览图，将恢复图层蒙版，效果如图 5-13 所示。

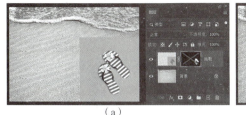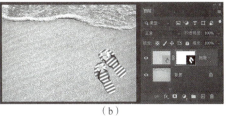

（a）　　　　　　　　　　　　　　　　（b）

图 5-13　图层蒙版停用状态与图层蒙版正常显示状态

（a）图层蒙版停用状态；（b）图层蒙版正常显示状态

5. 删除图层蒙版

选择"图层"→"图层蒙版"→"删除"命令，或在图层蒙版缩览图上单击鼠标右键，在弹出的快捷菜单中，选择"删除图层蒙版"命令，可以将图层蒙版删除。

6. 编辑图层蒙版

单击图像后"图层蒙版"缩略图，使之成为选择状态。蒙版上只能填充黑、白、灰三类色调。添加蒙版后，可以对蒙版进行反复修改。主要使用的工具一个是画笔工具，另一个是渐变工具，二者是通过编辑蒙版实现图像自然融合，达到理想效果的重要工具。

（1）使用画笔工具的操作方法。

选择画笔工具，如果要隐藏当前图层，前景色设置为黑色，在蒙版中绘图；如果要显示当前图层，前景色设置为白色，在蒙版中绘图；如果要使当前图像部分可见，前景色设置为灰色，在蒙版中绘图，如图 5-14 所示。如果要退出蒙版编辑状态，开始编辑图层中的图像，单击该图层图像缩略图。

图 5-14　用画笔工具绘制蒙版图层效果

用画笔绘制蒙版前，也可以根据图层图像的显示与隐藏需要，预先设置画笔的笔触、大小、硬度、流量、不透明度的参数值，不同的参数效果不同。画笔绘图过程中，除了可调画笔的属性参数外，可通过"X"键切换前景色和背景色来编辑蒙版，从而控制图层的显示和隐藏。这种操作方法灵活度很高，可随时根据需要在蒙版中进行涂抹，得到不同灰度层次的图像，从而快速显示或隐藏图像。

（2）使用渐变工具的操作方法。

为图层添加图层蒙版，经常会用到渐变工具对蒙版进行编辑，渐变工具可以制作渐隐的效果，使图像与图像之间自然过渡，在图像合成中经常被应用，如图 5-15 所示。

图 5-15　用渐变工具绘制蒙版图层效果

✓ 拓展学习

二维码 5-1　海报招贴创意设计

📒任务 2　"夏日派对"海报空间效果

"夏日派对"海报
空间效果

✓ 任务清单

项目名称	任务内容
任务情境	在夏日派对海报设计中，蓝天、白云、太阳光等气氛元素少不了，这就要求完成图像合成处理，使海报视觉效果丰富饱满。我们在进行图像合成操作时，常常会使用混合模式来达到多个图像有机融合的效果，掌握混合模式的使用技巧，可以在很大程度上提升作图速度，提高画面质量。
任务目标	（1）掌握图层混合模式的使用方法。 （2）掌握混合模式的分类及功能属性。
任务要求	请根据任务情景，完成以下任务： （1）根据画面需要选择合适的混合模式。 （2）掌握不同类型混合模式的应用。

续表

项目名称	任务内容
任务思考	（1）混合模式的分类有哪几种？ （2）混合模式的应用方法是什么？
任务实施	（1）将任务 1 中已经完成的"夏日派对海报"背景效果文件打开继续操作，按"Ctrl+O"快捷键，打开"天空"素材，用移动工具将天空素材拖入作图画布中，自动创建"图层3"，按下"Ctrl+T"快捷键，调整图像大小及位置，按"Enter"键确定，如图 5-16 所示。  图 5-16 调整后的"图层 3" （2）选择"图层 3"，在"图层"面板中的混合模式组下拉列表中选择"滤色"模式，画面效果如图 5-17 所示。  图 5-17 选择"滤色"模式

项目名称	任务内容
任务实施	（3）单击"图层"控制面板下方的"添加图层蒙版"图标 ，为该图层添加图层蒙版，选择画笔工具，前景色为黑色，选择柔边圆画笔，调整笔刷大小及透明度，在图层蒙版上用画笔涂抹可遮去部分图像，使之衔接自然，如图5-18所示。 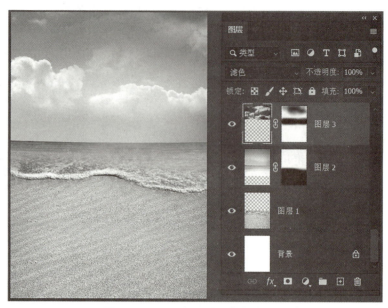 图 5-18　"天空"融入背景的效果 （4）按"Ctrl+O"快捷键，打开"阳光"素材，用移动工具将素材拖入作图画布中，自动创建为"图层4"，调整其大小及位置，并将混合模式调整为"滤色"，如图5-19所示。  图 5-19　"阳光"融入背景的效果

续表

项目名称	任务内容
任务实施	（5）打开"树岛"素材，用移动工具将素材拖入作图画布中，自动创建为"图层5"，调整其大小及位置，并将混合模式调整为"正片叠底"，如图5-20所示。  图5-20　"树岛"融入背景的效果
任务拓展	请自选主题，完成背景空间效果制作。 　　要求：应用不少于3张图像素材，使用图层混合模式中至少有三种不同的混合样式，完成空间效果制作。
任务总结	

✓ 知识要点

5.2.1　认识混合模式

　　图层混合模式在图像处理及效果制作中被广泛应用，特别是在多个图像合成方面更有其独特的作用及灵活性。除了背景层之外，其他图层都可以设定独立的混合模式。图层样式决定着当前图层与其下方图层的合成效果，在默认的正常方式下，除非上方图层有半透明部分，否则对下方的图层会形成完全的遮挡。要实现与下方图层的交融，必须有半透明部分。

　　在更改了混合模式后，无论上方图层是否包含半透明部分，一般都能与下方图层形成交融的效果。因为此时的图像是将两个图层的像素重新混合计算所生成的。换言之，图层混合模式就是与下方图层的交融方式。依据所选择的模式不同，计算方式不同，交融的效果也不同。

5.2.2　混合模式的设置

　　图层混合模式的设置决定了当前图层中的图像与其下面图像以何种模式进行混合。

　　在"图层"控制面板中，"设置图层的混合模式"选项用于设定图层的混合模式，它包含27种模式，如图5-21所示。

图 5-21 混合模式类别

5.2.3 混合模式的分类

（1）正常：该混合模式是 Photoshop 中的默认模式。选择该模式后，绘制出来的颜色会盖住原有底色，当色彩为半透明时，才会透出底部的颜色。

（2）溶解：此模式会以随机的方式重新排列编辑图像或者当前图层的像素，以产生随机分布的杂点效果，如图 5-22 所示。

（a）   （b）

图 5-22 正常模式与溶解模式
（a）正常模式；（b）溶解模式

（3）变暗：两个图层中较暗的颜色将作为混合后的颜色保留，比混合色亮的像素将被替换，而比混合色暗的像素保持不变。

（4）正片叠底：此模式会根据当前图层图像的色彩而与下层图像的色彩产生加深作用的效果，所以颜色会变得比较深。

变暗模式与正片叠底模式对比如图 5-23 所示。

（5）颜色加深：增加绘图像素对比度，以显示绘制颜色，用白色绘图时不改变底色。

（6）线性加深：降低绘图像素亮度，以显示绘制颜色，用白色绘图时不改变底色。

（7）深色：比较混合色和基色的所有通道值总和，并显示值较小的颜色，"深色"不会生成第三种颜色，因为它将从基色和混合色中选择最小的通道值来创建结果颜色。

颜色加深模式、线性加深模式、深色模式对比如图 5-24 所示。

（a）　　　　　　　　　　　　　　（b）

图 5-23　变暗模式与正片叠底模式对比

（a）变暗模式；（b）正片叠底模式

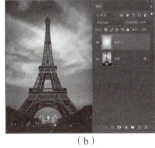

（a）　　　　　　　　（b）　　　　　　　　（c）

图 5-24　颜色加深模式、线性加深模式、深色模式对比

（a）颜色加深模式；（b）线性加深模式；（c）深色模式

（8）变亮：当下层图像的色彩比当前图层的色彩深时，则会被取代；反之，则会被保留。此模式适合制作光晕或反光的效果。

（9）滤色：此模式和正片叠底正好相反，它是根据两者的色彩产生变亮的作用效果，所以亮度会提高，颜色则会变浅。变亮模式与滤色模式对比如图 5-25 所示。

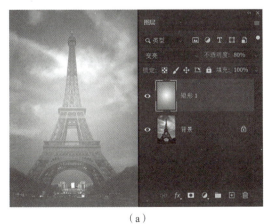

（a）　　　　　　　　　　　　　　（b）

图 5-25　变亮模式与滤色模式对比

（a）变亮模式；（b）滤色模式

（10）颜色减淡：上层图像的色彩越接近白色，下层图像将会变得越亮，但黑色部分不受影响，总体来说，使用该模式可以调高图像的亮度，适合用在加强亮度的效果上。

（11）线性减淡：此模式与颜色加深模式相似，只是下层图像黑色部分也会受影响。

（12）浅色：与"深色"模式正好相反，选择此模式可依据图像的饱和度，用当前图层的颜色直接覆盖下方图层中的高光区域颜色。

颜色减淡模式、线性减淡模式、浅色模式对比如图5-26所示。

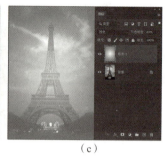

（a） （b） （c）

图5-26　颜色减淡模式、线性减淡模式、浅色模式对比
（a）颜色减淡模式；（b）线性减淡模式；（c）浅色模式

（13）叠加：此模式会得到当前图层图像的色彩与下层图像的色彩进行混合的效果，而且可以让图像的暗处加深，或亮处增亮，适合在加强对比度和提高饱和度时使用。

（14）柔光：此模式可以使颜色变亮或变暗，具体效果取决于混合色。当当前图层图像的色彩超过50%的灰色时，下层图像会变暗；当当前图层的色彩低于50%时，下层的图像会变亮。

叠加模式与柔光模式对比如图5-27所示。

（a） （b）

图5-27　叠加模式与柔光模式对比
（a）叠加模式；（b）柔光模式

（15）强光：此模式是柔光的增强版，同样可以使颜色加深或增亮，但最大的区别在于强光模式产生纯黑色或纯白色，而柔光模式则不能。

（16）亮光：如果绘图颜色大于50%灰度，则以颜色加深模式混合，图像变暗；反之，如果绘图颜色小于50%灰度，则以颜色减淡模式混合，可使图像变亮。

强光模式与亮光模式对比如图5-28所示。

（17）线性光：如果绘图颜色大于50%灰度，则以线性加深模式混合，使图像变暗；反之，如果绘图颜色小于50%灰度，则以线性减淡模式混合，可使图像变亮。

（18）点光：如果绘图颜色大于50%灰度，亮像素将被代替，暗像素不变；反之，如果绘图颜

（a）　　　　　　　　　　　　　　　　　　（b）

图 5-28　强光模式与亮光模式对比

（a）强光模式；（b）亮光模式

色小于 50% 灰度，则暗像素将被代替，亮像素不变。这种模式可用于对图像添加特殊效果。

（19）实色混合：选择此模式可创建一种具有较硬的边缘的图像效果，类似于多块实色相混合。

线性光模式、点光模式、实色混合模式对比如图 5-29 所示。

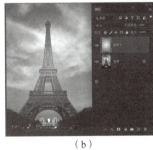

（a）　　　　　　　　　　（b）　　　　　　　　　　（c）

图 5-29　线性光模式、点光模式、实色混合模式对比

（a）线性光模式；（b）点光模式；（c）实色混合模式

（20）差值：此模式会根据当前图层图像色彩的明亮度来对调下层图像的色彩。如果当前图层图像的色彩是白色，则下面图层对应的图像色彩会被进行反相的动作；如果当前图层的图像的色彩是黑色，那么下层中对应的图像色彩将不会有任何变化；介于白色和黑色之间的颜色，则会根据对应的色彩分别进行不同程度的反相处理。使用此种混合模式的结果是最难预料的一种，所以常会出现令人惊叹的效果，此模式一般用在制作气氛诡异的作品中。

（21）排除：此模式的处理方式与差值十分相似，唯一不同的是，该模式会将当前图层图像的色彩中明亮度中等的色彩所对应的下层图像变成灰色，因而产生的效果不如差值明显，感觉较为柔和。

差值模式与排除模式对比如图 5-30 所示。

（22）减去：选择此模式，可使上方图层中亮调的图像隐藏下方的内容。

（23）划分：选择此模式，可在上方图层中加上下方图层相应处像素的颜色值，通常用于使图像变亮。

减去模式与划分模式对比如图 5-31 所示。

（24）色相：此模式会保留当前图层图像色彩的色度，然后与下层图像色彩的饱和度、亮度进行混合。

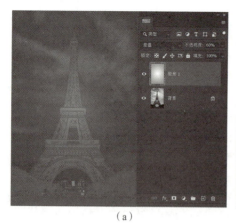 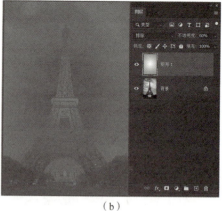

（a） （b）

图 5-30 差值模式与排除模式对比

（a）差值模式；（b）排除模式

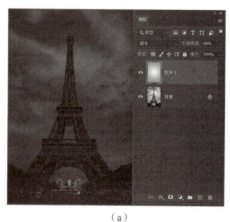 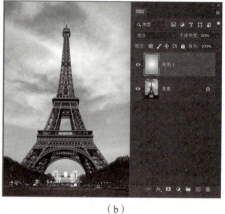

（a） （b）

图 5-31 减去模式与划分模式对比

（a）减去模式；（b）划分模式

（25）饱和度：此模式会保留当前图层图像色彩的饱和度，然后与下层图像色彩的亮度进行混合，也就是说，下层图像色彩的色度亮度将不会改变。

色相模式与饱和度模式对比如图 5-32 所示。

（a） （b）

图 5-32 色相模式与饱和度模式对比

（a）色相模式；（b）饱和度模式

（26）颜色：此模式会保留当前图层图像色彩的色度及饱和度，然后与下层图像色彩的亮度进行混合，所以下层图像色彩的亮度并不会改变。

（27）明度：此模式与颜色模式相反，它会保留当前图层图像色彩的亮度，然后与下面图层的色度、饱和度进行混合，因此下面图层的色度、饱和度并不会改变。

颜色模式与明度模式对比如图 5-33 所示。

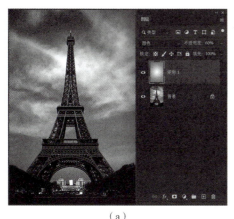

（a）   （b）

图 5-33   颜色模式与明度模式对比

（a）颜色模式；（b）明度模式

5.2.4   图层混合模式功能详解

Photoshop 的图层模式分为 6 个组，依次为：不依赖底层图像（正常、溶解）、使底层图像变暗（变暗、正片叠底、颜色加深、线性加深、深色）、使底层图像变亮（变亮、滤色、颜色减淡、线性减淡、浅色）、增加底层图像的对比度（叠加、柔光、强光、亮光、点光、线性光）、对比上下图层（差值、排除）、把一定量的上层图像应用到底层图像中（色相、饱和度、颜色、亮度）。

1. 不依赖其他图层

在图层混合模式中，"正常"和"溶解"模式是不依赖其他图层的。

2. 使底层图像变暗

"变暗""正片叠底""颜色加深""线性加深""深色"模式只能使下面图像变暗。

3. 使底层图像变亮

使用"变亮"模式、"滤色"模式、"颜色减淡"模式、"线性减淡"模式和"浅色"模式时，黑色完全消失，任何比黑色亮的区域都可能加亮下面的图像。

4. 增强底层图像的对比度

对于"叠加"模式、"柔光"模式、"强光"模式、"亮光"模式、"线性光"模式、"点光"模式和"实色混合"模式，任何暗于 50% 灰色的区域都可能使下面的图像变暗，而亮于 50% 的区域则可能加亮下面的图像。

5. 比较上层与底层的图层

"差值"模式和"排除"模式是将上层的图像和下层的图像进行比较，寻找二者完全相同的区域。

6. 把一定量的上层应用到底层图像中

"色相"模式、"饱和度"模式、"颜色"模式和"亮度"模式只将上层图像中的一种或两种特性应用到下层图像中，它们是最实用、最显著的几种模式。

任务3 "夏日派对"文字视觉效果

"夏日派对"文字
视觉效果

✅ 任务清单

项目名称	任务内容
任务情境	海报设计、广告设计、封面设计等视觉设计中文字标题的视觉效果尤为重要，将平面的文字经过字体变形以及与图片有机结合，设计成有空间感且有创意的字体，可大大提升作品冲击力。
任务目标	（1）掌握文字工具的使用方法。 （2）掌握字体变形的操作方法。 （3）掌握剪贴蒙版的操作方法和技巧。 （4）掌握图层样式的添加方法。
任务要求	请根据任务情景，完成以下任务： （1）完成标题文字的字体设计。 （2）掌握创建剪贴蒙版的基本操作。 （3）掌握图层样式操作方法。
任务思考	（1）如何设计有空间感、立体感的文字？ （2）剪贴蒙版与图层蒙版的区别是什么？ （3）图层样式有哪些？
任务实施	（1）将任务2中已经完成的"夏日派对海报"空间效果文件打开，以继续接下来的学习。选择"横排文字工具" **T** 或按快捷键"T"，将属性栏中颜色设置为黑色，在画面的合适位置单击鼠标左键插入画布，创建文字图层，并输入英文"SUMMER PARTY"，按Enter键换行，居中对齐，使英文单词分两行排列。分别选中"SUMMER"和"PARTY"，在工具的属性栏设置适当的字体、字号。单击工具属性栏中的字符面板 ▤，设置合适的间距，如图5-34所示。或将英文全选，按"Alt"+键盘左右箭头快捷键，调整字间距；按"Alt"+键盘上下箭头快捷键，调整行间距。文字最终效果如图5-35所示。 （2）选中文字图层，右键栅格化文字，可将文字图层变为普通图层。选择矩形选框工具，框选文字局部。按快捷键"Ctrl+T"框定选区，按"Shift"键加鼠标左键拖动下边框，可拉伸选区，按Enter键结束，如图5-36所示。 （3）打开"海浪"素材，并用移动工具拖入作图画布中，确保"海浪"图层在文字图层上方并挨着。选中"海浪"图层，右击，选择"创建剪贴蒙版"，或按"Alt"+鼠标左键单击两个图层中间缝隙，创建剪切蒙版，调整"海浪"图像位置，如图5-37所示。

项目名称	任务内容
任务实施	 （a）　　　　　　（b）　　　　　　（c） 图 5-34　"SUMMER" 属性、"PARTY" 属性、间距设置 （a）"SUMMER" 属性；（b）"PARTY"属性；（c）间距设置  图 5-35　文字属性及位置摆放效果  （a）　　　　　　　　　　　　（b） 图 5-36　创建选区及拉伸后效果 （a）创建选区；（b）拉伸后效果

项目名称	任务内容
任务实施	 图 5-37　创建剪贴蒙版效果 （4）按"Ctrl"键加选"图层 6"及"SUMMER PARTY"图层，并拖曳到新建图标 ⊞，制作图层副本。右击，选择"合并图层"，或按快捷键"Ctrl+E"合并副本图层，如图 5-38 所示。 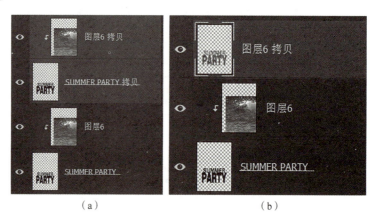 （a）　　　　　　　　　　（b） 图 5-38　制作图层副本与合并副本图层 （a）制作图层副本；（b）合并副本图层效果 （5）按快捷键"Ctrl+T"，右击，垂直翻转"图层 6 拷贝"图像，并移动位置。单击图层蒙版图标 ●，为该图层添加图层蒙版。选择渐变工具，调整渐变颜色为黑色到白色，从倒影文字一半处向上边缘拖曳，遮住部分图像，并调整该图层不透明度为 50%，如图 5-39 所示。 （6）双击"SUMMER PARTY"图层，为该图层添加图层样式，选中"外发光"并设置不透明度、颜色、扩展、大小等属性，单击"确定"按钮。如图 5-40 所示。 （7）导入素材，完成最终画面设计，如图 5-41 所示。

项目名称	任务内容
任务实施	 （a）　　　　　　　　　　（b） 图 5-39　翻转文字、制作倒影效果 （a）翻转文字；（b）制作倒影效果 图 5-40　"SUMMER PARTY" 图层样式-"外发光" 效果 图 5-41　最终效果
任务拓展	请任选旅游景点，完成旅游宣传单设计。 要求：完成标题文字的创意设计，画面中应用到剪贴蒙版及图层样式效果。
任务总结	

知识要点

5.3.1 文字工具

文字工具快捷键为"T"，文字工具分4类，有横排文字工具、直排文字工具、横排文字蒙版工具、直排文字蒙版工具。

其中，横排文字工具和直排文字工具用于创建点文字、段落文字和路径文字，横排文字蒙版工具、直排文字蒙版工具用于创建文字形状的选区。

1. 设置文字的属性

文字工具分类如图5-42所示，文字工具属性栏如图5-43所示。

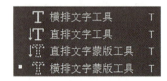

图5-42 文字工具分类

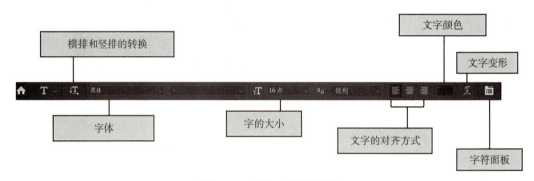

图5-43 文字工具属性栏

（1）切换文本方向 ![图标]：单击该图标即可切换文字方向。"横排"文本、"直排"文本如图5-44所示。

（2）设置字体大小：单击下拉列表按钮，可选择文字字体大小，也可直接输入文字，或闪标插入编辑窗口，滚动鼠标滚轮可调整文字大小。

（3）设置消除锯齿的方式：用来设置是否消除文字的锯齿边缘，以及用什么样的方式消除文字的锯齿边缘。

（4）设置文本对齐按钮：用来设置文字的对齐方式。

（5）设置文本颜色按钮：单击即可调出"拾色器"对话框，用来设置文字的颜色。

（6）创建文字变形：单击该图标即可将文字变形，变形文字样式如图5-45所示。

（7）切换字符和"段落"面板按钮：单击即可隐藏或显示"字符"和"段落"面板。字符面板如图5-46所示。

《早发白帝城》

朝辞白帝彩云间，
千里江陵一日还。
两岸猿声啼不住，
轻舟已过万重山。

（a）

《早发白帝城》

朝辞白帝彩云间，
千里江陵一日还。
两岸猿声啼不住，
轻舟已过万重山。

（b）

图5-44 "横排"文本、"直排"文本

（a）"横排"文本；（b）"直排"文本

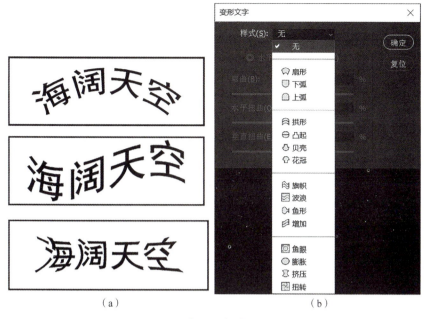

（a）　　　　　　　　　　　　　　（b）

图 5-45　变形文字效果及样式

（a）变形文字效果；（b）变形文字样式

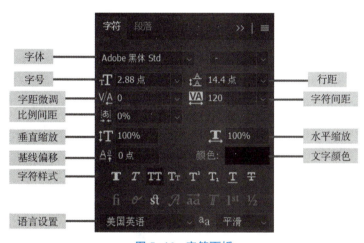

图 5-46　字符面板

字符面板集成了所有的字符属性，在文字工具属性栏中单击字符面板按钮，即可打开字符面板。在字符面板中，可供设置的属性包括字体、字号、行距、字距微调、比例间距、缩放等，只需在相应的下拉列表框中输入所需数值进行调整即可。

行距：用于设置上一行与下一行文字之间的距离。

字距微调：用于微调两个字符之间的字距。

字符间距：用于设置所有文字之间的字距。输入正值，字距变大；输入负值，字距缩小。

比例间距：用于设置字符周围的间距，设置该值后，字符本身不被挤压或伸展，而是字符之间的间距被挤压或伸展。

垂直缩放：用于设置文字的垂直缩放比例，以调整文字的高度。

水平缩放：用于设置文字的水平缩放比例，以调整文字的宽度。

基线偏移：用于设置文字与文字基线之间的距离。为正值时文字上移，为负值时文字下移。

文字颜色：用于设置文字的颜色，单击"颜色"色块，打开"拾色器"对话框，可以选择颜色。

文字样式：包括"仿粗体""仿斜体""全部大写字母""小型大写字母""上标""下标""下划线"和"删除线"共8种，单击对应的按钮即可应用样式。应用一种样式后，再单击另一种样式，在其样式上进行叠加，但"全部大写字母"和"小型大写字母"除外。

为了使图像中的元素更丰富，可以自由选择文字工具，然后在图像中输入文字。

在完成文字的输入后，还可根据实际需要对文字进行编辑。

（8）"段落"面板。当在图像中添加一段或几段文字时，可根据需要设置段落的属性。文字的段落格式包括"对齐方式""缩进方式""避头尾法则设置"和"间距组合设置"等。执行"窗口"→"段落"命令，即可打开"段落"面板。

"段落"面板中各选项的作用如下。

对齐：包括左对齐、居中对齐、右对齐、最后一行左对齐、最后一行居中对齐、最后一行右对齐和全部对齐。

左缩进：横排文字工具可设置左缩进值，直排文字工具设置顶端缩进值。

右缩进：横排文字工具可设置右缩进值，直排文字工具设置底端缩进值。

首行缩进：设置文字首行缩进值。

段前添加空格：用于设置选中段与上一段之间的距离。

段后添加空格：用于设置选中段与下一段之间的距离。

避头尾法则设置：用于设置避免第一行显示标点符号的规则。

间距组合设置：用于设置自动调整字间距时的规则。

"连字"复选框：选中该复选框可以将文字的最后一个外文单词拆开，形成连字符号，使剩余的部分自动换到下一行。

段落文字的创建方法与点文字的创建方法大致一样。所不同的是，在创建段落文字前，需要先绘制订界框，以定义段落文字的边界，此时输入的文字位于指定的大小区域内。

2. 横排文字工具、直排文字工具

横排文字工具可以创建水平的文本；直排文字工具可以创建垂直的文本。

（1）点文本的创建：选中"T"文字工具后，在画布指定位置单击鼠标左键插入，出现闪烁光标，进入文本编辑状态，如图5-47所示。

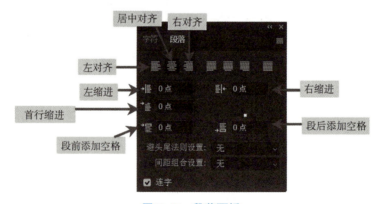

图5-47　段落面板

输入所需文字后，单击工具属性栏上的"提交当前所有编辑"按钮或按快捷键"Ctrl+Enter"，完成文字输入。选择"T"文字工具，插入画面中，会自动生成一个新的文字图层，如图5-48所示。

（2）段落文本的创建：选中"T"文字工具后，在画布中单击鼠标左键拖出一个矩形框，在框内输入文字或粘贴段落文字，按"Ctrl+Enter"快捷键，完成段落文字输入，如图5-49所示。

（3）点文本和段落文本的区别：点文本不能自动换行，需按"Enter"键才可换行；而段落

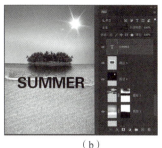

（a）　　　　　　　　　　（b）

图 5-48　文字编辑状态与文字图层

（a）文字编辑状态；（b）文字图层

怒发冲冠，凭栏处、潇潇雨歇。抬望眼、仰天长啸，壮怀激烈三十功名尘与土，八千里路云和月。莫等闲、白了少年头，空悲切。

怒发冲冠，凭栏处、潇潇雨歇。抬望眼、仰天长啸，壮怀激烈。三十功名尘与土，八千里路云和月。莫等闲、白了少年头，空悲切。

（a）　　　　　　　　　　（b）

图 5-49　段落文本

（a）"直排"段落文本；（b）"横排"段落文本

文本可以自动换行。

（4）点文字与段落文字的转换：在图像中建立点文字图层，选择"文字"→"转换为段落文本"命令，将点文字图层转换为段落文字图层。要将建立的段落文字图层转换为点文字图层，选择"文字"→"转换为点文本"命令即可。

3. 横排文字蒙版工具、直排文字蒙版工具

横排文字蒙版工具：可以在图像中创建文本的选区。创建文本选区工具属性栏和创建文本工具属性栏的功能基本相同。

直排文字蒙版工具：可以在图像中创建垂直文本的选区。创建直排文本选区工具属性栏和创建文本工具属性栏的功能基本相同。

选择横排文字蒙版工具，设置好文字属性，在图像指定位置单击鼠标左键，出现闪烁的光标，画布被覆盖上半透明的红色蒙版。输入所需文字，按快捷键"Ctrl+Enter"，会以文字外轮廓建立选区，该选区不具有文字的属性，也不会自动生成文字图层，需要新建空图层，填充颜色才可存在。文字蒙版与文字创建选区如图 5-50 所示。

5.3.2　路径文字

应用路径可以将输入的文字排列成变化多端的效果。可以将文字建立在路径上，并应用路径对文字进行调整。

案例：制作"禁烟"公益海报

1. 在路径上创建文字

选择"钢笔"工具 ✐ ，将属性栏中的"选择工具模式"选项设为"路径"，在图像中绘制一条路径。选择横排文字工具，将鼠标光标放在路径上，鼠标光标将变为 S 曲线图标，单击鼠

（a）　　　　　　　　　（b）

图 5-50　文字蒙版与文字创建选区

（a）文字蒙版；（b）文字创建选区

标插入，此处为输入文字的起始点。输入的文字会沿着路径的形状进行排列。绘制 S 形图路径及在路径上创建文字如图 5-51 所示。

　　文字输入完成后，在"路径"控制面板中会自动生成文字路径层。取消"视图/显示额外内容"命令的选中状态，可以隐藏文字路径。文字路径层、隐藏文字路径如图 5-52 所示。

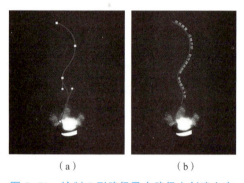

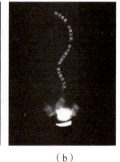

（a）　　　　　　　（b）　　　　　　　　　　（a）　　　　　　　　（b）

图 5-51　绘制 S 形路径及在路径上创建文字　　　　图 5-52　文字路径层、隐藏文字路径

（a）绘制 S 形路径；（b）在路径上创建文字　　　　（a）文字路径层；（b）隐藏文字路径

2. 在路径上移动文字

　　选择"路径选择"工具 ，将光标放置在文字上，鼠标光标显示为 图标，单击并沿着路径拖拽鼠标，可以移动文字。鼠标光标样式、移动文字后的效果如图 5-53 所示。

3. 在路径上翻转文字

　　选择"路径选择"工具 ，将鼠标光标放置在文字上，鼠标光标显示为 图标，将文字沿路径向下拖拽，可以沿路径翻转文字，如图 5-54 所示。

4. 修改路径绕排文字的形态

　　创建了路径绕排文字后，同样可以编辑文字绕排的路径。选择"直接选择"工具 ，在路径上单击，路径上显示出控制手柄，拖拽控制手柄修改路径的形状，文字会按照修改后的路径进行排列，效果如图 5-55 所示。

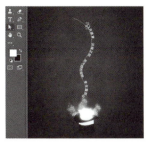

图 5-53　移动文字后效果　　图 5-54　翻转文字后效果　　图 5-55　修改路径后效果

拓展学习

二维码 5-2　文本编排的基础知识　　　　二维码 5-3　版面编排构图技巧

5.3.3　剪贴蒙版

剪贴蒙版是一种非常灵活的蒙版，它使用一个图像的形状限制另一个图像的显示范围，而矢量蒙版和图层蒙版都只能控制一个图层的显示区域。

剪贴蒙版可以使用某个图层的轮廓来遮盖其上方的图层，遮盖效果由底部图层或基底图层的范围决定。基底图层的非透明内容将在剪贴蒙版中显示它上方图层的内容，剪贴图层中的所有其他内容将被遮盖掉。

在剪贴蒙版组中，下面的图层为基底图层，其图层名称带有下划线，上面的图层为内容图层，内容图层的缩览图是缩进的，并显示图标。还可以在剪贴蒙版中使用多个内容图层，但它们必须是连续的图层。由于基底图层控制内容图层的显示范围，因此，移动基底图层就可以改变内容图层中的显示区域。剪贴蒙版效果及图层面板如图 5-56 所示，剪贴蒙版效果及图层面板如图 5-57 所示。

图 5-56　剪贴蒙版效果及图层面板

图5-57 剪贴蒙版效果及图层面板

1. 创建剪贴蒙版

创建一个简单的剪贴蒙版操作非常简单，在实际操作中，可以通过以下四种方法创建剪贴蒙版。

（1）选中内容层，按住"Alt"键，将光标放在"图层"面板中分割内容层和基层的实线上，光标将会变为向下箭头+白色方块图标，单击鼠标左键，即可创建向下的剪贴，单击即可。快捷键创建剪贴蒙版如图5-58所示。

（2）在"图层"面板中选择要创建剪贴蒙版的两个图层中的上层，然后选择菜单"图层"→"创建剪贴蒙版"命令，或右击选择"创建剪贴蒙版"。

（3）在"图层"面板中链接需要创建为剪贴蒙版的两个或多个图层，选择图层，然后选择菜单"图层"→"从链接图层创建剪贴蒙版"命令。注意，无论选中链接图层中的哪个图层执行，执行此命令后，处于所有链接图层最下方的图层均保持不变，而其他链接图层均被缩进。

（4）选择处于上方的内容层，按快捷键"Ctrl+Alt+G"创建。

图5-58 快捷键创建剪贴蒙版

通过以上四种方法可以看出，只有连续图层才能进行制作剪贴蒙版的操作。要更好地发挥剪贴蒙版的作用，就需要更加灵活地运用基层。

2. 剪贴蒙版的作用

剪贴蒙版最核心的作用是利用基层的图层属性（如不透明度、混合模式等）、基层中图像的属性（图像的外形、图像的颜色）来控制内容层中图像的显示效果。内容层所显示出来的内容完全由基层自身的属性及其中图像的属性来决定。

3. 剪贴蒙版的类型

（1）图像型剪贴蒙版。

图像是剪贴蒙版中内容层经常用到的元素，有时候图像也会作为基层出现，剪贴蒙版中的内容层和基层都是图像。这是最常见的一类剪贴蒙版。建立剪贴蒙版关系后的显示效果如图5-59所示。

图 5-59 图像型剪贴蒙版效果

（2）文字型剪贴蒙版。

当图像所在的普通图层与文字图层组合在一起形成剪贴蒙版时，如图 5-60 所示。

图 5-60 文字型剪贴蒙版效果

（3）调整图层型剪贴蒙版。

调整图层通常都是作为内容层出现在剪贴蒙版中的，从而起到对下方基层中的内容的图像进行调整的作用。

5.3.4 图层样式

图层样式是 Photoshop 中制作图像效果的重要方法之一。图层样式也叫图层效果。很多作品的视觉效果都要借助于图层样式来实现。使用图层样式可以为图层对象添加投影、发光、浮雕、描边等效果，从而制作出具有玻璃质感、金属质感、纹理的图像效果。图层样式可以随时添加、修改、删除，具有很强的灵活性。"图层样式"面板如图 5-61 所示。

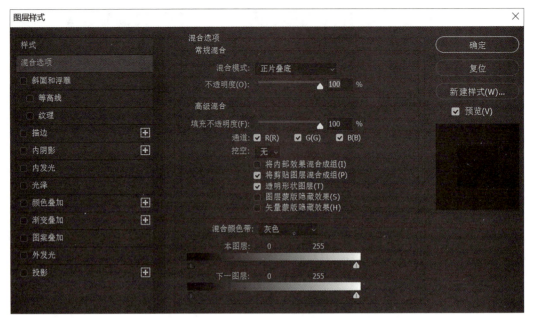

图 5-61 "图层样式" 面板

1. 添加图层样式

要为图层添加样式，方法并不是唯一的，下面将介绍三种打开"图层样式"对话框的方法。

第一种方法：为选中图层执行菜单栏"图层"→"图层样式"命令，可打开"图层样式"对话框，并进入相应效果的设置面板，如图 5-62 所示。

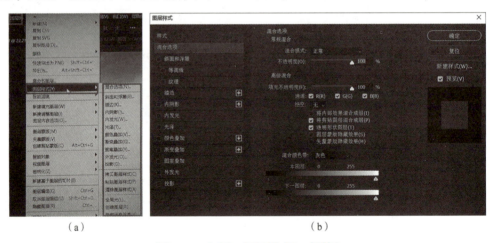

（a） （b）

图 5-62 打开"图层样式"对话框

（a）打开"图层样式"命令；（b）"图层样式"对话框

第二种方法：首先选中图层，单击"图层"面板下方的"样式"按钮，然后选择要添加的样式。

第三种方法：在"图层"面板中双击图层的空白位置，打开"图层样式"对话框。在"样式"设置对话框中，可以通过单击样式复选框来添加或者清除样式。添加图层样式后，在图层右边可以看到 *fx* 按钮，这个图标按钮就代表了这个图层已经添加了图层样式。选择需要添加的样式即可。在"图层样式"对话框的左侧有 10 项效果可以选择，分别是斜面和浮雕、描边、内阴影、内发光、光泽、颜色叠加、渐变叠加、图案叠加、外发光和投影。

2. 图层样式类型

（1）斜面和浮雕。

"斜面和浮雕"样式是 Photoshop 图层样式中最复杂的，有内斜面、外斜面、浮雕效果、枕状浮雕和描边浮雕几种样式，虽然都是从"结构"和"阴影"两部分进行详细设置，但是制作的效果截然不同。对"斜面和浮雕"设置面板的主要选项详解如下。

样式：样式包括外斜面、内斜面、浮雕效果、枕状浮雕和描边浮雕，如图5-63所示。

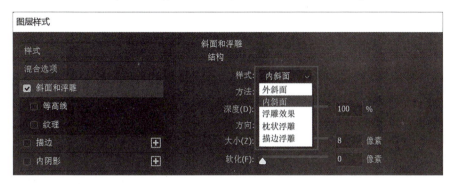

图5-63 "样式"选项

外斜面：可以在图层内容的外边缘产生一种斜面的光照效果。此效果类似于投影效果，只不过在图像两侧都有光线照明效果，如图5-64所示。

图5-64 "外斜面"样式

内斜面：可以在图层内容的内边缘产生一种斜面的光线照明效果，与"内阴影"效果非常相似，如图5-65所示。

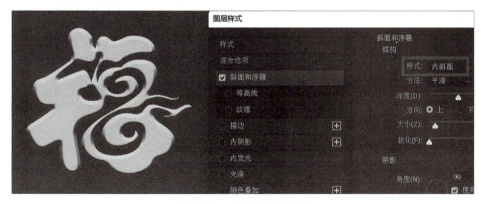

图5-65 "内斜面"样式

浮雕效果：创建图层内容相对于它下面的图层凸出的效果，如图 5-66 所示。

图 5-66　"浮雕效果"样式

枕状浮雕：创建图层内容的边缘陷进下面图层的效果，如图 5-67 所示。

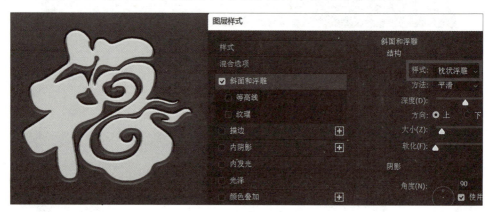

图 5-67　"枕状浮雕"样式

描边浮雕：可将浮雕效果应用于图层的描边效果的边界。如果没有对图层应用"描边"样式，则不会产生效果，如图 5-68 所示。

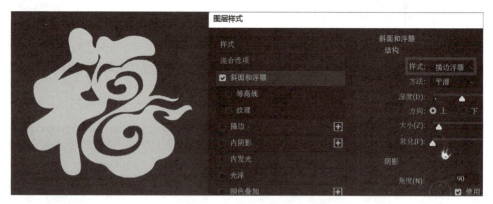

图 5-68　"描边浮雕"样式

方法：这个选项可以设置平滑、雕刻清晰、雕刻柔和三种方式，如图 5-69 所示。

平滑："平滑"是默认值，选中这个值可以对斜角的边缘进行模糊，从而制作出边缘光滑的高台效果。

雕刻清晰：使用距离测量技术，主要用于消除锯齿形状（如文字）的硬边杂边。使用这种

图 5-69　"方法" 下拉列表

方法可以产生一个较生硬的平面效果，保留细节特征的能力优于"平滑"。

雕刻柔和：使用经过修改的距离测量技术，虽不如"雕刻清晰"精确，但对较大范围的杂边更有用，保留细节特征的能力优于"平滑"，可以产生一个比较柔和的平面效果。

深度：用"深度"参数可以调整高台的截面梯形斜边的光滑程度。在"大小"值一定的情况下，不同的"深度"值产生不同的效果。

方向："方向"的设置值只有"上"和"下"两种，其效果和设置"角度"是一样的。在制作按钮的时候，"上"和"下"可以分别对应按钮的正常状态和按下状态。相对使用角度进行设置，使用这个选项进行设置更方便，也更准确。

大小：用来设置高度，需要和"深度"配合使用。

软化：一般用来对整体效果进行进一步的模糊，使对象的表面更加柔和，减少棱角感。

角度/高度："角度"选项用来设置光源的照射角度；"高度"选项用于设置光源的高度。要调整这两个参数，可以在相应的文本框中输入数值，也可以拖动圆形图标内的指针来进行操作。如果勾选"使用全局光"，所有浮雕样式的光照角度可保持一致。

使用全局光：这个选项通常是选择的状态，表示所有的样式都受同一个光源的照射。但是如果需要制作多个光源照射的效果，可以取消选择这个选项。

光泽等高线：可以选择一个等高线样式，为斜面和浮雕表面添加光泽，创建具有光泽的金属外观浮雕效果。

消除锯齿：可以消除由于设置了"光泽等高线"而产生的锯齿。

高光模式：用来设置高光的混合模式、颜色和不透明度。

阴影模式：用来设置阴影的混合模式、颜色和不透明度。

等高线：在创建自定图层样式时，用户可以使用等高线来控制"投影""内阴影""内发光""外发光""斜面和浮雕"以及"光泽"效果在指定范围上的形状。例如："投影"上的"线性"等高线将导致不透明度在线性过渡效果中逐渐减少，使用"自定"等高线来创建独特的阴影过渡效果。

单击对话框左侧的"等高线"选项，可以切换到"等高线"设置面板，如图 5-70 所示。使用"等高线"可以勾画在浮雕处理中被遮住的起伏、凹陷和凸起。图 5-71 所示为设置等高线时的浮雕效果。

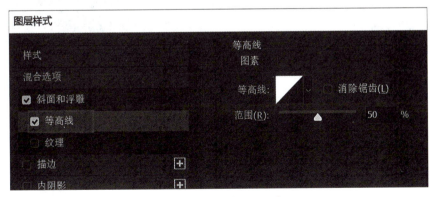

图 5-70　"等高线" 面板

图 5-71　"等高线"浮雕效果

纹理：单击对话框左侧的"纹理"选项，可以切换到"纹理"设置面板，如图 5-72 所示。

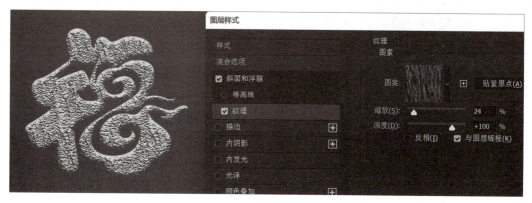

图 5-72　"纹理"面板

图案：单击图案右侧的按钮，可以在打开的下拉面板中选择一个图案，将其应用到斜面和浮雕上，如图 5-73 所示。

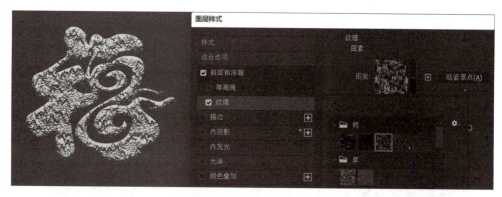

图 5-73　"图案"效果

缩放：拖动滑块或输入数值可以调整图案的大小。

深度：用来设置图案的纹理应用程度。

反相：可反转图案纹理的凹凸方向。

与图层链接：勾选该项可以将图案链接到图层，此时对图层进行变换操作时，图案也会一同变换。该选项处于勾选状态时，单击"紧贴原点"按钮，可以将图案的原点对齐到文档的原点；如果取消选择该选项，单击"紧贴原点"按钮，可以将原点放在图层的左上角。

（2）描边。

使用"描边"样式可以为图像边缘绘制不同样式的轮廓，如颜色、渐变或图案等。此功能类似于"描边"命令，但它可以修改，因此使用起来相当方便。使用该样式对于硬边形状，如文字等特别有用。

打开"图层样式"面板，选择"描边"选项，弹出"描边"对话框。

"描边"样式的主要选项包括大小、位置、混合模式、填充类型、颜色，不同的参数值会让描边产生不同的效果，如图5-74所示。

图5-74 "描边"面板

大小：用来设置描边的宽度，描边大小参数值越大，则描边越粗；反之，则越细。

位置：用来设置描边的位置，可以使用的选项包括外部、内部和居中。注意看选区与描边的关系。

混合模式：设置描边的混合模式。

填充类型：填充类型也有三种可供选择，分别是颜色、渐变和图案。

颜色：描边内容为纯色。单击颜色框，打开"拾色器"面板，用户根据需要选择合适的颜色进行填充。

（3）内阴影。

添加了"内阴影"的图层上方好像多了一个透明的层（黑色），混合模式是"正片叠底"，不透明度为75%，如图5-75所示。

图5-75 "内阴影"面板及效果

内阴影的很多选项和投影是一样的，内阴影和投影的区别在于，前者是外部效果，而内阴影是内部的。对"内阴影"设置面板的主要选项详解如下：

混合模式：默认设置是"正片叠底"，通常不需要修改。

颜色设置：用来设置阴影的颜色。

不透明度：默认值为75%，可根据需要修改。

角度：用来调整内侧阴影的方向，也就是和光源相反的方向，圆周中的指针指向阴影的方向，其原理和"投影"是一样的。

距离：用来设置阴影在对象内部的偏移距离，这个值越大，光源的偏离程度越大，偏移方向由角度决定。

阻塞：用来设置阴影边缘的渐变程度，单位是百分比，和"投影"效果类似，这个值的设置也是和"大小"相关的，如果"大小"设置较大，阻塞的效果就会比较明显。

（4）内发光。

"内发光"效果可以沿图层内容的边缘向内部射光，如图5-76所示。

图5-76　"内发光"面板及效果

对"内发光"设置面板的主要选项详解如下：

混合模式：发光或者其他高光效果一般都用混合模式"变亮"来表现，内发光样式也不例外。混合模式默认设置为"变亮"。

不透明度："不透明度"是指虚拟图层的不透明度，默认值是75%。这个值设置越大，光线显得越强；反之，光线显得越弱。

杂色：用来为光线部分添加随机的透明点，设置值越大，透明点越多，可以用来制作毛玻璃的效果。

颜色："颜色"设置部分的默认值是从一种颜色渐变到透明，单击左侧的颜色框可以选择其他颜色。

方法："方法"的选择值有两个，即"精确"和"较柔软"。"精确"可以使光线的穿透力更强一些，"较柔软"表现出的光线的穿透力则要弱一些。

源："源"的可选值包括"居中"和"边缘"。"边缘"表示光源在对象的内侧表面，这也是内发光效果的默认值。如果选择"居中"，则光源在对象的中心。

阻塞："阻塞"的设置值和"大小"的设置值相互作用，用来影响"大小"的范围内光线的渐变速度，比如在"大小"设置值相同的情况下，调整"阻塞"的值可以形成不同的效果。

大小：用来设置光线的照射范围，它需要与"阻塞"配合。如果"阻塞"值设置得非常小，即便将"大小"设置得很大，光线的效果也出不来，反之亦然。

等高线："等高线"选项可以为光线部分制作出光环效果。

（5）外发光。

添加了外发光效果的图层，就好像下面多出了一个图层，这个虚拟图层的填充范围比上面实际图层略大，默认的混合模式为"滤色"，透明度为75%，从而产生图层的外侧边缘"发光"的效果。由于默认混合模式是"滤色"，因此，如果背景图层被设置为白色，那么不论你如何调整外侧发光的设置，效果都无法显示出来。要想在白色背景上看到外侧发光效果，必须将混合模式设置为"滤色"以外的其他模式，如图5-77所示。

图5-77　"外发光"面板及效果

混合模式：默认的混合模式是"滤色"。

透明度：光芒一般不会是不透明的，因此这个选项要设置小于100%的值。光线越强（越刺眼），应当将其不透明度设置得越大。

杂色："杂色"的效果和将混合模式设置为"溶解"产生的效果有些类似，但是"溶解"模式不能微调，因此，要制作细致的效果，还是要使用"杂色"。

渐变和颜色：外侧发光的颜色设置稍微有一点特别，可以通过单选框选择"单色"或者"渐变色"。即便选择"单色"，光芒的效果也是渐变的，不过是渐变至透明而已。

方法："方法"的设置值有两个，分别是"柔和"与"精确"，一般选择使用"柔和"，"精确"可以用于一些发光较强的对象，或者棱角分明，反光效果比较明显的对象。

扩展：用来设置光芒中有颜色的区域和完全透明的区域之间的渐变速度。它的设置效果和颜色中的渐变设置以及下面的大小设置都有直接的关系，三个选项是相辅相成的。

大小：用来设置光芒的延伸范围，不过其最终的效果和颜色渐变的设置是相关的。

范围：用来设置等高线对光芒的作用范围，也就是说，对等高线进行缩放，截取其中的一部分作用于光芒上。

抖动：用来为光芒添加随意的颜色点，为使"抖动"的效果能够显示出来，光芒至少应该有两种颜色。

（6）光泽。

"光泽"是指在图层的上方添加一个波浪形效果，如图5-78所示。可以将光泽效果理解为光线照射下反光度比较高的波浪形表面（比如水面）显示出来的效果。光泽效果和图层的内容直接相关，也就是说，图层的轮廓不同，添加光泽样式之后产生的效果完全不同。

混合模式：默认的设置值是"正片叠底"。

不透明度：设置值越大，光泽越明显；反之，光泽越暗淡。

颜色：用来修改光泽的颜色，由于默认的混合模式为"正片叠底"，修改颜色产生的效果一般不会很明显。不过如果将混合模式改为"正常"后，颜色的效果就很明显了。

角度：用来设置照射波浪形表面的光源方向。

距离：用来设置光环之间的距离。

大小：用来设置光环的宽度。

等高线：用来设置光环的数量。

图 5-78　"光泽"面板及效果

总的来说，光泽效果无非就是两组光环的交叠，但是由于光环的数量、距离以及交叠设置的灵活性非常大，制作的效果可以相当复杂，这也是"光泽"样式经常被用来制作绸缎或者水波效果的原因。

（7）颜色叠加。

这是一个很简单的样式，其作用实际就相当于为图层着色，也可以认为这个样式在图层的上方加了一个混合模式为"正常"、不透明度为100%的虚拟图层。注意，添加了样式后的颜色是图层原有颜色和虚拟图层颜色的混合，默认的混合模式是"正常"，如图 5-79 所示。

图 5-79　"颜色叠加"面板及效果

（8）渐变叠加。

"渐变叠加"可以在图层内容上填充一种渐变颜色，此图层样式与在图层中填充渐变颜色的功能相同，与创建渐变填充图层的功能相似。

渐变：用来设置渐变色，单击下拉框可以打开"渐变编辑器"对话框，单击下拉框的下拉按钮可以在预设的渐变色中进行选择。在这个下拉框后面有一个"反色"复选框，用来对调渐变色的"起始颜色"和"终止颜色"，如图 5-80 所示。

样式：用来设置渐变的类型，包括线性、径向、对称、角度和菱形。如果选择了"角度"渐变类型，"与图层对齐"这个复选框就要特别注意，它的作用是确定极坐标系的原点，如果选中，原点在图层的内容的中心上，否则，原点将在整个图层的中心上。

缩放：用来截取渐变色的特定部分并作用于虚拟图层上，其值越大，所选取的渐变色的范围越小，否则范围越大。

（9）图案叠加。

"图案叠加"样式的设置方法和前面在"斜面和浮雕"中介绍的"纹理"样式完全一样。

图 5-80　"渐变叠加"面板及效果

（10）投影。

投影会使图层的下方出现一个与图层内容相同的影子，这个影子有一定的偏移量，默认情况下会向右下角偏移。阴影的默认混合模式是"正片叠底"，不透明度为75%。对"投影"的设置面板如图 5-81 所示。

图 5-81　"投影"面板及效果

混合模式：由于阴影的颜色一般都是偏暗的，因此这个值通常被设置为"正片叠底"，不必修改。混合模式右侧的颜色框可以对阴影的颜色进行设置。

不透明度：默认值是75%，通常这个值不需要调整。值越大，阴影的颜色越深；反之，颜色越浅。

角度：用来设置阴影的方向，如果要进行微调，可以使用右边的编辑框直接输入角度。在圆圈中，指针指向光源的方向，显然，相反的方向就是阴影出现的地方。

距离：阴影与图层内容之间的偏移量。

扩展：这个选项用来设置阴影的大小，其值越小，阴影的边缘显得越模糊；反之，其值越大，阴影的边缘越清晰。

大小：这个值可以反映光源距离图层内容的距离，其值越大，阴影越大，表明光源距离图层的表面越近；反之，阴影越小，表明光源距离图层的表面越远。这个"大小"选项需要和"扩展"选项配合使用。

等高线：用来对阴影部分进行进一步的设置，单击打开"等高线编辑器"对话框，通过设置参数可进行等高线的调整。

杂色：用来对阴影部分添加随机的透明点。

3. 编辑图层样式

为图层添加样式后，可以继续根据效果的需要对图层样式进行编辑。具体包括以下几个方面。

（1）显示与隐藏图层样式。

在"图层"面板中，"效果"前面的眼睛图标 用来控制效果的可见性。如果用户要隐藏某一个效果，可以单击该效果名称前的眼睛图标 。如果要隐藏该图层所有效果，则需要单击该图层"效果"前的眼睛图标 。

如果要隐藏文档中所有图层的效果，可以执行"图层"→"图层样式"→"隐藏所有样式"命令，隐藏效果后眼睛图标会变暗，再次执行"图层"→"图层样式"→"显示所有样式"即可重新显示效果。用户也可以在图层样式上单击鼠标右键，在弹出的菜单中完成该操作，如图 5-82 所示。

图 5-82 "隐藏与显示图层样式"面板及效果

（2）修改图层效果。

对已经完成的"图层样式"进行修改，只需要双击一个效果的名称，打开"图层样式"对话框，在对话框中取消或者修改设定的参数，重新调整，达到效果为止。

（3）复制与粘贴图层样式。

选择想要复制图层样式的图层，执行"图层"→"图层样式"→"拷贝图层样式"命令，即可将该图层的所有图层样式复制。选择需要添加图层样式的图层，执行"图层"→"图层样式"→"粘贴图层样式"命令，可以将效果粘贴到该图层中，如图 5-83 所示。

另外，还可以按住"Alt"键，将效果图标 或者"效果"从一个图层拖拽到另一个图层，将图层样式效果复制到另一个图层中，如图 5-83 所示。如果需要复制单个效果，则拖拽效果名称即可，如图 5-84 所示。

如果在拖曳过程中没有按"Alt"键，则是将该图层的效果移动到其他图层中，原图层中将不再有该效果，如图 5-85 所示。

（4）清除图层样式。

如果要删除单个图层样式效果，可以直接用鼠标拖动该效果名称至图层面板底部"垃圾桶"图标 。

图 5-83　复制样式效果

图 5-84　复制单个样式效果

如果要删除该图层的所有图层样式效果，可以直接将效果图标或者"效果"拖曳至图层面板底部的"垃圾桶"图标🗑️。

（5）将图层样式创建为图层。

图层样式是在图层内容的基础上附加在图层表面的效果，不能单独存在，但是可以把之前添加的图层样式效果分离出来，使其每个效果都单独成为一个图层，如图 5-86 所示。

操作方法：单击图层右侧的效果图标 *fx*。右键单击"创建图层"图标，那么图层样式的每一个效果都可以单独成层，并且每层都有默认的效果命名。

（6）缩放图层样式。

对一个图层应用了多种图层样式时，"缩放效果"命令则更能发挥其独特的作用。由于"缩放效果"命令是对这些图层样式同时起作用的，能够省去单独调整每一种图层样式的麻烦，如图 5-87 所示。

"缩放效果"命令隐藏在菜单栏"图层"→"图层样式"子菜单中，位于"图层样式"菜单的底部，单击"图层"→"图层样式"→"缩放效果"即可。

图 5-85　移动样式效果

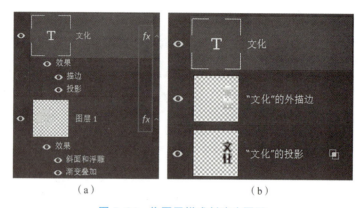

（a）　　　　　　　　　　　　（b）

图 5-86　将图层样式创建为图层

（a）"图层样式"图标；（b）将图层样式创建为图层效果

（7）渐变叠加。

"渐变叠加"和"颜色叠加"的原理是完全一样的，只不过虚拟图层的颜色是渐变的，而不是一块单一颜色。

渐变：用来设置渐变色。单击下拉框可以打开"渐变编辑器"对话框，单击下拉框的下拉按钮可以在预设的渐变色中进行选择。在这个下拉框后面有一个"反色"复选框，用来对调渐变色的"起始颜色"和"终止颜色"。

样式：用来设置渐变的类型，包括线性、径向、对称、角度和菱形。如果选择了"角度"渐变类型，"与图层对齐"这个复选框就要特别注意，它的作用是确定极坐标系的原点，如果选中，原点在图层内容的中心上，否则，原点将在整个图层的中心上。

缩放前　　　　缩放后

图 5-87　缩放图层样式

缩放：用来截取渐变色的特定部分并作用于虚拟图层上，其值越大，所选取的渐变色的范围越小，否则范围越大。

（8）图案叠加。

"图案叠加"样式的设置方法和前面在"斜面和浮雕"中介绍的"纹理"样式完全一样。

项目6 艺术风格海报设计

 知识目标

掌握风格化滤镜组的使用方法及效果。
掌握模糊滤镜组的使用方法及效果。
掌握模糊画廊滤镜组的使用方法及效果。
掌握扭曲滤镜组的使用方法及效果。
掌握锐化滤镜组的使用方法及效果。
掌握像素化滤镜组的使用方法及效果。
掌握渲染滤镜组的使用方法及效果。
掌握杂色滤镜组的使用方法及效果。
熟练掌握结合滤镜制作不同艺术海报的设计思路与方法。

 能力目标

能够熟练运用滤镜工具制作图像效果。
能够熟练运用滤镜工具进行海报效果的制作。
能够了解不同的艺术设计风格，并结合 Photoshop 软件进行实践创作。

 素质目标

通过拓展训练，锻炼学生针对艺术设计学科知识的自我学习能力。
培养学生具有勇于创新、敬业乐业的工作作风与质量意识。
锻炼培养学生对于美学敏锐感与设计美学的经验。

任务1 波普风格海报设计

Cinema

任务清单

波普风格海报设计

项目名称	任务内容
任务情景	小沈最近在学习艺术设计史，了解了许多种类的现代设计风格，非常喜欢，她想要自己使用Photoshop软件进行不同风格的海报设计。首先，她选择了"波普艺术"风格，想要制作一张广告宣传海报。
任务目标	（1）掌握风格化滤镜组的使用方法及效果。 （2）掌握锐化滤镜组的使用方法及效果。 （3）掌握"波普艺术"风格的特点及设计应用。
任务要求	请根据任务情景，完成以下任务： （1）制作纯色背景。 （2）拖入照片素材，进行锐化处理。 （3）使用风格化制作油画、拼贴效果。 （4）加入广告文案与LOGO设计。
任务思考	（1）锐化的概念是什么？能够制作出何种效果？不同锐化滤镜组的区别是什么？ （2）风格化滤镜组中的不同滤镜效果是什么？ （3）"波普艺术"风格的元素是什么？怎么实践应用？
任务实施	（1）制作背景效果。应用快捷键"Ctrl+N"新建A4大小尺寸文档，设置前景色为浅黄色，创建新图层，使用快捷键"Alt+Delete"填充。使用快捷键"Ctrl+R"调出标尺。为了更好地找到画布中间部分，应用快捷键"Ctrl+T"，鼠标左键拖出一个参考线，并调整到中心位置，如图6-1所示。 图6-1　参考线效果

项目名称	任务内容
任务实施	（2）设置前景色为蓝色，选择矩形工具，在参考线左半部分绘制一个蓝色的矩形。应用快捷键"Ctrl+J"复制图层，填充红色。应用快捷键"Ctrl+T"自由变换，将红色背景拖动到参考线的右边，调整位置，过程如图6-2所示。 （a）　　　　　　　　　　　（b） 图6-2　背景制作过程图 （a）蓝色背景块；（b）红色背景块 按住"Shift"键，单击"红色背景"图层和"浅黄色背景"图层，进行"全选图层"。应用快捷键"Ctrl+G"进行图层编组，命名为"背景"，如图6-3所示。  图6-3　背景图层命名及编组 （3）制作波普人物效果。打开"人物素材"，用移动工具将其拖动到"波普风格海报设计"文件中，调整图像大小，右击该图层，进行栅格化，如图6-4所示。

项目名称	任务内容
任务实施	 图6-4　导入素材 （4）抠图。执行菜单栏"选择"→"主体"，单击属性栏中"选择并遮住"，单击调整边缘画笔工具，涂抹人物毛发部分，在右下角单击"确定"按钮，如图6-5所示。使用快捷键"Ctrl+J"复制图层。将该图层命名为"人物"，单击"人物素材"图层，按"Delete"键删除，过程如图6-6所示，图层面板如图6-7所示。  图6-5　选择并遮住操作面板   （a）　　　　　　　　（b） 图6-6　抠图过程 （a）建立选区；（b）抠出图案

续表

项目名称	任务内容
任务实施	

图 6-7　删除人物素材图层

（5）调整。执行菜单栏"滤镜"→"锐化"→"智能锐化"调整参数（数量：200%，半径：15 像素，减少杂色：42%），使图像更加清晰，如图 6-8 所示。执行菜单栏"图像"→"调整"→"色调分离"，调整参数（色阶：7），单击"确定"按钮，如图 6-9 所示。执行菜单栏"图像"→"调整"→"渐变映射"，调整渐变颜色，单击"确定"按钮。效果如图 6-10 所示。

（a）　　　　　　　　　　（b）

图 6-8　智能锐化效果及参数设置

（a）智能锐化效果；（b）参数设置

（a）　　　　　　　　　　（b）

图 6-9　彩色半调效果及参数设置

（a）彩色半调效果；（b）参数设置

项目名称	任务内容
任务实施	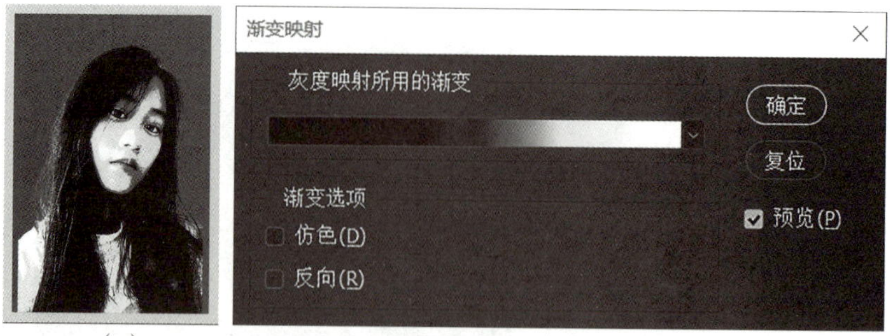 <div align="center">（a） （b）</div><div align="center">**图 6-10 渐变映射效果及参数设置**</div><div align="center">（a）渐变映射效果；（b）参数设置</div>（6）添加滤镜效果。 油画效果：由于此时画面比较粗糙，需要借助滤镜工具。执行菜单栏"滤镜"→"风格化"→"油画"，调整参数（描边样式：10，描边清洁度：10，缩放：10，硬毛笔刷细节：10），在右上方单击"确定"按钮，参数如图 6-11 所示。按快捷键"Ctrl+T"自由变换，调整位置大小，效果如图 6-12 所示。<div align="center">**图 6-11 油画面板参数**</div>（7）拼贴效果：按"Shift"键，选中所有图层，右击，选择"转换为智能对象"，如图 6-13 所示。背景色为白色，执行菜单栏"滤镜"→"风格化"→"拼贴"，效果如图 6-14 所示。 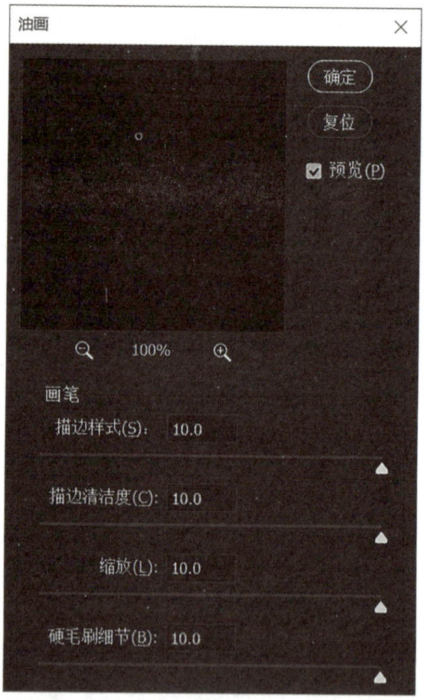

项目名称	任务内容
任务实施	 图 6-12　油画效果  图 6-13　转换为智能对象

项目名称	任务内容
任务实施	 图 6-14　拼贴效果 （8）加上主题文字与装饰图片。选择矩形工具做一个深蓝色的矩形。设置前景色为白色，选择横排文字工具再选择文字工具，在画面的合适位置单击鼠标左键，插入画布创建文字图层，并输入文字"包容我的精彩"等文字，字体大小可在属性栏内调整。运用矩形工具，绘制一个白色矩形，选择文字工具，编辑文字，拖入箱包素材，对画面进行装饰，运用快捷键"Ctrl+T"自由变换调整大小和位置，如图 6-15 所示。 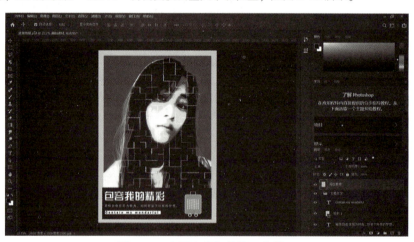 图 6-15　主题文字与装饰图片效果

续表

项目名称	任务内容
任务实施	（9）最终效果如图 6-16 所示。 ![最终效果海报] 图 6-16　最终效果
任务拓展	请通过查找资料辅助学习波普艺术风格内容，并自行查找或拍摄素材，进行一张该风格的主题海报设计。
任务总结	

 知识要点

6.1.1　风格化滤镜

　　风格化滤镜组中包含 9 种滤镜，它们可以置换像素、查找并增加图像的对比度，产生绘画和印象派风格效果。风格化滤镜主要作用于图像的像素，可以强化色彩边界，因此图像的对比度对该滤镜的影响较大。

1. 查找边缘

　　风格化滤镜能自动搜索图像像素对比度变化剧烈的边界，将高反差区变亮，低反差区变暗，其他区域则介于两者之间，硬边变为线条，而柔边变粗，形成一个清晰的轮廓。在视觉效果上类似于用深色线条来勾画图像的边缘，得到图像的大致轮廓，如图 6-17 所示。

2. 等高线

　　等高线滤镜与查找边缘类似，可以查找图像中主要亮度区域，并将其转换为每个颜色对应的通道，如图 6-18 所示，浅浅地勾勒主要亮度区域的转换，以获得等高线图中的线条类似的效果，如图 6-19 所示。

图 6-17　查找边缘效果

图 6-18　等高线设置

（a）原图像；（b）查找边缘效果

图 6-19　等高线效果

（a）原图像；（b）等高线效果

（1）色阶：通过数值来指定色阶的阈值（0~255），影响描绘边缘的基本亮度等级。

（2）边缘：设置处理图像边缘的位置与边界的产生方法。选择"较低"时，可以在基准亮度等级以下的轮廓上生成等高线；选择"较高"，则在基准亮度等级以上的轮廓上生成等高线。

3. 风

风滤镜，顾名思义，可在图像上增加一些细小的水平线来模拟风吹效果，如图 6-20 所示。风滤镜只在水平方向起作用，若想要产生其他方向的风吹效果，需要先将图像旋转，然后再使用，如图 6-21 所示。

（1）方法：风为细腻的微风效果；大风比风效果要强烈得多，图像改变很大；飓风是最强烈的风效果，图像基本会发生变形。

（2）方向：从左，风从左面吹来；从右，风从右面吹来。

图 6-20　风设置

（a）　　　　　　　　　　　　　（b）

图 6-21　风效果

（a）原图像；（b）风效果

4. 浮雕效果

通过勾画图像或选区的轮廓和降低周围色值来生成凸起或凹陷的浮雕效果，如图 6-22 所示。对比度越大的图像，浮雕的效果越明显，如图 6-23 所示。

图 6-22　浮雕效果设置

（a）　　　　　　　　　　　（b）

图 6-23　浮雕效果

（a）原图像；（b）浮雕效果

（1）角度：设置照射浮雕的光线角度。影响浮雕的凸出位置。

（2）高度：设置浮雕凸起的高度。

（3）数量：设置浮雕滤镜的范围，该值越高，边界细节越清晰，小于 40% 时，整个图像会变灰。

5. 扩散

扩散滤镜可以使图像中相邻的像素按规定的方式有机移动，使图像扩散，如图 6-24 所示，形成一种类似于透过磨砂玻璃观察对象时的分离模糊效果，如图 6-25 所示。

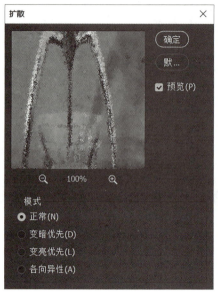

图 6-24　扩散效果设置

（a）　　　　　　　　　　　　　　　　　　（b）

图 6-25　扩散效果

（a）原图像；（b）扩散效果

（1）正常：图像的所有区域都进行扩散处理。

（2）变暗优先：用较暗的像素替换亮的像素，暗部像素扩散。

（3）变亮优先：用较亮的像素替换暗的像素，只有亮部像素产生扩散。

（4）各向异性：在颜色变化最小的方向上搅乱像素。

6. 拼贴

拼贴滤镜可根据指定的值将图像分为块状形态，并使其偏离原本的位置，如图 6-26 所示，产生不规则块状拼凑成的图像效果如图 6-27 所示。

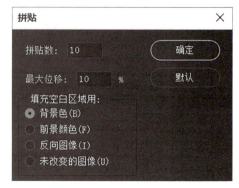

图 6-26　拼贴效果设置

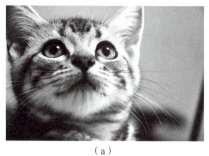
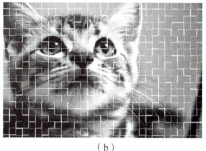

（a）　　　　　　　　　　　　　　　　（b）

图 6-27　拼贴效果

（a）原图像；（b）拼贴效果

（1）拼贴数：设置图像拼贴块的数量。

（2）最大位移：设置拼贴块的间隙。

（3）填充空白区域：可选择使用背景色、前景色、反向图像、未改变前的图像对拼贴块的间隙进行填充。

7. 曝光过度

曝光过度滤镜可以混合负片和正片图像，模拟出摄影中增加光线强度而产生的过度曝光效果，如图 6-28 所示。

（a）　　　　　　　　　　　　　　　　（b）

图 6-28　曝光过度效果

（a）原图像；（b）曝光过度效果

8. 凸出

凸出滤镜可将图像分成一系列大小相同且重叠放置的立方体或金字塔，产生特殊的 3D 效果，如图 6-29 所示。

（1）类型：用来设置图像凸起的方式。选择"块"，可以创建具有一个方形的正面和四个侧面的对象；选择"金字塔"，则创建具有相交于一点的 4 个三角形侧面的对象。"块"与"金字塔"效果对比如图 6-30 所示。

（2）大小：用来设置立方体或金字塔底面的大小，该值越高，生成的立方体和金字塔越大。

图6-29　凸出效果设置

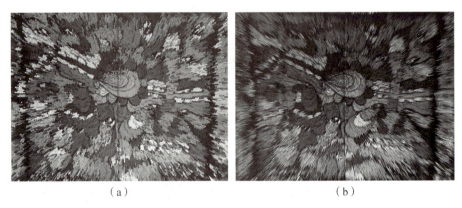

（a）　　　　　　　　　　　（b）

图6-30　"块"与"金字塔"效果对比

（a）"块"；（b）"金字塔"

（3）深度：用来设置突出对象的高度，"随机"表示为每个块或金字塔设置一个任意的深度；"基于色阶"则表示每个对象的深度与其亮度对应，越亮，突出得越多。

（4）立方体正面：勾选该选项后，将失去图像整体轮廓，生成的立方体只显示单一的颜色。

（5）蒙版不完整块：隐藏所有延伸出选区的对象。

凸出效果如图6-31所示。

（a）　　　　　　　　　　　（b）

图6-31　凸出效果

（a）原图像；（b）凸出效果

9. 油画

油画滤镜可将画面中的素材像素通过类似油画绘画笔触方式重新表现，设置如图6-32所示，效果如图 6-33 所示。

图 6-32　油画效果设置

（a）　　　　　　　　　　　　　　　　（b）

图 6-33　油画效果

（a）原图像；（b）油画效果

（1）画笔：描边样式越大，画笔笔触越长，反之越短；描边清洁度越大，画笔笔触越模糊，反之越清晰；缩放值越大，单个画笔笔触越大。

（2）光照：角度可调整画笔光线角度；闪亮值越大，笔触的光影感觉越强。

6.1.2　锐化滤镜

锐化滤镜除了在 Photoshop 软件中出现，在一些美图软件中也经常出现。应用锐化工具可以快速聚焦模糊边缘，提高图像中某一部位的清晰度或者焦距程度，使图像特定区域的色彩更加鲜明。锐化在一定程度上代表着使图片更清晰。

1. USM 锐化

USM 锐化滤镜可通过参数的调整来强化图像边缘，实现锐化的效果，如图 6-34 所示。其用于对图像的细微层次进行清晰度强调，如图 6-35 所示。

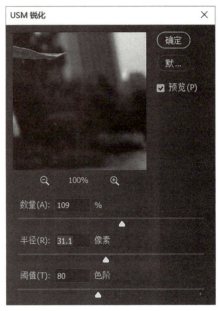

图 6-34 USM 锐化效果设置

（a）　　　　　　　　　　　　　　（b）

图 6-35 USM 锐化效果

（a）原图像；（b）USM 锐化效果

（1）数量：用来设置锐化强度。该值越高，锐化效果越明显。

（2）半径：用来设置锐化的范围。

（3）阈值：只有相邻像素间的差值达到该值所设定的范围时才会被锐化，该值越高，被锐化的像素就越少。

2. 防抖

防抖滤镜原理就是对在拍摄照片时由于手的抖动导致照片模糊，进行相关的锐化还原处理。

3. 进一步锐化

进一步锐化滤镜的速度可能没有"USM 锐化"和"防抖"快，是逐次、缓慢叠加的。也可以使用快捷键"Alt+Ctrl+F"重复效果叠加。特点是使 PS 图像的局部反差得到增加，如图 6-36 所示。

（a）　　　　　　　　　　　　　　　（b）

图 6-36　进一步锐化效果

（a）原图像；（b）进一步锐化效果

4. 锐化

锐化滤镜通过增加像素间的对比度使图像变得清晰，相对而言，锐化效果不是很明显。进一步锐化比锐化滤镜的效果强烈些，相当于应用了 2~3 次"锐化"滤镜。

5. 锐化边缘

锐化边缘滤镜的特点是自动提高颜色边缘的反差，而保持图像整体的平滑效果，起到强调锐化颜色边缘的效果。

6. 智能锐化

智能锐化滤镜可通过参数来详细调整锐化相关数值，以控制不同的效果。

（1）数量：影响锐化的强度，数值越大越强。

（2）半径：影响锐化效果的宽度。

（3）减少杂色：减少杂色的量，能够减少锐化过程中产生的杂色。

（4）移去：移除锐化过程中的"高斯模糊""镜头模糊""动感模糊"。

（5）阴影/高光：对锐化过程中的阴影/高光详细参数进行调整。

☑ 拓展学习

二维码 6-1　模糊滤镜　　　二维码 6-2　波普艺术风格

任务2 极简主义风格海报设计

任务清单

极简主义风格海报设计

项目名称	任务内容
任务情景	极简主义设计风格是现代设计中的经典代表之一，小沈准备针对这种风格设计海报并制作。
任务目标	（1）掌握模糊画廊滤镜组的使用方法及效果。 （2）掌握杂色滤镜组的使用方法及效果。 （3）掌握滤镜库的使用方法及效果。 （4）掌握"极简主义设计"风格的特点及设计应用。
任务要求	请根据任务情景，完成以下任务： （1）制作主体与搭配文字并进行排版。 （2）进行模糊处理。 （3）使用杂色制作效果。 （4）使用滤镜库制作纹理颗粒效果。
任务思考	（1）模糊与模糊画廊的区别是什么？分别适用于何种效果？ （2）杂色滤镜组的应用效果是什么？如何修复或添加杂色？ （3）滤镜库的效果包含什么？ （4）"极简主义设计"风格的特点是什么？怎样在简单中寻找变化？
任务实施	（1）编辑主题文字。应用快捷键"Ctrl+N"新建A4大小尺寸文档，设置前景色为深蓝色，选择直排文字工具，在画面的合适位置单击鼠标左键插入画布，创建文字图层，并输入文字"设计"，在工具的属性栏设置适当的字体、字号，效果如图6-37所示。 图6-37 主题文字效果

项目名称	任务内容
任务实施	（2）添加其他文案并排版，丰富画面效果。添加四周的文字是为了丰富海报画面的内容，使整个画面更有内涵。选择横排文字工具，在画面的合适位置单击鼠标左键插入画布，创建文字图层，并输入"DESIGN LIFE""DESIGN INNOVATION"等文字，并运用矩形工具绘制线条来辅助文字，丰富画面，按快捷键"Ctrl+T"调整字体的方向、大小以及字体，海报字体制作过程如图 6-38 所示，最终效果如图 6-39 所示。  图 6-38　文案排版过程  图 6-39　文字排版效果 （3）画面模糊效果。应用快捷键"Alt+Shift+Ctrl+E"盖印图层，如图 6-40 所示。执行菜单栏"滤镜"→"模糊画廊"→"场景模糊"调整模糊点以及模糊参数，单击"确定"按钮，如图 6-41 所示。 （4）波点效果。应用快捷键"Ctrl+J"复制选区。执行菜单栏"滤镜"→"像素化"→"彩色半调"，调整其参数（最大半径：20，通道都为0），如图 6-42 所示，应用快捷键"Ctrl+Alt+F"重复上一次滤镜，重复执行 1~2 次即可，效果如图 6-43 所示。 （5）添加杂色效果。执行菜单栏"滤镜"→"杂色"→"添加杂色"，调整其参数（数量：20，分布：平均分布），如图 6-44 所示，效果如图 6-45 所示。 （6）添加纹理效果。执行菜单栏"滤镜"→"滤镜库"→"纹理"→"颗粒"，调整颗粒参数（强度：45，对比度：50，颗粒类型：垂直），单击"确定"按钮，如图 6-46 所示。

项目名称	任务内容
任务实施	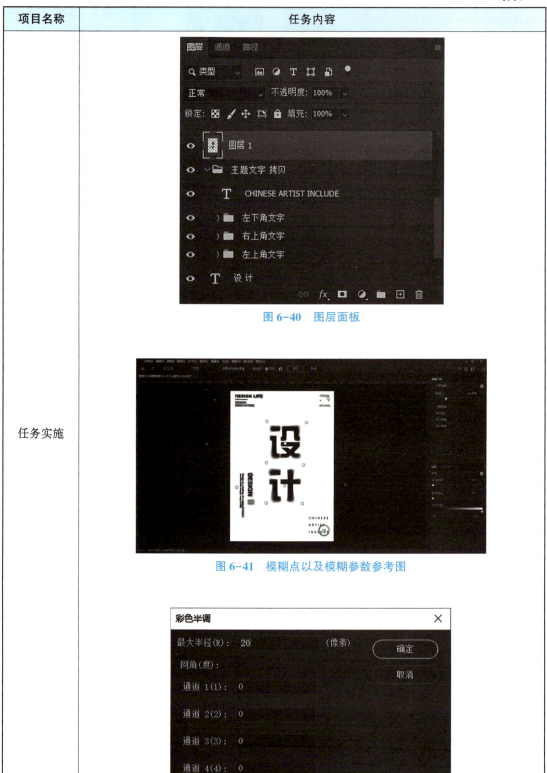 图 6-40　图层面板 图 6-41　模糊点以及模糊参数参考图 图 6-42　彩色半调面板参数

项目名称	任务内容
任务实施	  图 6-43　彩色半调效果图　　　　图 6-44　添加杂色面板参数  图 6-45　添加杂色效果图 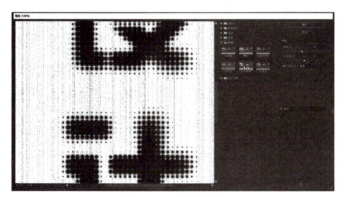 图 6-46　颗粒参数

项目名称	任务内容
任务实施	（7）最终效果如图6-47所示。 图6-47　最终效果
任务拓展	请通过查找资料辅助学习极简主义设计风格内容，并自行查找或拍摄素材，设计一张该风格的主题海报。
任务总结	

知识要点

6.2.1　像素化滤镜

像素化滤镜组的工作原理是通过使单元格中颜色相似的像素结成块，来对一个区域进行重新定义，可以制作出彩块、点状、晶格和马赛克等特殊效果。像素化滤镜组包括"彩块化""点状化""晶格化""马赛克""碎片""铜版雕刻"等滤镜。

1. 彩块化

彩块化滤镜可将纯色或者颜色相近的像素结成相近颜色的像素块，常用来制作手绘图像、抽象派绘画等艺术效果，如图6-48所示。

彩块化通常需要反复操作且放大图像视角才便于观察到。

2. 彩色半调

彩色半调滤镜可以将图像中每种颜色分离，分散为随机分布的网点，如同点状绘画效果，设置如图6-49所示，效果如图6-50所示。

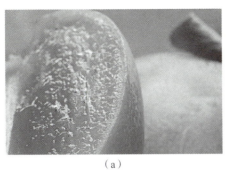 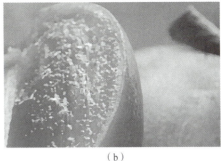

（a） （b）

图 6-48 彩块化效果

（a）原图像；（b）彩块化效果

 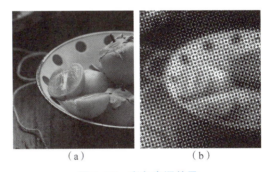

（a） （b）

图 6-49 彩色半调效果设置 **图 6-50 彩色半调效果**

（a）原图像；（b）彩色半调效果

（1）最大半径：用于对生成的网点（圆点）的最大半径进行设置，数值越大，彩色圆点越大。

（2）网角（度）：选项组可以对图像各个原色通道进行设置调整。当图层的模式为 CMYK 时，通道 1-2-3-4 分别代表青色（C）、品红（M）、黄色（Y）、黑色（B）；当图层的模式为 RGB 时，通道 1-2-3-4 分别代表红色、绿色、蓝色、无效；当图层模式为灰度时，除了通道 1 外，其他均无效。

3. 点状化

点状化滤镜根据图像颜色亮度值将图像分解为随机分布的网点（圆点），网点中的间隙默认使用背景色填充。设置如图 6-51 所示，效果如图 6-52 所示。

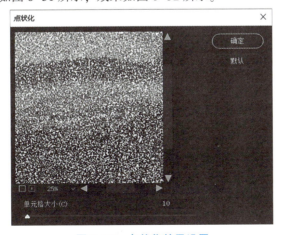

图 6-51 点状化效果设置

（a）　　　　　　　　　　　　　　　　　（b）

图 6-52　点状化效果

（a）原图像；（b）点状化效果

使用点状化滤镜后，在弹出的设置对话框中，单元格设置的数值越大，网点的形状越大。

4. 晶格化

晶格化滤镜根据图像颜色亮度值将图像结块变为纯色的多边形像素块，设置如图 6-53 所示，类似于结晶效果，如图 6-54 所示。

图 6-53　晶格化效果设置

（a）　　　　　　　　　　　　　　　　　（b）

图 6-54　晶格化效果

（a）原图像；（b）晶格化效果

使用晶格化滤镜后，在弹出的设置对话框中，单元格设置的数值越大，多边形晶块越大。

5. 马赛克

马赛克滤镜就是将图像模糊成小方块，设置如图6-55所示，与美图软件中的马赛克效果相同，如图6-56所示。

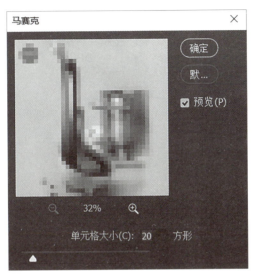

图 6-55　马赛克效果设置

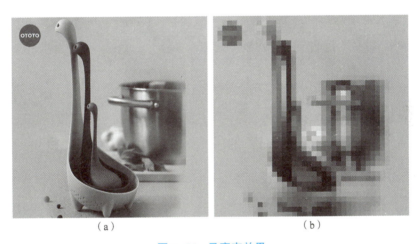

（a）　　　　　　　　　　　　　　（b）

图 6-56　马赛克效果

（a）原图像；（b）马赛克效果

使用马赛克滤镜后，在弹出设置对话框中，单元格设置的数值越大，马赛克的方块越大。

6. 碎片

碎片滤镜可将图像中的像素进行数次复制，然后将这些复制的像素进行轻微的移动，从而产生一种模糊的效果，如图6-57所示。

7. 铜版雕刻

铜版雕刻滤镜可将图像转化为黑白区域的随机图案，或者彩色图像中完全饱和颜色的随机图案。效果类似于印刷品的铜版雕刻效果。

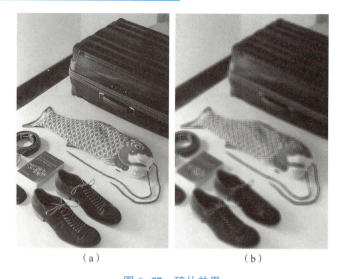

（a）　　　　　　　　　　（b）

图 6-57　碎片效果

（a）原图像；（b）碎片效果

6.2.2　模糊画廊滤镜

使用模糊画廊滤镜组时，系统会弹出新的操作面板。相比于模糊滤镜组，使用模糊画廊的整体模糊效果更智能，能对一些画面中的细节进行不同方向的、不同样式的模糊调整，如图 6-58 所示。添加图钉，如图 6-59 所示。

（a）　　　　　　　（b）

图 6-58　铜版雕刻效果

（a）原图像；（b）铜版雕刻效果

图 6-59　添加图钉

1. 场景模糊

场景模糊滤镜可以通过一个或多个图钉对照片场景中不同的区域应用模糊，如图 6-60 所示。

2. 光圈模糊

通过创建椭圆形焦点制作光圈状的模糊效果，如图 6-61 所示。

3. 倾斜偏移

通过创建直线状的区域来约束模糊效果，如图 6-62 所示。

图 6-60　场景模糊

图 6-61　光圈模糊

4. 路径模糊

通过调整规划路径来约束模糊效果，如图 6-63 所示。

图 6-62　倾斜偏移

图 6-63　路径模糊

5. 旋转模糊

制作旋转状的模糊效果，如图 6-64 所示。

图 6-64　旋转模糊

效果设置：

（1）模糊：用来设置模糊强度。

（2）光源散景：用来调整照片中焦点以外的区域或模糊区域。

（3）散景颜色：将更鲜亮的颜色添加到尚未到白色的加亮区域。该值越高，散景色彩的饱和度越高。

（4）光照范围：用来确定当前设置影响的色调范围。

6.2.3　杂色滤镜

杂色滤镜组中包含5种滤镜，该滤镜组可添加或去除杂色或带有随机分布色阶的像素，创建特殊的纹理，如图6-65所示。

图6-65　减少杂色设置

1. 减少杂色

减少杂色滤镜针对在日常拍摄照片中曝光不足或者用较慢的快门速度在黑暗区域中拍照，导致出现杂色问题。其除去此类照片中的杂色非常有效。减少杂色滤镜能够基于影响整个图像或多个通道的设置保留边缘，同时减少杂色。

（1）强度：用来控制应用于所有图像通道的亮度杂色减少量。

（2）保留细节：用来设置图像边缘和图像细节的保留程度。当该值为100%时，可保留大多数图像细节，但会将亮度杂色减到最少。

（3）减少杂色：用来消除随机的颜色像素，该值越高，减少的杂色越多。

（4）锐化细节：用来对图像进行锐化。

（5）移去JPEG不自然感：可以去除由于使用低JPEG品质设置存储图像而导致的斑驳的图像伪像和光晕。

（6）高级：如果亮度杂色在一个或两个颜色通道中较明显，便可从"通道"菜单中选取颜色通道，拖曳"强度"和"保留细节"滑块来减少该通道中的杂色。

2. 蒙尘与划痕

蒙尘与划痕滤镜可通过更改相差的像素来减少杂色。该滤镜对于去除扫描图像中的杂点和折痕较为有效，如图6-66所示。

（1）半径：值越高，模糊程度越强。

（2）阈值：用于定义像素的杂点，该数值越高，去除杂点的效果反而越弱。

3. 祛斑

祛斑滤镜可以检测图像边缘发生显著颜色变化的区域，并模糊除边缘外的区域，消除图像中的斑点，同时保留细节。

4. 添加杂色

添加杂色滤镜可以将随机的像素应用于图像，模拟杂色的特殊滤镜效果。该滤镜也可用来减少羽化选区或渐变填充中的条纹，或者使部分区域看起来更加真实，制作杂纹等，设置如图 6-67 所示，效果如图 6-68 所示。

图 6-66　蒙尘与划痕设置

图 6-67　添加杂色设置

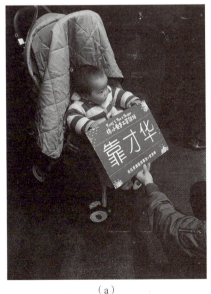

（a）

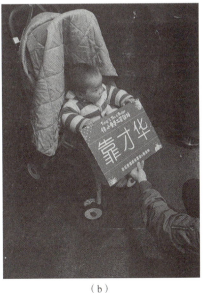

（b）

图 6-68　添加杂色效果

（a）原图像；（b）添加杂色效果

（1）数量：设置杂色的数量。

（2）分布：设置杂色的分布方式。选择"平均分布"，会随机地在图像中加入杂点，效果较为柔和；选择"高斯分布"，则会通过沿曲线分布的方式来添加杂点，杂点较强烈。

（3）单色：勾选后，杂点只影响原有像素的亮度，像素的颜色不会改变。

5. 中间值

中间值滤镜能够通过混合选区中像素的亮度来减少图像的杂色。该滤镜可搜索像素选区的半径范围，以查找亮度相近的像素，去除与相邻像素差异太大的像素，并用搜索到的像素的中间亮度值替换中心像素，在消除或减少图像的动感效果时有显著效果。中间值设置如图6-69所示。

图6-69　中间值设置

✓ 拓展学习

二维码6-3　滤镜库

二维码6-4　极简主义设计风格

📔 任务3　超现实主义风格海报设计

超现实主义风格
海报设计

✓ 任务清单

项目名称	任务内容
任务情景	超现实主义风格结合梦境与现实的错觉感受，让人感觉非常梦幻。小沈在学习该风格的知识后，准备设计一张超现实主义风格海报。
任务目标	（1）掌握扭曲滤镜组的使用方法及效果。 （2）掌握渲染滤镜组的使用方法及效果。 （3）了解掌握其他滤镜的使用方法及效果。 （4）掌握"超现实主义"风格的特点及设计应用。
任务要求	请根据任务情景，完成以下任务： （1）利用素材制作光圈模糊效果。 （2）使用扭曲滤镜制作极坐标效果。 （3）通过结合其他素材制作搭配效果。 （4）曲线调整画面色调。 （5）加入文字。

项目名称	任务内容
任务思考	（1）扭曲滤镜组能够制作何种效果？怎样应用？ （2）不同渲染滤镜的效果分别什么？ （3）其他滤镜包含什么？怎样应用？ （4）"超现实主义"风格的特点是什么？如何进行设计？
任务实施	（1）背景制作。应用快捷键"Ctrl+N"新建文档，打开"星空"素材，用移动工具将其拖动到"超现实主义海报设计"文件中，调整图像大小，右击该图层进行栅格化，执行菜单栏"滤镜"→"模糊画廊"→"光圈模糊"，调整模糊范围，如图6-70所示。 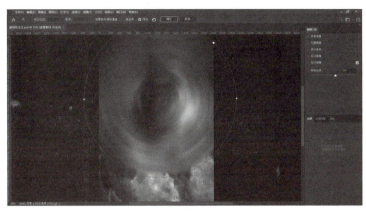 图6-70　背景模糊效果 （2）拖入"烟雾"素材并调整位置，执行菜单栏"图像"→"调整"→"色相/饱和度"，调整参数（明度：-100），单击"确定"按钮。参数如图6-71所示，效果如图6-72所示。  图6-71　色相/饱和度面板 （3）星空幻境制作。按快捷键"Ctrl+O"打开"背景素材"素材文件，执行菜单栏"滤镜"→"扭曲"→"极坐标"，如图6-73所示。 　　用移动工具将其拖入作图画布中，图层命名为"星空"，选择橡皮擦工具，右击，调整参数（大小：260，常规画笔：柔边圆），擦除边缘生硬的部分，按快捷键"Ctrl+J"拷贝图层，按快捷键"Ctrl+T"，右击，选择"垂直翻转"，选择橡皮擦工具擦除星空生硬部分，过程如图6-74所示。

项目名称	任务内容
任务实施	 图 6-72 烟雾素材处理效果 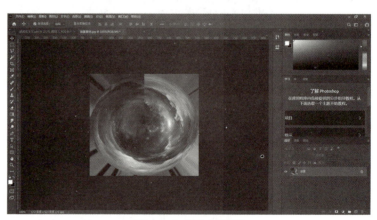 图 6-73 极坐标效果 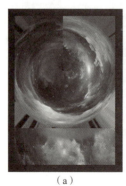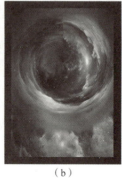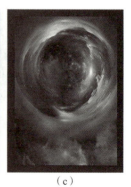 （a） （b） （c） 图 6-74 星空幻境制作过程 （a）原效果；（b）擦除过程效果；（c）最终效果

项目名称	任务内容
任务实施	（4）星球装饰处理。按快捷键"Ctrl+O"打开"月亮"素材文件，执行菜单栏"选择"→"主体"，用移动工具将其拖入作图画布中，图层命名为"月亮"，如图 6-75 所示。单击"图层"控制面板下方的"添加图层样式"图标，选择"外发光"，参数如图 6-76 所示。  图 6-75　月亮素材抠图 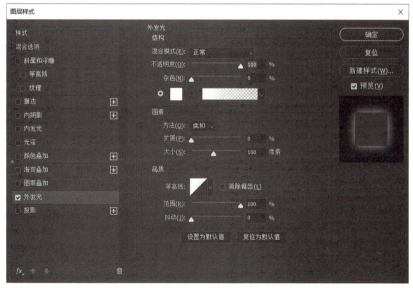 图 6-76　添加图层样式参数图 （5）选择椭圆工具，调整属性栏参数（填充：无，描边：紫色，15 像素），如图 6-77 所示。绘制四个椭圆，调整位置大小，按住"Shift"键选择四个椭圆图层，右击，转换为智能对象，添加图层样式"外发光"，图层不透明度 70%。右击，栅格化图层，选择橡皮擦工具擦除多余的部分，添加星球素材并调整大小，如图 6-78 所示。 图 6-77　椭圆工具属性栏参数图

项目名称	任务内容
任务实施	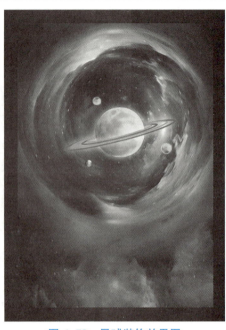 图 6-78　星球装饰效果图 　　（6）物体处理。打开"石头"素材，用移动工具将其拖动到文件中。按快捷键"Ctrl+J"复制图层，命名为"影子"，右击，栅格化图层，按快捷键"Ctrl+T"，右击，选择"垂直翻转"并调整位置，添加图层样式，"颜色叠加"为黑色，图层不透明度50%，如图 6-79 所示。  图 6-79　影子图层处理 　　（7）执行菜单栏"滤镜"→"扭曲"→"波纹"，设置参数（数量：450，大小：大），单击"确定"按钮，再执行菜单栏"滤镜"→"扭曲"→"波浪"，单击"确定"按钮，波纹、波浪参数如图 6-80 所示，绘制出不规则纹理，使影子如在水面一样。选择橡皮擦工具，柔边圆画笔擦出渐变效果。打开"猫"素材，用移动工具将其拖动到文件中，过程如图 6-81 所示。

项目名称	任务内容
任务实施	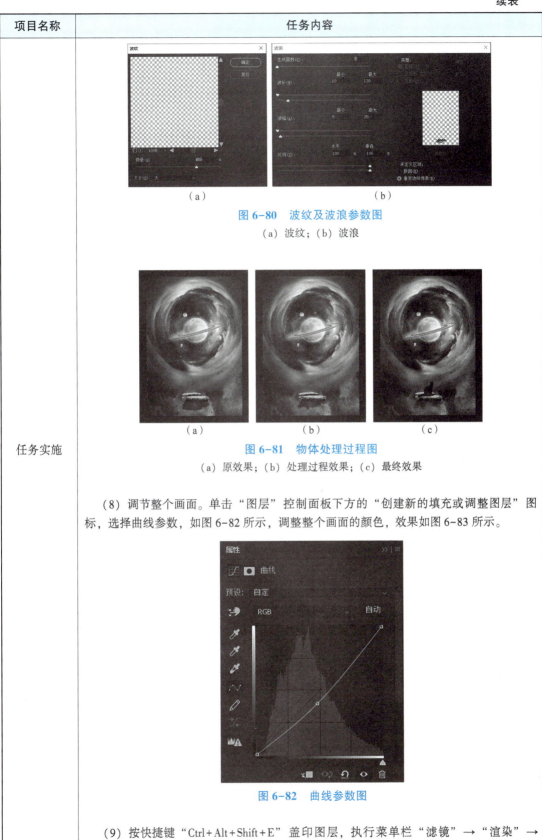 （a）　　　　　　　　　　（b） **图 6-80　波纹及波浪参数图** （a）波纹；（b）波浪 （a）　　　　（b）　　　　（c） **图 6-81　物体处理过程图** （a）原效果；（b）处理过程效果；（c）最终效果 （8）调节整个画面。单击"图层"控制面板下方的"创建新的填充或调整图层"图标，选择曲线参数，如图 6-82 所示，调整整个画面的颜色，效果如图 6-83 所示。 **图 6-82　曲线参数图** （9）按快捷键"Ctrl+Alt+Shift+E"盖印图层，执行菜单栏"滤镜"→"渲染"→"镜头光晕"，设置参数（亮度：100%，镜头类型：50~300 毫米变焦），如图 6-84 所示。

项目名称	任务内容
任务实施	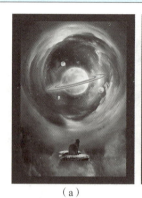  （a）　　　　　　　　　（b） 图 6-83　曲线调整前后效果图 （a）原图像；（b）曲线调整后效果  图 6-84　镜头光晕效果图 （10）主题文字。设置前景色为白色，选择直排文字工具，在画面的合适位置单击鼠标左键插入画布，创建文字图层，并输入文字"SURREALIST POSTERS"，在工具的属性栏设置适当的字体、字号，如图 6-85 所示。 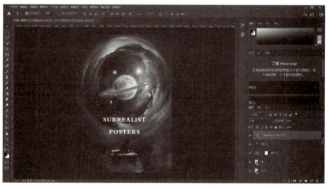 图 6-85　添加主题文字

续表

项目名称	任务内容
任务实施	（11）最终效果如图6-86所示。  图 6-86　最终效果
任务拓展	请通过查找资料辅助学习超现实主义设计风格内容，并自行查找或拍摄素材，进行一张该风格的主题海报设计。
任务总结	

☑ 知识要点

6.3.1　扭曲滤镜

　　扭曲滤镜组中包含12种滤镜，它们可以对图像进行几何扭曲、创建3D或其他变形效果，并且整体图像产生的形态变化较大，所以扭曲滤镜通常会占用大量内容，需要一定的运行时间。

1. 波浪

　　波浪滤镜可以在图像上创建波状起伏的图案，生成波浪效果，如图6-87所示。

　　（1）生成器数：设置产生波纹效果的总数。

　　（2）波长：设置相邻两个波峰的水平距离，它分为最小波长和最大波长两部分，最小波长不能超过最大波长。

　　（3）波幅：设置最大和最小的波幅。

　　（4）比例：设置控制水平和垂直方向的波动幅度大小。

　　（5）类型：设置波浪的形态，包括"正弦""三角形""方形"，如图6-88所示。

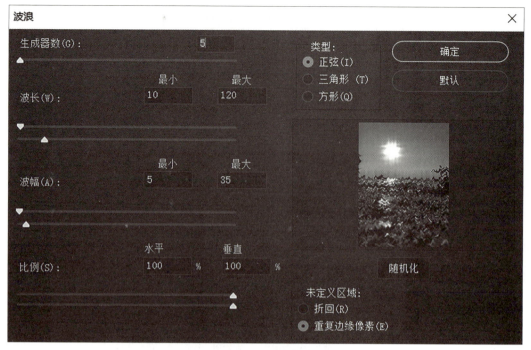

图 6-87　波浪设置

（a）　　　　　　　　　（b）　　　　　　　　　（c）　　　　　　　　　（d）

图 6-88　原图与波浪"正弦""三角形""方形"效果对比

（a）原图像；（b）正弦；（c）三角形；（d）方形

2. 波纹

波纹滤镜与波浪滤镜的工作原理基本相同，但在设置上提供的选项较少，只能控制波纹的数量和波纹大小，如图 6-89 所示。

3. 极坐标

极坐标滤镜可以将图像从平面坐标转换为极坐标，或者从极坐标转换为平面坐标，设置如图 6-90 和图 6-91 所示。

4. 挤压

挤压滤镜可以将整个图像或选区内的图像向内或向外挤压，如图 6-92 所示。制作类似于凸起与塌陷的效果，如图 6-93 所示。

图 6-89 波纹设置

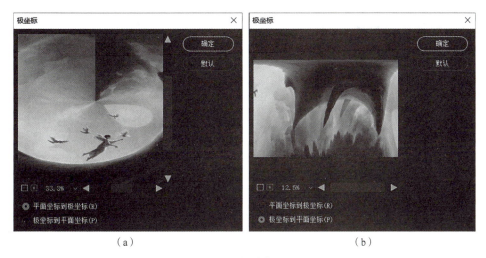

（a） （b）

图 6-90 极坐标设置

（a）平面坐标到极坐标；（b）极坐标到平面坐标

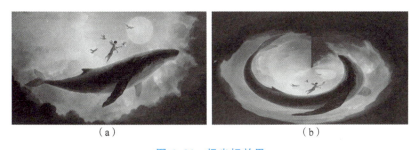

（a） （b）

图 6-91 极坐标效果

（a）原图像；（b）极坐标效果

使用挤压滤镜后，在弹出的设置对话框中对"数量"选项进行调整，数值为负值时，为凸出形态；数值为正值时，为塌陷形态。

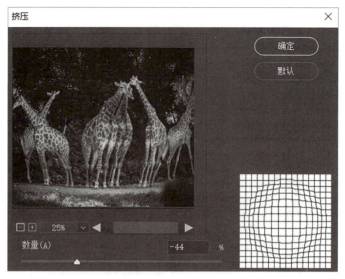

图6-92 挤压设置

（a） （b）

图6-93 挤压效果

（a）原图像；（b）挤压效果

5. 切变

切变滤镜是比较灵活的滤镜，可通过曲线的摄影来自由扭曲图像，如图6-94所示。

打开"切变"对话框以后，在曲线上单击可以添加控制点，通过拖曳控制点改变曲线的形状即可扭曲图像。如果要删除某个控制点，将它拖至对话框外即可。单击"默认"按钮，则可将曲线恢复到初始的直线状态。切变效果如图6-95所示。

（1）折回：可在空白区域中填入溢出图像之外的图像内容。

（2）重复边缘像素：可在图像边界不完整的空白区域填入扭曲边缘的像素颜色。

图6-94 切变设置

6. 球面化

球面化滤镜通过将选区折成球形态，扭曲图像或是伸展图像以匹配选中的曲线。

（a） （b）

图 6-95 切变效果

（a）原图像；（b）切变效果

7. 水波

水波滤镜能模拟水池中的波纹效果，也就是类似于向水池中投入石子后水面的变化形态。设置如图 6-96 所示。

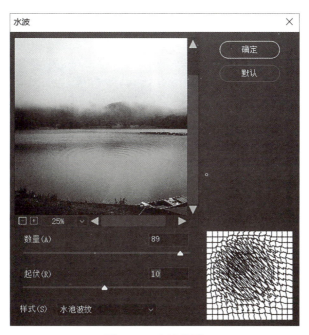

图 6-96 水波设置

（1）数量：用来设置波纹的大小，范围为 -100～100。负值产生下凹的波纹，正值产生上凸的波纹。

（2）起伏：用来设置波纹数量，范围为 1～20，该值越高，波纹越多。

（3）样式：用来设置波纹形成的方式。选择"围绕中心"，可以围绕图像的中心产生波纹；选择"从中心向外"，波纹从中心向外扩展；选择"水池波纹"，可以产生同心状波纹。

8. 旋转扭曲

旋转扭曲滤镜可以使图像产生旋转的效果，旋转会围绕图像中心进行，从中心到边缘旋转的程度由大到小。

在设置中，"角度"值为正值时，沿顺时针方向扭曲；为负值时，沿逆时针方向扭曲。设置如图 6-97 所示，效果如图 6-98 所示。

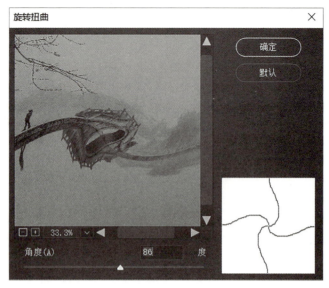

图 6-97　旋转扭曲设置

(a)　　　　　　　　　　　　　　(b)

图 6-98　旋转扭曲效果

(a) 原图像；(b) 旋转扭曲效果

9. 置换

　　置换滤镜可基于一张图片的亮度值使现有图像的像素重新排列并产生位移。需要注意的是，在使用该滤镜前，需要准备好一张用于置换的 PSD 格式图像。

6.3.2　渲染滤镜

　　渲染滤镜组中包含 8 种滤镜，这些滤镜可以在图像中创建火焰、图片框、树，或是灯光效果、3D 形状、云彩图案、折射图案和模拟的光反射，是非常重要的特效制作滤镜。

1. 火焰/图片库/树

　　火焰渲染滤镜使用前，需要在源图像中建立路径，其最终成型的火焰形态是基于路径产生的。

　　在使用火焰滤镜后，在对话框设置中，可对火焰具体形态参数进行设置。

（1）火焰类型：可选择"沿路径一个火焰""沿路径多个火焰""一个方向多个火焰""指向多个火焰路径""多角度多个火焰""烛光"6 种不同的火焰形态。

（2）长度/宽度/角度：对火焰的长、宽、燃烧方向进行调整。

（3）时间间隔：设置火焰时间间隔。

（4）为火焰设置自定颜色：可设定火焰的颜色。

图片框渲染滤镜可在图像中建立图片框效果。

树渲染滤镜较为简单，通过设置选项，选择不同树的类型直接建立在图像中。

2. 云彩/分层云彩

云彩滤镜使用介于前景色与背景色之间的随机值生成柔和的云彩图案。

分层云彩滤镜可将云彩数据和现有的像素混合，其方式与"差值"模式混合颜色的方式相似。

3. 光照效果

光照效果滤镜是一个强大的灯光效果制作滤镜，它包含 17 种光照样式、3 种光源，可以产生无数种光照。该滤镜还可以使用灰度文件的纹理产生类似 3D 状立体效果。

4. 镜头光晕

镜头光晕滤镜可以模拟亮光照射到相机镜头所产生的折射，如图 6-99 所示。常用来表现玻璃、金属等反射的反射光，或用来增强日光和灯光效果，如图 6-100 所示。

图 6-99　镜头光晕设置

（a）　　　　　　　　　　　　　　　　（b）

图 6-100　镜头光晕效果

（a）原图像；（b）镜头光晕效果

（1）光晕中心：在对话框中的图像缩览图上单击或拖曳十字线，可以指定光晕的中心。

（2）亮度：用来控制光晕的强度，变化范围为 10%～300%。

（3）镜头类型：可以模拟不同类型镜头产生的光晕。

5. 纤维

纤维滤镜可以使用前景色和背景色随机创建类似于编织纤维品的效果，如图 6-101 所示。

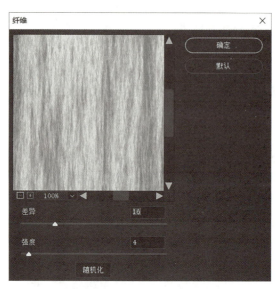

图 6-101　纤维设置

（1）差异：用来设置颜色的变化方式，该值较低时，会产生较长的颜色条纹；较高时，则会产生较短且颜色分布变化更大的纤维。

（2）强度：用来控制纤维的外观，该值较低时，会产生松散的织物效果；该值较高时，会产生短的绳状纤维。

（3）随机化：单击该按钮可随机生成新的纤维外观。

拓展学习

二维码 6-5　其他

二维码 6-6　超现实主义艺术风格

项目 7 APP 界面交互设计

 知识目标

熟练掌握矢量工具的操作方法。
掌握选择与编辑路径的操作技巧。
掌握"路径"面板的属性及操作。
掌握通道创建方法和原理。
了解 UI 设计的基础知识。
掌握 APP 界面设计的主要流程。
掌握 APP 界面设计原则。
了解扁平化设计及 UI 界面设计。

 技能目标

能够熟练运用形状工具绘制特定图形。
能够熟练运用矢量工具完成 APP 设计及 UI 界面设计。
能够灵活应用"路径"面板编辑路径。
能够掌握 UI 设计的基本操作能力。
能够独立完成 APP 界面交互设计的能力。

 素质目标

培养学生多看、多观察、多收集的意识。
依据任务需求培养 UI 设计的基本素质。
培养学生灵活应用矢量工具完成图形绘制的基本能力。
培养学生完成创意新颖的交互设计能力。

任务1　微信 APP 图标制作

✓ **任务清单**

微信 APP 图标制作

项目名称	任务内容
任务情境	本任务主要讲解微信图标的制作，整个制作过程十分简单，其中的重点在于把控好图标的造型，同时，在制作过程中需要注意图标的色彩搭配及可识别性。
任务目标	（1）掌握路径工具的使用方法和操作技巧。 （2）掌握形状工具的操作方法。 （3）掌握 UI 设计基础知识。 （4）掌握布尔运算的基本操作。
任务要求	请根据任务情景，完成以下任务： （1）完成基本图形的绘制及编辑。 （2）完成路径绘制。 （3）掌握 APP 界面制作方法和技巧。
任务思考	（1）制作矢量图形的方法。 （2）APP 的制作方法和思路。 （3）APP 界面版面设计原则。
任务实施	（1）单击"新建"图标，在弹出的对话框中设置"宽度"为 800 像素，"高度"为 600 像素，"分辨率"为 72 像素/英寸，"颜色模式"为 RGB 颜色，新建一个空白画布。 　　（2）选择工具箱中的"渐变工具"，在选项栏中单击"点按可编辑渐变"按钮，在弹出的对话框中将渐变颜色更改为灰色（R：212，G：212，B：212）到灰色（R：248，G：248，B：248），设置完成之后单击"确定"按钮，再单击选项栏中的"线性渐变"按钮。 　　（3）在画布中按住"Shift"键从下至上拖动，为画布填充渐变，如图 7-1 所示。 图 7-1　填充渐变 　　（4）选择工具箱中的"矩形工具"，在选项栏中将"填充"更改为绿色（R：78，G：183，B：28），"描边"为无，按住"Shift"键，在画布中绘制一个正方形，拖曳四个角内圆柄，拖曳"半径"为 80 像素圆角，此时将生成一个"矩形 1"图层，如图 7-2 所示。

项目名称	任务内容
任务实施	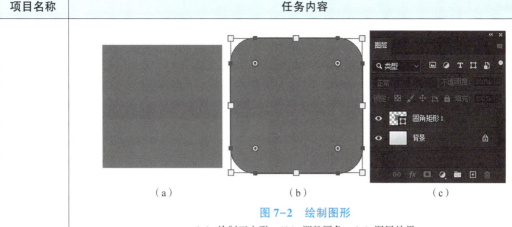 （a）　　　　　　　（b）　　　　　　　（c） 图 7-2　绘制图形 （a）绘制正方形；（b）调整圆角；（c）图层效果 （5）在"图层"面板中，选中"矩形 1"图层，单击面板底部的"添加图层样式"按钮，在菜单中选择"渐变叠加"命令，在弹出的对话框中将"不透明度"更改为 7%，渐变颜色更改为白色到黑色，"样式"更改为径向，完成之后单击"确定"按钮，如图 7-3 所示。 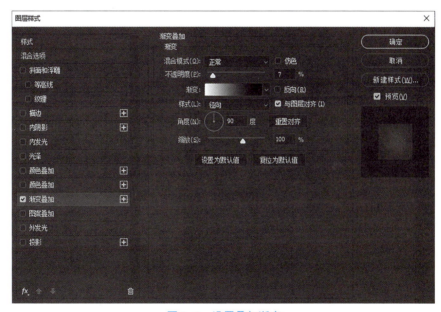 图 7-3　设置叠加渐变 （6）选择工具箱中的"椭圆工具"，在刚才绘制的圆角矩形图形上绘制一个椭圆图形，此时将生成一个"椭圆 1"图层，在选项栏中将"填充"更改为白色，"描边"为无，如图 7-4 所示。 （7）选择工具箱中的"添加锚点工具"，在刚才绘制的椭圆图形左下角位置单击添加 3 个锚点，如图 7-5 所示。 （8）选择工具箱中的"转换点工具"，在刚才添加的 3 个锚点的中间锚点上单击将其转换成节点，如图 7-6 所示。

项目名称	任务内容
任务实施	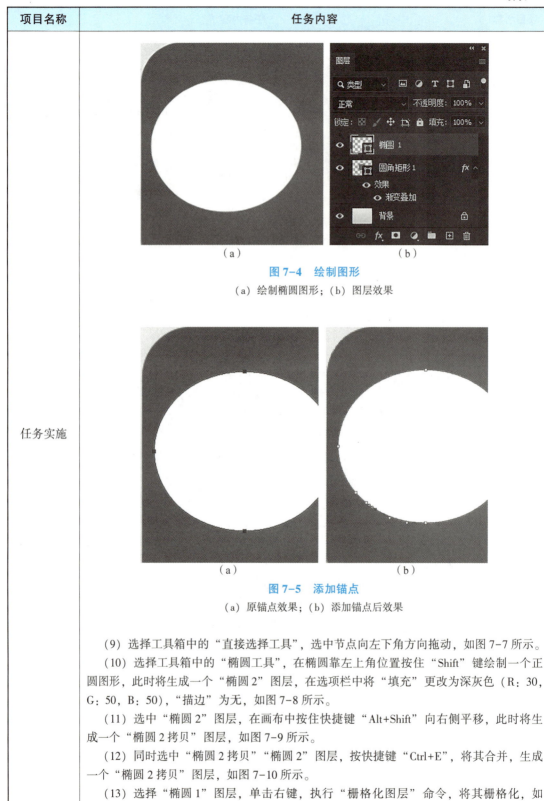

图 7-4　绘制图形

（a）绘制椭圆图形；（b）图层效果

图 7-5　添加锚点

（a）原锚点效果；（b）添加锚点后效果

（9）选择工具箱中的"直接选择工具"，选中节点向左下角方向拖动，如图 7-7 所示。

（10）选择工具箱中的"椭圆工具"，在椭圆靠左上角位置按住"Shift"键绘制一个正圆图形，此时将生成一个"椭圆 2"图层，在选项栏中将"填充"更改为深灰色（R：30，G：50，B：50），"描边"为无，如图 7-8 所示。

（11）选中"椭圆 2"图层，在画布中按住快捷键"Alt+Shift"向右侧平移，此时将生成一个"椭圆 2 拷贝"图层，如图 7-9 所示。

（12）同时选中"椭圆 2 拷贝""椭圆 2"图层，按快捷键"Ctrl+E"，将其合并，生成一个"椭圆 2 拷贝"图层，如图 7-10 所示。

（13）选择"椭圆 1"图层，单击右键，执行"栅格化图层"命令，将其栅格化，如图 7-11 所示。

续表

<table>
<tr><th>项目名称</th><th>任务内容</th></tr>
<tr><td>任务实施</td><td>
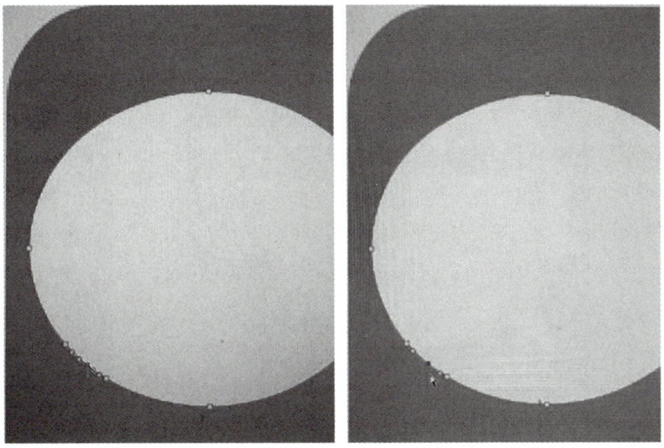
（a）　　（b）

图 7-6　转换锚点

（a）原锚点效果；（b）转换锚点后效果

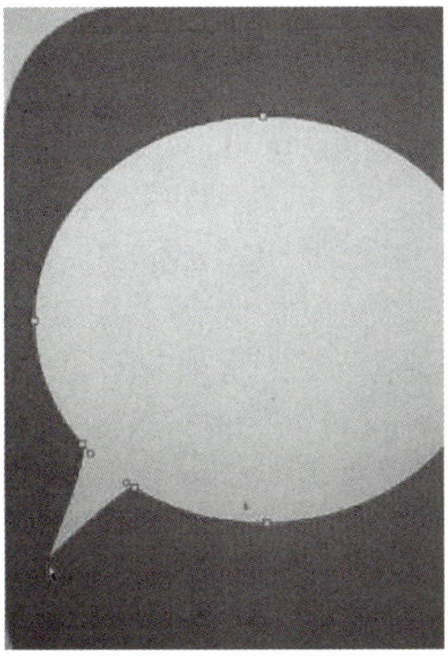
图 7-7　拖动锚点后效果

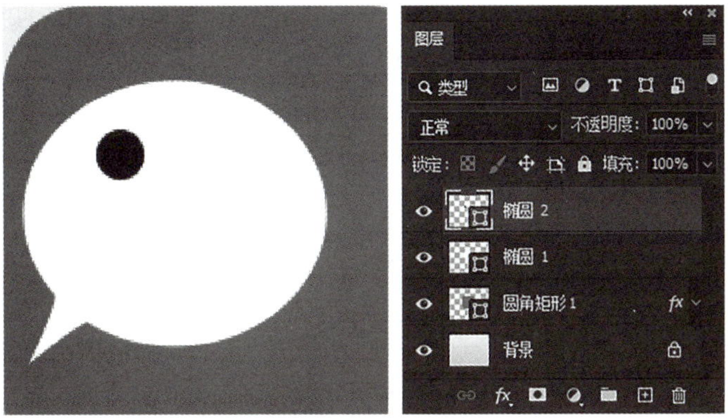

（a）　　（b）

图 7-8　绘制图形

（a）绘制正圆效果；（b）图层效果
</td></tr>
</table>

续表

项目名称	任务内容
任务实施	 图 7-9　复制图层　　　　　　　　图 7-10　合并形状 （14）在按"Ctrl"键的同时单击"椭圆 2 拷贝"图层的图层缩览图，将选区载入，确认选择"椭圆 1"图层，按"Delete"键将选区中的图像删除，效果如图 7-12 所示。  图 7-11　栅格式化图层　　　　　　图 7-12　删除效果 （15）按"Ctrl+D"快捷键取消选区，并将"椭圆 2 拷贝"图层删除，如图 7-13 所示。 （16）在"图层"面板中，选中"椭圆 1"图层，将其拖至面板底部的"创建新图层"按钮上，复制 1 个"椭圆 1 拷贝"图层，如图 7-14 所示。 （17）选中"椭圆 1 拷贝"图层，按快捷键"Ctrl+T"对其执行"自由变换"命令，单击鼠标右键，从弹出的快捷菜单中选择"水平翻转"命令，再按"Alt"键将图形等比例缩小并移至靠右下角位置，完成之后按"Enter"键确认，如图 7-15 所示。 （18）按住"Ctrl"键的同时单击"椭圆 1 拷贝"图层的图层缩览图，将选区载入，然后选择"椭圆 1"图层，按"Delete"键将选区中的图像删除，如图 7-16 所示。 （19）按快捷键"Ctrl+D"取消选区，然后选择"椭圆 1 拷贝"图层，按快捷键"Ctrl+T"，等比缩小图像，按"Enter"键结束。最后利用选区将"椭圆 1"图层中多余的白色删除，如图 7-17 所示。完成最终效果的制作。

项目名称	任务内容
任务实施	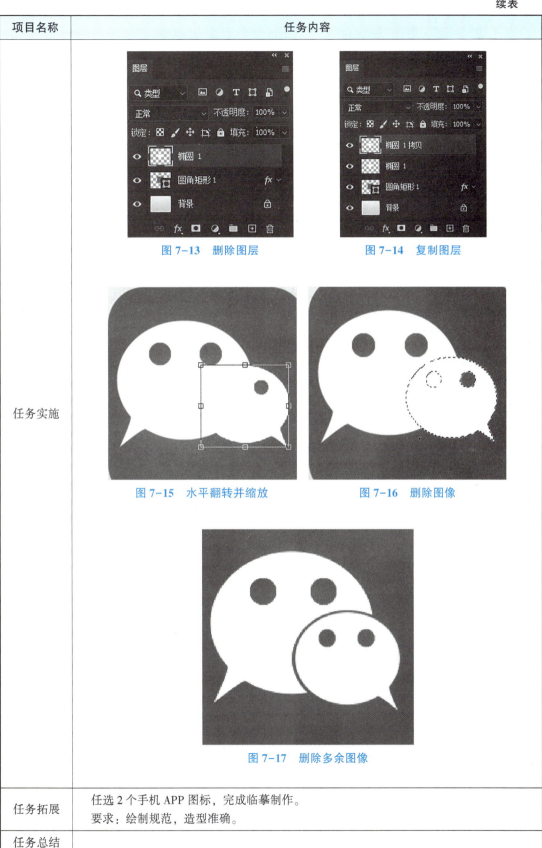 图 7-13　删除图层　　　　图 7-14　复制图层 图 7-15　水平翻转并缩放　　　图 7-16　删除图像 图 7-17　删除多余图像
任务拓展	任选 2 个手机 APP 图标，完成临摹制作。 要求：绘制规范，造型准确。
任务总结	

☑ **知识要点**

7.1.1 认识形状工具

Photoshop 中的形状工具包括"矩形工具""圆角矩形工具""椭圆工具""多边形工具""直线工具"和"自定义形状工具",使用形状工具可以快速绘制出不同的形状图形。

1. 矩形工具

使用"矩形工具"可以绘制矩形或正方形,在画布中单击并拖曳鼠标即可创建矩形。单击工具箱中的"矩形工具"按钮,如图7-18所示。

图 7-18 "矩形工具"属性栏

形状 ∨ :用于选择工具的模式,包括形状、路径和像素。

填充: 描边: 5像素 :用于设置矩形的填充色、描边色、描边宽度和描边类型。

W: 0像素 H: 0像素 :用于设置矩形的宽度和高度。

:用于设置路径的组合方式、对齐方式和排列方式。

:用于设置其他形状和路径属性。

0像素 :用预设置矩形圆角数值。

:用于设置将矢量图形边缘与像素网格对齐。

单击属性栏上的"设置其他形状和路径"按钮,打开"设置其他形状和路径"面板,如图7-19所示。在"设置其他形状和路径"面板中可以设置矩形的创建方法。

工具模式:与"钢笔工具"不同的是,"形状工具"可以使用该下拉列表中的"像素"模式。在该模式下创建的图像将是像素图,并且自动填充前景色,不会产生路径。

不受约束:选中该单选按钮,可以在画布中绘制任意大小的矩形。

方形:选中该单选按钮,只能绘制任意大小的正方形。

固定大小:选中该单选按钮,可以在它右侧的"W"文本框中输入所绘制矩形的宽度,在"H"文本框中输入所绘制矩形的高度,然后在画布中单击鼠标左键,即可绘制出固定尺寸大小的矩形。

比例:选中该单选按钮,在它右侧的"W"和"H"文本框中分别输入所绘制矩形的宽度和高度的比例,可以绘制出任意大小但宽度和高度保持一定比例的矩形。

从中心:选中该单选按钮,鼠标在画布中的单击点即为所绘制矩形的中心点。绘制时,矩形由中心向外扩展。

"创建矩形"对话框如图7-20所示。

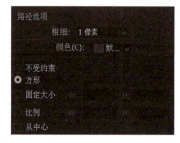

图 7-19 "设置其他形状和路径"面板

图 7-20 "创建矩形"对话框

也可在画布中单击，弹出"创建矩形"对话框，在该对话框中设置矩形宽度、高度、半径及创建方式。

宽度/高度：用来设置矩形的宽度和高度。

半径：用来设置矩形四个圆角。

从中心：勾选该复选框，将以鼠标单击点为中心点创建矩形；未勾选该复选框，将以鼠标单击点为左上角点创建矩形。

使用"矩形工具"在画布中绘制矩形时，按住"Shift"键，可以直接绘制出正方形；按住"Alt"键，将以鼠标单击点为中心点向四周扩散绘制矩形；按住"Shift+Alt"快捷键，将以鼠标单击点为中心点向四周扩散绘制正方形。

打开一张图片，使用"矩形工具"，在属性栏中将"填充"颜色设为白色，在图像窗口中绘制矩形，如图 7-21 所示。

 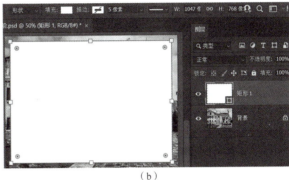

（a）　　　　　　　　　　　　　　　　　　（b）

图 7-21　绘制矩形

（a）原图；（b）绘制矩形效果

拖曳顶点圆柄可绘制圆角矩形，效果如图 7-22 所示。

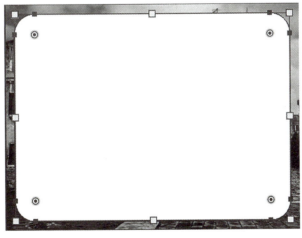

图 7-22　绘制圆角矩形

2. 椭圆工具

使用"椭圆工具"可以绘制椭圆和正圆形，在画布中单击并拖动鼠标即可绘制。单击工具箱中的"椭圆工具"按钮，其选项栏如图 7-23 所示。它的选项设置与"矩形工具"的选项设置相同。

椭圆的创建方法与矩形的基本相同，用户可以创建不受约束的椭圆和正圆形，也可以创建固定大小和固定比例的图形。

形状 | 填充: | 描边: | 5像素 | | W: 0像素 | H: 0像素 | | | | 0像素

图 7-23 "椭圆工具"属性栏

打开一张图片，使用"椭圆工具"，在属性栏中将"填充"颜色设为白色，按住"Shift"键拖曳，可绘制正圆，如图 7-24 所示。

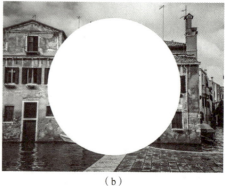

（a） （b）

图 7-24 绘制正圆
（a）原图；（b）绘制正圆效果

3. 三角形工具

使用"三角形工具"，在画布中单击并拖动鼠标即可绘制三角形。按住"Shift"键拖曳，可绘制正三角形。单击画布，可弹出"创建三角形"对话框，可进行设置，如图 7-25 所示。

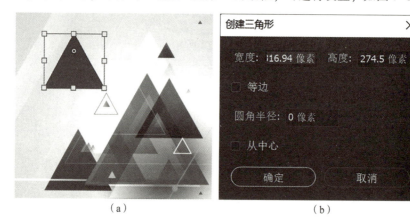

（a） （b）

图 7-25 绘制三角形
（a）绘制三角形；（b）"创建三角形"对话框

4. 多边形工具

使用"多边形工具"可以绘制多边形和星形。选择"多边形工具"，在画布中单击，会弹出"创建多边形"对话框，如图 7-26 所示。

宽度/高度：用于设置绘制的多边形的宽和高。

边数：用来设置所绘制的多边形或星形的边数，它的范围为 3~70，设置不同边数的效果如图 7-27 所示。

圆角半径：用来设置所绘制的多边形或星形的半径，即图形中心到顶点的距离。设置该值后，在画布中单击并拖动鼠标即可按照指定的半径值绘制多边形或星形，如图 7-28 所示。

星形比例：输入数值，可以绘制出星形，数值越小，星形角度越小，如图 7-29 所示。

图 7-26 "创建多边形"对话框

 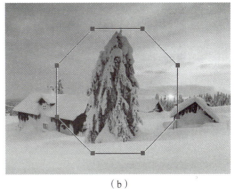

（a）   （b）

图 7-27 绘制多边形效果

（a）边数为 5；（b）边数为 8

（a）   （b）

图 7-28 绘制圆角多边形效果

（a）设置边数为 5；（b）绘制效果

（a）　　　　　　　　　　　　　　　　（b）

图7-29　绘制不同星形比例的星形效果

（a）星形比例为80%；（b）星形比例为50%

平滑星形缩进：勾选该复选框，可以使绘制的星形的边平滑地向中心缩进。图7-30所示为选择"平滑星形缩进"后的星形效果。

（a）　　　　　　　　　　　　　　　　（b）

图7-30　平滑星形缩进效果

（a）"创建多边形"对话框；（b）平滑星形缩进效果

从中心：选中该复选框，确定后以鼠标单击点为圆心，向外扩展。

5. 直线工具

使用"直线工具"可以绘制粗细不同的直线和带有箭头的线段，在画布中单击并拖动鼠标即可绘制直线或线段。单击工具箱中的"直线工具"按钮，单击选项栏上的"设置其他形状和路径选项"按钮，弹出"路径选项"面板。如果需要绘制带有箭头的线段，可以在"箭头"属性下勾选"起点"或"终点"复选框，如图7-31所示。

粗细：以系统设置的厘米或像素为单位，确定直线或线段的宽度。

起点/终点：勾选"起点"或"终点"复选框，可以在所绘制直线的起点或终点添加箭头，如图7-32所示。

宽度：用来设置箭头的宽度。

长度：用来设置箭头的长度。

凹度：用来设置箭头的凹陷程度，范围为-50%~50%。当该值为0%时，箭头尾部平齐；当设置"凹度"大于0%时，向内凹陷；当设置"凹度"小于0%时，向外凸出。"凹度"30%时的箭头效果与"凹度"-30%时的箭头效果如图7-33所示。

使用"直线工具"在画布中绘制直线或线段时，如果按住"Shift"键的同时拖动鼠标，则可以绘制水平、垂直或以45°角为增量的直线。由于"直线工具"的特殊性，使用该工具在画布中单击不会弹出相应的对话框。

图 7-31　"箭头"面板

图 7-32　添加箭头效果

（a）

（b）

图 7-33　"凹度" 30%时的箭头效果 与 "凹度" -30%时的箭头效果

（a）"凹度" 30%时的箭头效果；（b）"凹度" -30%时的箭头效果

6. 自定形状工具

在 Photoshop 中提供了几组自定义形状，包括野生动物、有叶子的树、小船、花卉，使用"自定形状工具"在画布上拖动鼠标即可绘制该形状的图形。单击工具箱中的"自定形状工具"按钮，其选项栏如图 7-34 所示。

图 7-34　"自定形状工具"选项栏

单击选项栏上的"设置其形状和路径选项"按钮，弹出"路径选项"面板，如图 7-35 所示。

定义的比例：选中该单选按钮，可以使绘制的形状保持原图形的比例关系。

定义的大小：选中该单选按钮，可以使绘制的形状为原图形的大小。

单击"形状"右侧的倒三角形图标，打开"自定形状"菜单，可以从该面板中选择更多其他形状，选择"有叶子的树"里的树，绘制图形。"自定形状"面板如图 7-36 所示。

应用案例：自定义形状

打开一张素材图片，选择"魔棒工具"，单击背景白色，将白色建立选区，右击，选择"反向"或按快捷键"Ctrl+Shift+I"建立选区，如图 7-37 所示。

执行"菜单栏"→"窗口"→"路径"面板，单击"路径"面板下第四个图标"从选区生

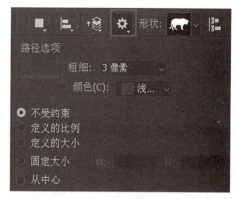

图7-35 "路径选项"面板

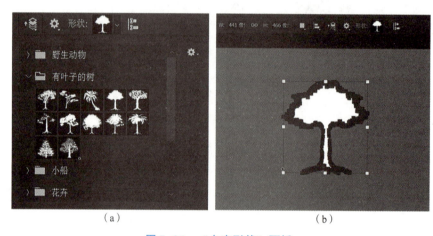

（a）   （b）

图7-36 "自定形状"面板

（a）"自定形状"面板；（b）绘制图形效果

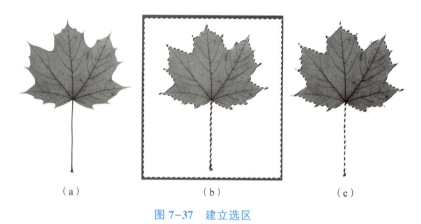

（a）   （b）   （c）

图7-37 建立选区

（a）原图；（b）建立选区；（c）反向选区

成工作路径"，如图7-38所示。

执行"菜单栏"→"编辑"→"定义自定形状"命令，弹出"形状名称"对话框，名称改为"树叶"，单击"确定"按钮。选择"自定形状工具"，在工具属性栏中，单击"形状"选项菜单，可显示刚定义的形状图形，如图7-39所示。

在使用各种形状工具绘制矩形、椭圆形、多边形、直线和自定形状时，按住键盘上的空格键拖动鼠标可以移动形状的位置。

图 7-38 生成工作路径

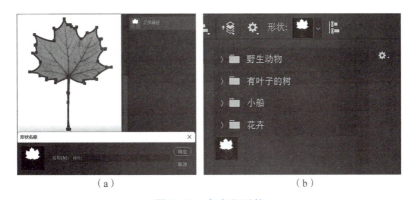

（a）   （b）

图 7-39 自定义形状

（a）"形状名称"对话框；（b）"自定形状"面板

7. 载入外部形状库

在 Photoshop 中，用户还可以通过载入外部形状库来丰富自定形状，选择更多的形状绘制不同的图形，从而创建更加丰富多彩的图像效果，如图 7-40 所示。

图 7-40 载入外部形状库

单击工具箱中的"自定形状工具"按钮，在选项栏中打开"自定形状"拾色器，单击该面板右上角的菜单按钮，在弹出的菜单中选择"导入形状"选项。

在弹出的"载入"对话框中选择要载入的形状，单击"载入"按钮，外部形状库将添加到"自定形状"拾色器中。

7.1.2 布尔运算

布尔运算就是通过某种运算，将两个或两个以上的基本形状通过合并、相交、相减等操作形成一个新的形状。当看图 7-41 时，第一反应肯定是将两个圆相交在一起，删掉中间重叠的部分，而不是用钢笔去画。布尔运算的作用就是绘制此类较为复杂的形状。

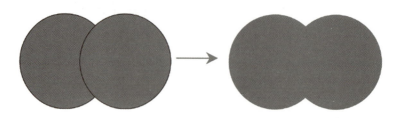

图 7-41　布尔运算

在选中形状工具之后，选项栏中会出现布尔运算的按钮，单击后出现以下选项，如图 7-42 所示。

图 7-42　"布尔运算"菜单

1. 新建图层

布尔运算的默认选项为"新建图层"，插入形状时，会自动新建一个图层。

2. 合并形状

插入新的形状后，自动与现有的形状合并成一个形状。按住"Shift"键后，光标变成 ，此时插入的形状就自动合并了，如图 7-43 所示。

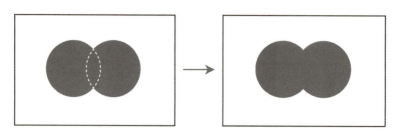

图 7-43　合并形状

3. 减去顶层形状

插入新的形状后，自动从现有形状中减去新的形状。按住"Alt"键后，光标变成 ，此时插入的形状就自动减去了，如图 7-44 所示。

4. 与形状区域相交

插入新的形状后，得到的形状为现有形状与新形状相交的区域，如图 7-45 所示。

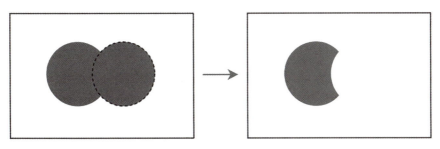

图 7-44　减去顶层

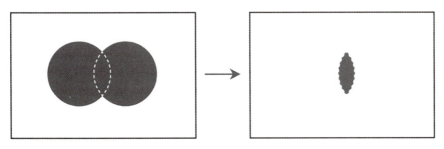

图 7-45　交集

5. 排除重叠形状

插入新的形状后，得到的形状减去了重叠的区域，如图 7-46 所示。

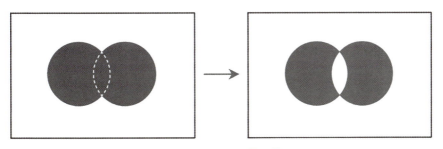

图 7-46　排除重叠形状

6. 合并形状组件

选中同一图层内的多个形状，单击此命令，即可将多个形状合并为一体，如图 7-47 所示。

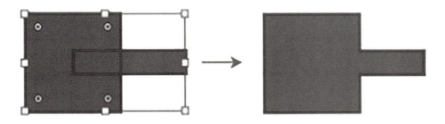

图 7-47　合并形状组件

布尔运算只能作用于同一图层内的形状。若形状在不同的图层内，则应选中需要合并的图层，如图 7－48 所示。按快捷键"Ctrl＋E"合并图层后，即可对形状进行布尔运算，如图 7-49 所示。

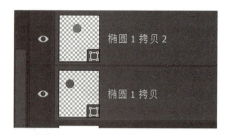

图 7-48　加选图层

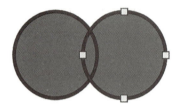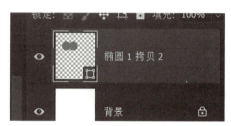

图 7-49　合并图层

☑ 拓展学习

二维码 7-1　认识 UI
设计

二维码 7-2　UI 设计
准则

二维码 7-3　认识
扁平化设计

二维码 7-4　认识 UI
界面设计

◻ 任务 2　音乐播放器界面设计

音乐播放器界面设计

☑ 任务清单

项目名称	任务内容
任务情境	用 Photoshop 制作音乐播放器界面主要的部分，即图案部分和按钮部分。制作过程中，主要通过使用各种形状工具的绘制，使用高光突出播放器的质感。
任务目标	（1）熟练掌握路径工具的操作方法。 （2）掌握选择与编辑路径的操作技巧。 （3）掌握"路径"面板的属性及操作。 （4）了解扁平化设计及 UI 界面设计。

续表

项目名称	任务内容
任务要求	请根据任务情景,完成以下任务: (1)完成矢量图形的绘制。 (2)完成图层样式的添加。 (3)完成UI界面版面设计。
任务思考	(1)不规则图形的绘制方法和操作技巧。 (2)图形不透明度的不同效果。 (3)扁平化设计的原则。
任务实施	(1)执行菜单栏中的"文件"→"新建"命令,在弹出的对话框中设置"宽度"为640像素,"高度"为1 136像素,"分辨率"为72像素/英寸,"颜色模式"为RGB颜色。新建一个空白画布,将前景色设置为蓝色(R:56,G:82,B:98),执行快捷键"Alt+Delete"填充前景色,如图7-50所示。 (2)单击面板底部的"创建新图层"按钮,新建"图层1"图层,如图7-51所示。   图7-50 背景图层填充颜色　　　图7-51 新建图层 (3)选择工具箱中的"画笔工具",在画布中单击鼠标右键,在弹出的面板中选择柔边圆画笔,将"大小"更改为300像素,"硬度"更改为0%,如图7-52所示。 (4)将前景色更改为青色(R:118,G:238,B:255),选中"图层1"图层,在画布中单击,添加画笔笔触效果。 (5)将前景色更改为紫色(R:158,G:105,B:201),继续在画布中添加笔触效果,如图7-53所示。 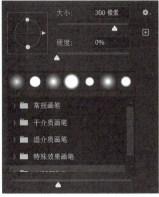 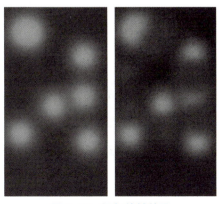 图7-52 设置笔触　　　图7-53 添加笔触效果

项目名称	任务内容
任务实施	（6）选中"图层1"图层，执行菜单栏中的"滤镜"→"模糊"→"高斯模糊"命令，在弹出的对话框中将"半径"更改为110像素，设置完成之后单击"确定"按钮，如图7-54所示。  图7-54　设置高斯模糊 （7）选择工具箱中的"矩形工具"，在选项栏中将"填充"更改为蓝色（R：35，G：85，B：122），"描边"为无，在画布中绘制一个与画布大小相同的矩形，此时将生成一个"矩形1"图层，如图7-55所示。 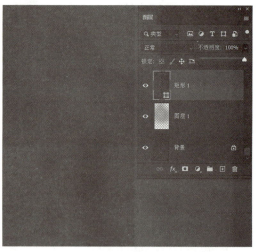 图7-55　绘制图形 （8）在"图层"面板中，选中"矩形1"图层，将其图层混合模式设置为"正片叠底"，"不透明度"为50%，如图7-56所示。 （9）在"图层"面板中，选中"矩形1"图层，单击面板底部的"添加图层蒙版"按钮，为其图层添加图层蒙版，如图7-57所示。 （10）选择工具箱中的"渐变工具"，在选项栏中单击"点按可编辑渐变"按钮，在弹出的对话框中将渐变颜色更改为白色到黑色再到白色，设置完成之后单击"确定"按钮，再单击选项栏中的"线性渐变"按钮，如图7-58所示。

项目名称	任务内容
任务实施	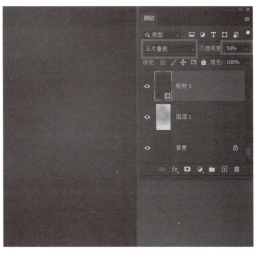 图 7-56　设置图层混合模式  图 7-57　添加图层蒙版　　　　　图 7-58　设置渐变 　　（11）单击"矩形 1"图层蒙版缩览图，按住"Shift"键从上至下拖动，隐藏部分图形，将界面上下边缘部分亮度压暗，使整个色彩对比更加强烈，如图 7-59 所示。 　　（12）执行快捷键"Ctrl+O"，将"状态栏图标 .png"文件打开并拖曳到画布中，调整大小放到界面顶部位置，如图 7-60 所示。 　　（13）选择工具箱中的"矩形工具"，在选项栏中将"填充"更改为黑色，"描边"为无，在画布中靠上方位置按住"Shift"键绘制一个矩形，此时将生成一个"矩形 2"图层，如图 7-61 所示。 　　（14）在"图层"面板中，选中"矩形 2"图层，单击面板底部的"添加图层样式"按钮，在菜单中选择"内阴影"命令，在弹出的对话框中将"混合模式"更改为"正常"，"颜色"更改为白色，"不透明度"更改为 20%，取消勾选"使用全局光"复选框，将"角度"更改为 90 度，"距离"更改为 1 像素，如图 7-62 所示。

续表

项目名称	任务内容
任务实施	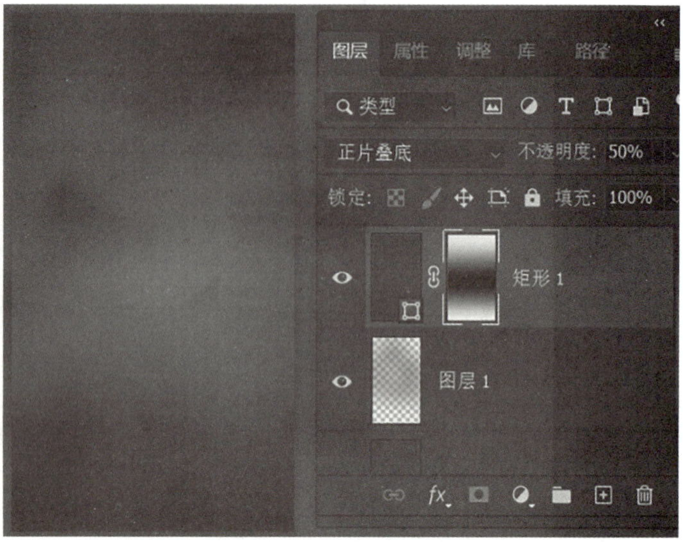 图 7-59　隐藏图形 图 7-60　导入状态栏 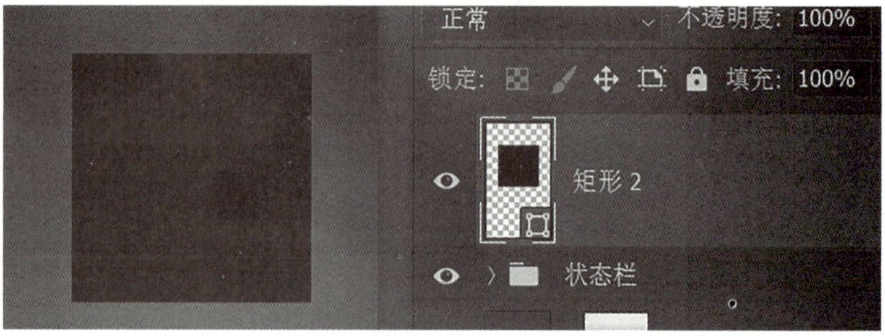 图 7-61　绘制图形

项目名称	任务内容
任务实施	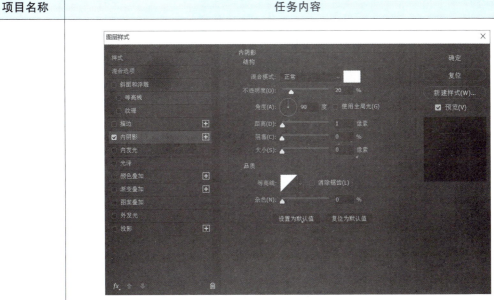 图7-62 设置内阴影 （15）勾选"投影"复选框，将"不透明度"更改为30%，取消勾选"使用全局光"复选框，将"角度"更改为90度，"距离"更改为2像素，"大小"更改为2像素，完成之后单击"确定"按钮，如图7-63所示。 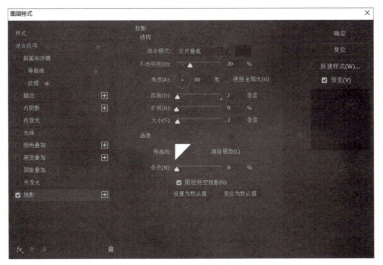 图7-63 设置投影 （16）在"图层"面板中，选中"矩形2"图层，将其图层"填充"更改为10%，如图7-64所示。 （17）执行菜单栏中的"文件"→"打开"命令，在弹出的对话框中选择配套光盘中的"专辑封面.jpg"文件，将打开的素材拖入画布中缩放并移动到合适位置，如图7-65所示。 （18）选择工具箱中的"矩形工具"，在选项栏中将"填充"更改为黑色，"描边"为无，在刚才添加的专辑图像上方位置绘制一个细长的矩形，此时将生成一个"矩形3"图层，如图7-66所示。

项目名称	任务内容
任务实施	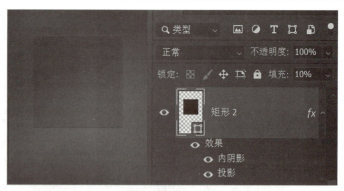 图 7-64　更改填充 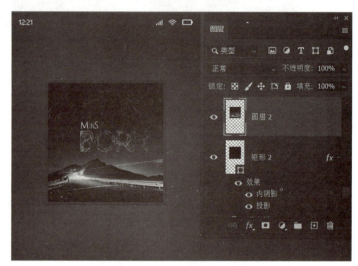 图 7-65　添加素材 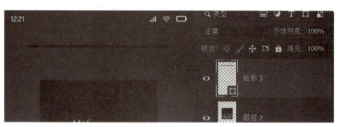 图 7-66　绘制图形

　　（19）在"图层"面板中，选中"矩形 3"图层，将其拖至面板底部的"创建新图层"按钮上，复制一个"矩形 3 拷贝"图层。

　　（20）选中"矩形 3 拷贝"图层，在画布中将图形填充为青色（R：98，G：198，B：199），如图 7-67 所示。

　　（21）选中"矩形 3 拷贝"图层，按快捷键"Ctrl+T"对其执行"自由变换"命令，将光标移至出现的变形框右侧并向左侧拖动，将图形宽度缩短，完成之后按"Enter"键确认，如图 7-68 所示。

项目名称	任务内容
任务实施	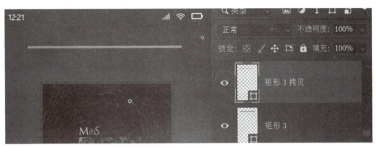 图 7-67　复制图形并更改图形颜色  图 7-68　缩短图形宽度 （22）选中"矩形 3 拷贝"图层，将其图层"不透明度"更改为 60%，如图 7-69 所示。 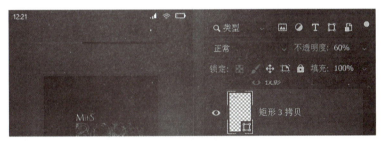 图 7-69　更改图层不透明度 （23）选择工具箱中的"椭圆工具"，在"矩形 3"和"矩形 3 拷贝"图层接触的位置按住"Shift"键绘制一个正圆图形，此时将生成一个"椭圆 1"图层，如图 7-70 所示。在选项栏中将"填充"更改为白色，"描边"为无。 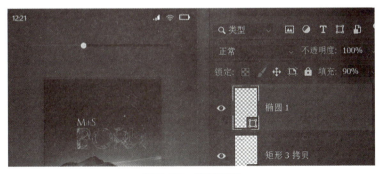 图 7-70　绘制图形

项目名称	任务内容
任务实施	（24）在"图层"面板中，选中"椭圆 1"图层，单击面板底部的"添加图层样式"按钮，在菜单中选择"投影"命令，在弹出的对话框中将"混合模式"更改为"正常"，"不透明度"更改为20%，取消勾选"使用全局光"复选框，将"角度"更改为90度，"距离"更改为1像素，完成之后单击"确定"按钮，如图7-71所示。 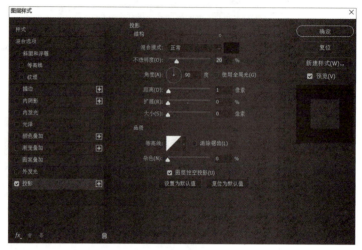 图 7-71　设置投影 （25）在"图层"面板中，选中"椭圆 1"图层，将其图层"填充"更改为90%，如图7-72所示。 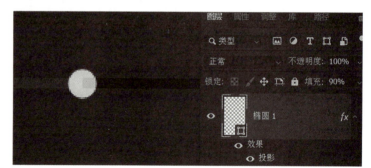 图 7-72　更改填充 （26）按快捷键"Ctrl+O"，打开"音量图标 .psd"素材，将图标拖入作图画布，移动到指定位置，如图7-73所示。 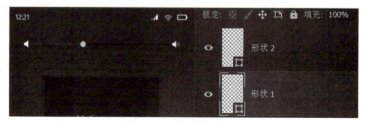 图 7-73　绘制音量图形

续表

项目名称	任务内容
任务实施	（27）同时选中"椭圆 1""矩形 3 拷贝"及"矩形 3"图层，在画布中按住快捷键"Alt+Shift"向下拖动，复制图层，如图 7-74 所示。 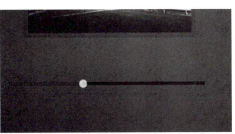 图 7-74　复制图形 （28）选中"椭圆 1 拷贝"图层，在画布中按住"Shift"键向右侧平移。 （29）选中"矩形 3 拷贝 2"图层，按快捷键"Ctrl+T"对其执行"自由变换"命令，按"Shift"键的同时拖曳右边，与椭圆图形重叠，将图形宽度拉长，完成之后按"Enter"键确认，如图 7-75 所示。  图 7-75　变换图形并移动图形 （30）选择工具箱中的"矩形工具"，在选项栏中将"填充"更改为红色（R：213，G：124，B：142），"描边"为无，"半径"更改为 5 像素，在进度条下方位置绘制一个圆角矩形，此时将生成"矩形 4"图层，如图 7-76 所示。 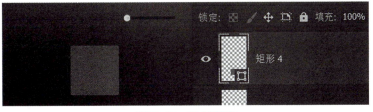 图 7-76　绘制图形 （31）在"图层"面板中，选中"矩形 4"图层，按快捷键"Ctrl+J"复制一个"矩形 4 拷贝"图层。 （32）选中"矩形 4 拷贝"图层，在画布中按住"Shift"键将图形向左侧平移，再适当缩小，并将其颜色更改为青色（R：98，G：198，B：199），如图 7-77 所示。 （33）选中"矩形 4 拷贝"图层，按住快捷键"Alt+Shift"向右侧拖动，将图形复制，此时将生成一个"矩形 4 拷贝 拷贝"图层，如图 7-78 所示。

项目名称	任务内容
任务实施	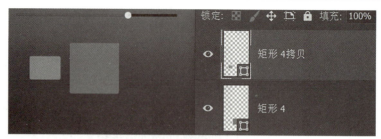 图 7-77　复制图层并改变颜色 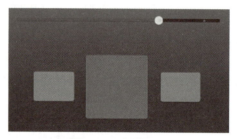 图 7-78　复制图形 （34）在"图层"面板中，选中"红色"图层，单击面板底部的"添加图层样式"按钮，在菜单中选择"投影"命令，在弹出的对话框中将"不透明度"更改为30%，取消勾选"使用全局光"复选框，将"角度"更改为90度，"距离"更改为2像素，"大小"更改为2像素，完成之后单击"确定"按钮，如图7-79所示。 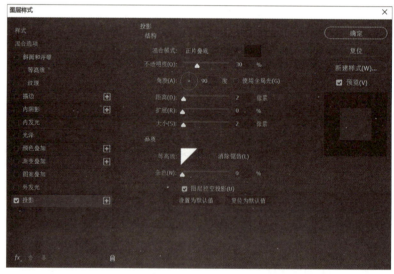 图 7-79　设置投影 （35）在"矩形4"图层上单击鼠标右键，从弹出的快捷菜单中选择"拷贝图层样式"命令。分别在"矩形4拷贝"及"矩形4拷贝 拷贝"图层上单击鼠标右键，从弹出的快捷菜单中选择"粘贴图层样式"命令，如图7-80所示。

项目名称	任务内容
任务实施	（36）选样工具箱中的"矩形工具"，在刚才绘制的按钮左侧图形上绘制一个矩形，在选项栏中将"填充"更改为白色，"描边"为无，此时将生成一个"矩形 5"图层，如图 7-81 所示。  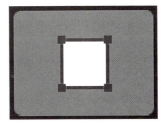 图 7-80　复制并粘贴图层样式　　　图 7-81　绘制图形 （37）选中"矩形 5"图层，按快捷键"Ctrl+T"对其执行"自由变换"命令，当出现变形框后，在选项栏中"旋转"后方的文本框中输入"45" 再按住快捷键"Ctrl+Alt"拖曳上顶点，将图形高度适当等比例缩小，完成之后按"Enter"键确认，如图 7-82 所示。 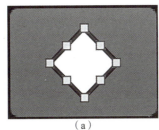 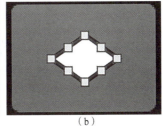 （a）　　　　　　　　　　（b） 图 7-82　变换图形 （38）选择工具箱中的直接选择工具，选中刚才旋转的图形右侧锚点并按"Delete"键将其删除，如图 7-83 所示。 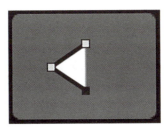 图 7-83　删除锚点 （39）选中"矩形 5"图层，在画布中按住快捷键"Alt+Shift"向右侧拖动，将图形复制，此时将生成一个"矩形 5 拷贝"图层，如图 7-84 所示。 （40）同时选中"矩形 5"及"矩形 5 拷贝"图层，在画布中按住快捷键"Alt+ Shift"移至右侧按钮上，将图形复制，此时将生成 2 个"矩形 5 拷贝 2"图层，如图 7-85 所示。 （41）保持复制所生成的图层为选中状态，在画布中按快捷键"Ctrl+T"对其执行"自由变换"命令，将光标移至出现的变形框上，单击鼠标右键，从弹出的快捷菜单中选择"水平翻转"命令，完成之后按"Enter"键确认，如图 7-86 所示。

项目名称	任务内容

任务实施

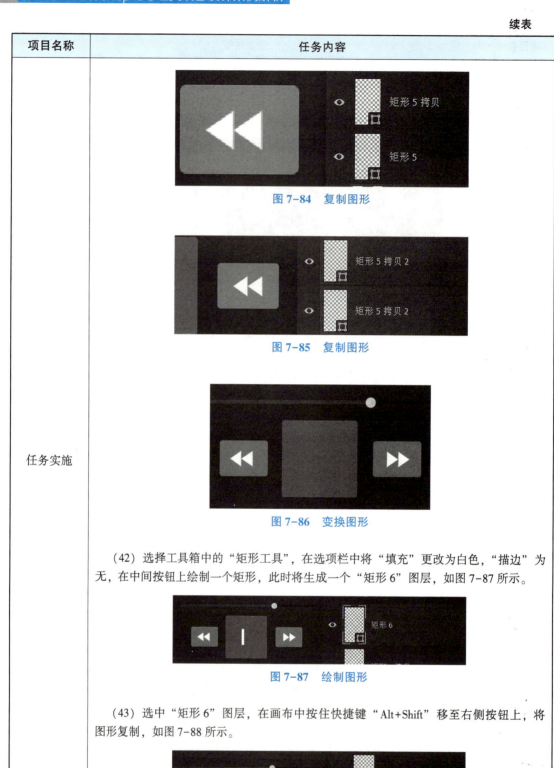

图 7-84　复制图形

图 7-85　复制图形

图 7-86　变换图形

（42）选择工具箱中的"矩形工具"，在选项栏中将"填充"更改为白色，"描边"为无，在中间按钮上绘制一个矩形，此时将生成一个"矩形6"图层，如图7-87所示。

图 7-87　绘制图形

（43）选中"矩形6"图层，在画布中按住快捷键"Alt+Shift"移至右侧按钮上，将图形复制，如图7-88所示。

图 7-88　复制图形

续表

项目名称	任务内容
任务实施	（44）选择工具箱中的"横排文字工具"，在界面适当位置添加文字，这样就完成了效果制作，最终效果如图 7-89 所示。  图 7-89　添加文字最终效果
任务拓展	请任选一个主题播放器界面，完成界面设计。 要求：内容完整，图形绘制规范，版面美观，色调协调统一。
任务总结	

✓ 知识要点

初步绘制的路径往往不符合要求，比如路径的位置或形状不合适等，这就需要对路径进行调整和编辑。在 Photoshop 中用于编辑路径的工具有"添加锚点工具""删除锚点工具""转换点工具""路径选择工具"和"直接选择工具"。

1. 选择与移动锚点、路径

在 Photoshop 中，经常使用"路径选择工具"和"直接选择工具"选择路径或锚点。"路径选择工具"主要用来选择和移动整个路径，使用该工具选择路径后，路径的所有锚点为选中状态，为实心方点，可直接对路径进行移动操作。

使用"直接选择工具"选择路径，不会自动选中路径中的锚点，锚点为空心方点状态，只有将所有锚点选中后，才可以移动路径。"路径选择工具"选中路径如图 7-90 所示，"直接选择工具"选中路径如图 7-91 所示。

使用"路径选择工具"单击路径或路径内任意部位都可以选取路径；而"直接选择工具"只能单击在路径上，才可以选中路径。

使用"直接选择工具"，按住"Alt"键单击路径，可以选中路径和路径中的所有锚点。也可以拖动鼠标，在要选取的路径周围画一个选择框，松开鼠标，该路径就被选中，如图7-92所示。框选的方法更适用于选择多个路径。

图7-90　"路径选择工具"选中路径

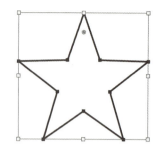

图7-91　"直接选择工具"选中路径

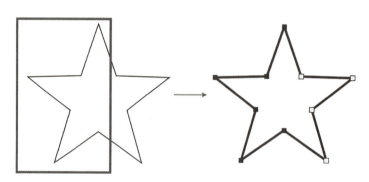

图7-92　拖出选择框选中部分路径和锚点

在使用"直接选择工具"时，按下"Shift"键的同时单击锚点，可选中多个锚点，单击已选中的锚点，可取消选择。

使用"路径选择工具"移动路径，把鼠标移至路径上或者路径内部拖动即可，路径将跟随鼠标的拖动而移动；使用"直接选择工具"移动路径，需要用选择框选中要移动的路径，再把鼠标移至路径上拖动，路径将跟随鼠标的拖动而移动；若要移动某个锚点，则使用"直接选择工具"单击该锚点拖动即可。

不论是使用"路径选择工具"还是"直接选择工具"，在移动路径的过程中，按住"Shift"键，就可以使路径在水平、垂直或45°角倍数的方向上移动。如果对路径或锚点只是微小的移动，则可以直接按方向键。

2. 添加与删除锚点

在Photoshop中，工具箱提供了3种用于添加或删除锚点的工具："钢笔工具""添加锚点工具"和"删除锚点工具"，如图7-93和图7-94所示。默认情况下，当"钢笔工具"定位到所选路径上方时，会变成"添加锚点工具"；当"钢笔工具"定位到锚点上方时，会变成"删除锚点工具"。

单击工具箱中的"添加锚点工具"按钮，鼠标移至需要添加锚点的路径上单击，即可添加锚点，如果单击并拖动鼠标，可直接拖出需要的弧度。单击工具箱中的"删除锚点工具"按钮，将鼠标移至需要删除的锚点上单击，即可删除锚点。

3. 转换锚点类型

使用"转换点工具"，可以使锚点在平滑点和角点之间相互转换。要将角点转换为平滑点，单击"转换点工具"按钮，鼠标移至角点的上方，单击并拖动鼠标，即转化为平滑点，平滑点上有两个控制柄。使用"转换点工具"将平滑点转换为角点，只需单击平滑点即可，如图 7-95 所示。

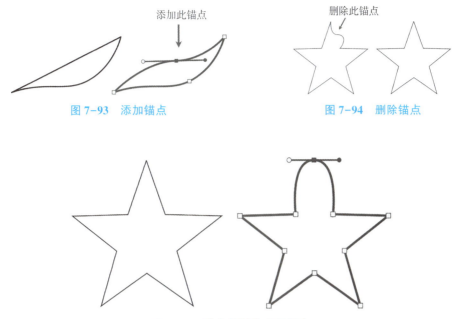

图 7-93　添加锚点　　　　　　　图 7-94　删除锚点

图 7-95　将角点转换为平滑点

使用"钢笔工具"时，将鼠标移至锚点的上方，按住"Alt"键可暂时将"钢笔工具"更改为"转换点工具"；使用"直接选择工具"时，将鼠标移至锚点的上方，按住快捷键"Ctrl+Alt"，可暂时将"直接选择工具"更改为"转换点工具"。

4. 调整路径形状

对于由角点组成的路径，调整路径形状时，只需使用"直接选择工具"移动每个锚点的位置即可。但是对于由平滑点组成的路径，调整路径形状时，不仅可以使用"直接选择工具"移动锚点的位置，也可以使用"直接选择工具"和"转换点工具"调整平滑点上的方向线和方向点，如图 7-96 所示。

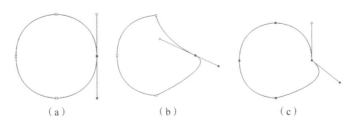

（a）　　　　　　　（b）　　　　　　　（c）

图 7-96　调整路径形状

（a）原路径；（b）直接选择工具调整；（c）转换点工具调整

在曲线路径段上，每个锚点都有一个或两个方向线，移动方向点可以调整方向线的长度和方向，从而改变曲线的形状；移动平滑点上的方向线，可以调整该点两侧的曲线路径；移动角点上的方向线，可以调整与方向线同侧的曲线路径段。

使用"直接选择工具"拖动平滑点上的方向线时，方向线始终保持为直线状态，锚点两侧的路径段都会发生改变；使用"转换点工具"拖动方向线时，则可以单独调整平滑点任意一侧的方向线，而不会影响到另外一侧的方向线和同侧的路径段。

5. 路径的变换操作

使用"路径选择工具"选择路径，执行"编辑"→"变换路径"命令，在该命令的子菜单中，包括各种变换路径命令，如图 7-97 所示。执行路径变换命令时，当前路径上会显示出定界框、中心点和控制点，如图 7-98 所示。路径的变换方法与变换图像的方法相同，这里不再赘述。

图 7-97　"变换路径"子菜单

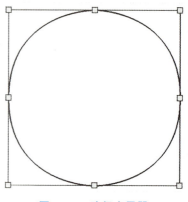

图 7-98　路径定界器

6. 输出路径

在实际工作中，Photoshop 和 Illustrator 在很多情况下都会结合着应用，在 Photoshop 中可以将路径输出，并在 Illustrator 中使用，而且导出到 Illustrator 中的路径，在 Illustrator 中仍然可以编辑。

选中绘制好的路径，执行"文件"→"导出"→"路径到 Illustrator"命令，单击"确定"按钮，弹出"导出路径到文件"对话框，如图 7-99 所示。单击"确定"按钮，弹出"选择存储路径的文件名"对话框，对文件进行命名，单击"确定"按钮，保存路径，如图 7-100 所示。

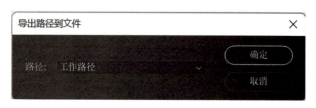

图 7-99　"导出路径到文件"对话框

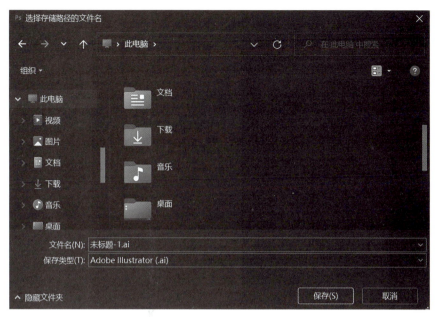

图 7-100 "选择存储路径的文件名"对话框

✅ 拓展学习

二维码 7-5 App 界面设计的主要流程

二维码 7-6 App 界面设计原则

项目 8　主题插画设计

 **知识目标**

掌握画笔工具的使用方法和操作技巧。

掌握铅笔工具的操作方法。

掌握定义画笔的操作方法。

掌握插画设计基础知识。

掌握绘制图形的基本操作方法和技巧。

掌握智能对象的编辑方法。

掌握贴图的效果制作技巧。

掌握创建 3D 模型的操作方法和技巧。

技能目标

能够熟练使用画笔工具、铅笔工具、定义画笔工具绘制插图。

能够熟练应用智能对象完成效果图制作。

能够熟练应用 3D 模型完成立体效果插图设计。

能够独立完成插画设计。

素质目标

培养学生依据任务需求独立完成插画设计的基本素质。

培养学生通过设计提升产品商业价值的能力。

培养学生独立分析问题及解决问题的能力。

通过引入传统文化案例，让学生注重传统文化的继承和发扬，坚持中国特色社会主义文化发展道路，增强文化自信，激发全民族文化创新创造活力，增强实现中华民族伟大复兴的精神力量。

任务1 "中秋节"传统节日插画设计

"中秋节"传统节日
插画设计

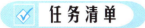
任务清单

项目名称	任务内容
任务情境	暑期小沈接到制作"中国传统节日"插画任务项目，要求采用抽象几何形体构图，色调偏灰调，用来挂在会客厅的墙柱子上。首先选取"四季"典型风景画面，进行元素提取及整合，接下来需要掌握画笔工具、铅笔工具及自定义画笔等操作方法完成项目任务。
任务目标	（1）掌握画笔工具的使用方法和操作技巧。 （2）掌握铅笔工具的操作方法。 （3）掌握定义画笔的操作方法。 （4）掌握插画设计基础知识。
任务要求	请根据任务情景，完成以下任务： （1）完成背景图层及基本图形的绘制与编辑。 （2）完成文字编排设计。 （3）完成插画版面设计。
任务思考	（1）如何使用画笔工具绘制插画背景？ （2）如何定义画笔的操作方法？ （3）插画设计常见风格有哪些？
任务实施	（1）执行菜单栏中的"文件"→"新建"命令，在弹出的对话框中设置"宽度"为20厘米，"高度"为45厘米，"分辨率"为300像素/英寸，"颜色模式"为RGB颜色，新建一个空白画布。 　　（2）选择工具箱中的"渐变工具"，在选项栏中单击"点按可编辑渐变"按钮，在弹出的对话框中将渐变颜色更改为深蓝色#1b194b到蓝色#524da1，设置完成之后单击"确定"按钮，再单击选项栏中的"线性渐变工具"按钮。 　　（3）在画布中按住"Shift"键从上至下拖动，为画布填充渐变，如图8-1所示。 　　（4）选择工具箱中的"画笔工具"，在属性栏中单击"画笔"选项，弹出画笔选择面板。单击面板右上方的"设置"按钮，在弹出的菜单中选择"旧版画笔"选项，弹出提示对话框，单击"确定"按钮。在画笔选择面板中选择"旧版画笔"→"混合画笔"→"交叉排线4"画笔形状，如图8-2所示。 　　（5）在工具属性栏中单击"切换画笔设置"图标，或执行"窗口"→"画笔设置"，弹出画笔设置面板，前景色设置为白色。在"画笔设置"面板中，设置"大小"为320像素，"间距"为150%。在"形状动态"属性中，"大小抖动"为100%；在"散布"属性中，"散布"为300%。如图8-3所示。

项目名称	任务内容
任务实施	图 8-1　填充渐变 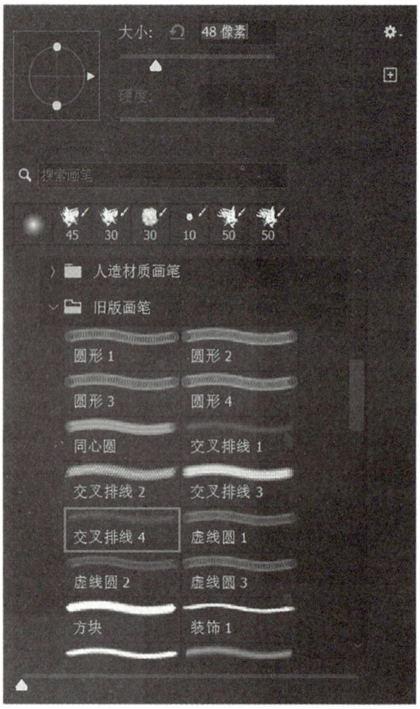　　　　图 8-2　选择画笔形状 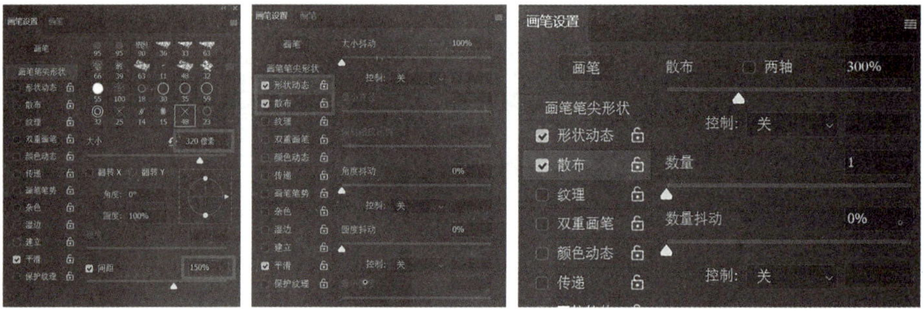 （a）　　　　　（b）　　　　　（c） 图 8-3　设置画笔属性 （a）"笔尖形状"属性；（b）"形状动态"属性；（c）"散布"属性 　　（6）按快捷键"Ctrl+Alt+Shift+N"，新建空图层，在空图层中拖动鼠标绘制图形，样式根据需要灵活绘制，如图 8-4 所示。 　　（7）选择工具箱中的"椭圆工具"，在工具属性栏中设置"填充"为白色，"描边"为无，绘制椭圆，移动到指定位置，如图 8-5 所示。 　　（8）单击图层面板下的"添加图层样式"图标，为图层添加图层样式，"渐变叠加"设置为白色到肉粉色#e5c2ab，"角度"为-90度；"外发光"颜色设置为# fdf1db，"不透明度"为82%，"大小"为 155 像素，如图 8-6 所示。

续表

项目名称	任务内容
任务实施	图 8-4　绘制背景图形　　　图 8-5　绘制椭圆 （a） （b）　　　　　　　　　　（c） 图 8-6　添加"图层样式" （a）"渐变叠加"图层样式属性；（b）"外发光"图层样式属性；（c）效果图

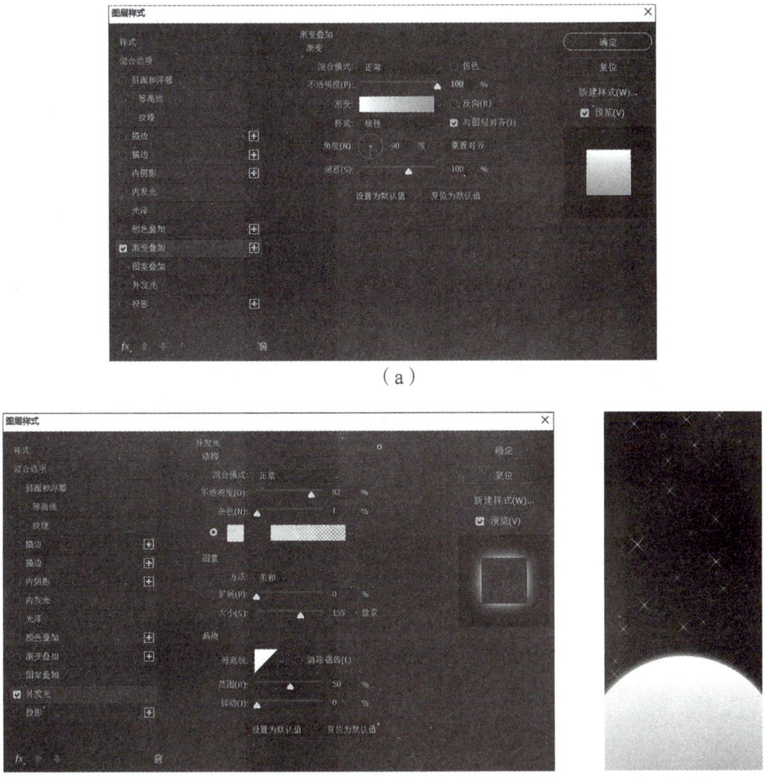

（9）选择"钢笔工具"，在工具属性栏中选择"形状"模式，"填充"为白色，绘制"S"图形，将该图层命名为"路"。单击图层面板下的"添加图层样式"图标，为图层添加图层样式，"渐变叠加"设置为肉粉色# f2a387 到白色，"角度"为-90 度，如图 8-7 所示。

（10）按快捷键"Ctrl+O"打开"牛郎织女 . png"素材，拖曳到作图画布中，移动到指定位置，单击图标，为该层添加图层样式，"颜色叠加"中颜色设置为白色，如图 8-8 所示。

（11）选择"画笔工具"，在属性栏中单击"画笔"选项，弹出画笔选择面板，选择"常规画笔"→"硬边圆"，前景色设置为白色。按快捷键"Ctrl+Alt+Shift+N"，新建空图层，在"画笔选项"中可设置画笔大小，或电脑在非中文输入状态时，按"["键缩小或"]"键放大，可调整画笔大小。绘制若干圆形。将该图层调整不透明度，如图 8-9 所示。

项目名称	任务内容
任务实施	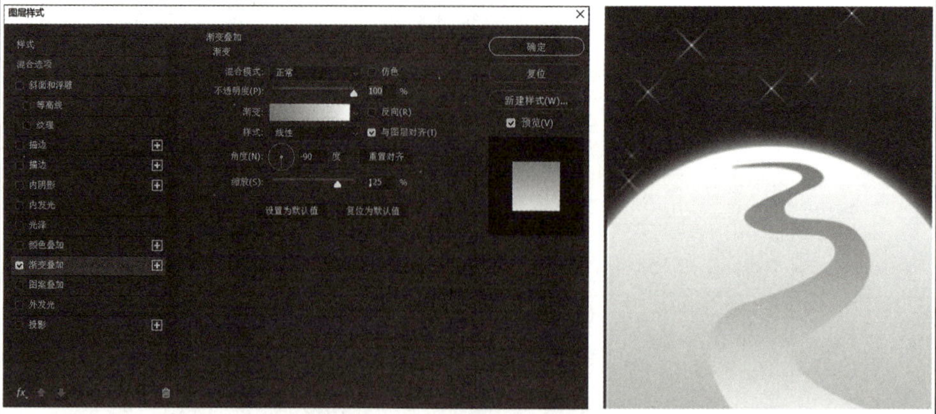 （a）　　　　　　　　　　　　　　（b） **图 8-7　为"S"图形添加图层样式** （a）"渐变叠加"图层样式属性；（b）效果图  （a）　　　　　　　　　　　　　（b） **图 8-8　移入"兔子素材"** 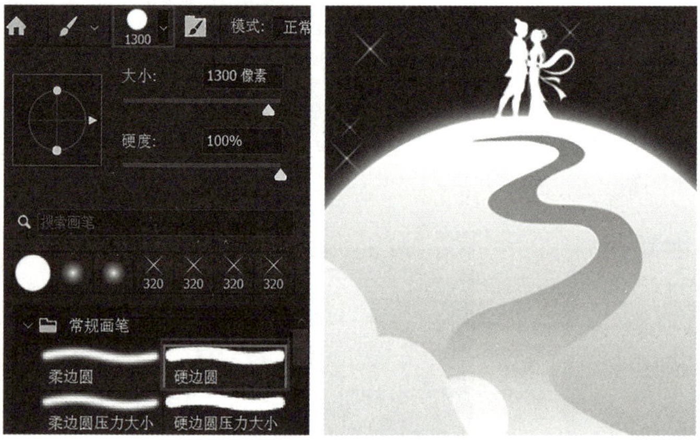　　　　**图 8-9　绘制图形** （a）"画笔"样式；（b）绘制圆形笔触 （12）按快捷键"Ctrl+Alt+Shift+N"再次新建空图层，绘制正圆，操作同上，完成后效果如图 8-10 所示。或在工具属性栏将画笔"不透明度"设置为 65%，绘制图形，效果一样。 （13）按快捷键"Ctrl+O"打开"玉兔.png"素材，拖曳到作图画布中，移动到指定位置，将该图层"不透明度"设置为 10%，该图层放到"牛郎织女"图层下，如图 8-11 所示。 （14）选择"椭圆工具"，在工具的属性栏中，"填充"设置为黄色# f9e505，绘制正圆，单击图层面板下的"添加图层样式"图标，为图层添加图层样式，"内发光"→"不透明度"为 73%，颜色设置为白色，"大小"为 32 像素，如图 8-12 所示。

项目名称	任务内容
任务实施	 图 8-10 绘制正圆效果　　　　图 8-11 添加"玉兔"素材 图 8-12 添加"内发光"样式 （15）"外发光"中的"不透明度"为 64%，颜色设置为 #f9e505，"扩展"为 14%，"大小"为 220 像素，如图 8-13 所示。 （16）移动到指定位置，效果如图 8-14 所示。 （17）选择"直排文字工具"，输入"中秋"文字，在工具属性栏中，设置"字体"为"时尚中黑简体"，"字号"为 80 点，"颜色"为白色；输入"但愿人长久 千里共婵娟"文字，在工具属性栏中，设置"字体"为"方正细圆简体"，"字号"为 30 点，"颜色"为白色；选择"横排文字工具"，输入"MID AUTUMN FESTIVAL"文字，在工具属性栏中，设置"字体"为"Eras Light ITC"，"字号"为 30 点，"颜色"为白色，如图 8-15 所示。

续表

项目名称	任务内容
任务实施	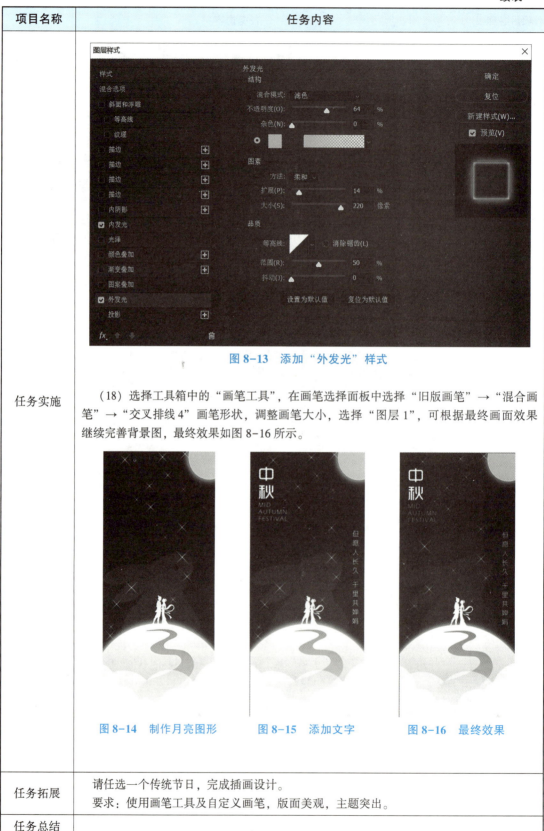图 8-13　添加"外发光"样式 （18）选择工具箱中的"画笔工具"，在画笔选择面板中选择"旧版画笔"→"混合画笔"→"交叉排线 4"画笔形状，调整画笔大小，选择"图层 1"，可根据最终画面效果继续完善背景图，最终效果如图 8-16 所示。 图 8-14　制作月亮图形　　　图 8-15　添加文字　　　图 8-16　最终效果
任务拓展	请任选一个传统节日，完成插画设计。 要求：使用画笔工具及自定义画笔，版面美观，主题突出。
任务总结	

知识要点

8.1.1　认识画笔工具

在 Photoshop 中编辑图像，经常需要使用"画笔工具"，比如绘制、擦除、图层蒙版等操作中都会用到，这里介绍"画笔工具"的使用方法。

1. "画笔工具"概况

"画笔工具"的选项栏如图 8-17 所示。

图 8-17　"画笔工具"选项栏

单击画笔选项栏中的画笔形状图标，可以展开画笔预设器，如图 8-18 所示。

2. "画笔工具"使用

（1）"画笔颜色"设置。

画笔颜色取决于 Photoshop 的"前景色"。

（2）"画笔预设"设置。

①画笔大小。即画笔的粗细。打开画笔面板，可直接调整其大小参数，也可按住"Alt"和鼠标右键，左右拖动鼠标调节或用键盘上左右中括号调节，如图 8-19 所示。

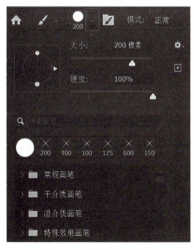

图 8-18　画笔预设器

画笔大小：200　　　　画笔大小：100

图 8-19　"画笔大小"对比

②画笔硬度对比如图 8-20 所示。

画笔硬度越小，边缘越模糊；硬度越大，边缘越清晰。

③画笔形状。这里指画笔的笔尖样式，如图 8-21 所示。

注意：

①使用"画笔工具"时，在英文状态下，按"［"键可减小画笔的直径，按"］"键可以增加画笔的直径；对于实边圆、柔边圆和书法画笔，按快捷键"Shift+［"可减小画笔的硬度，

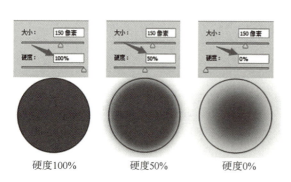

图 8-20　"画笔硬度"对比

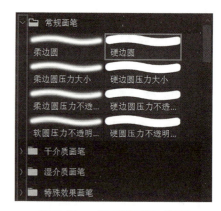

图 8-21　"画笔形状"选项

按快捷键"Shift+]"则增加画笔的硬度。

②按键盘上的数字键可以调整工具的不透明度。例如：按"1"时，不透明度为10%；按"5"时，不透明度为50%；按"75"时，不透明度为75%；按"0"时，不透明度为100%。

③使用"画笔工具"时，在画布中单击，然后按住"Shift"键单击画面中任意一点，两点之间会以直线连接。按"Shift"键还可以绘制水平、垂直或以45°角为增量的直线。

（3）画笔"选项栏"设置。

画笔工具的选项栏中，还有"不透明度""流量"等参数设置，可以控制画笔的绘制效果，如图8-22所示。

图 8-22　画笔"选项栏"设置

①不透明度。设置画笔使用时颜色的透明度。绘画时，在释放鼠标按钮之前，不透明度始终不变。数值越大越不透明，若不透明度为100%，则表示不透明，如图8-23所示。

②流量。从按下鼠标到松开鼠标，只要不断涂抹，即使是1%的流量，也能抹100%流量的效果，如图8-24所示。

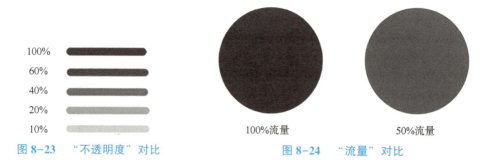

图 8-23　"不透明度"对比　　　　图 8-24　"流量"对比

（4）"载入画笔"设置。

在"画笔预设"面板中，单击右上角的面板编辑按钮，在弹出的菜单中选择"导入画笔"，即可添加电脑中已下载的画笔样式。导入的画笔在画笔预览框的最后显示如图8-25所示。

3. 画笔设置使用

除了大小、硬度之外，画笔设置还可以调节更多其他参数，如图8-26所示，实现多变的效果。

（1）画笔笔尖形状。在笔尖形状中可以找到各种画笔的形状，每一个画笔笔尖形状都对应了不同的调整参数，如图8-27所示。

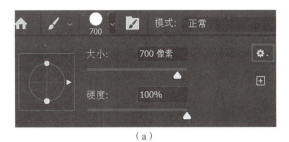

（a）

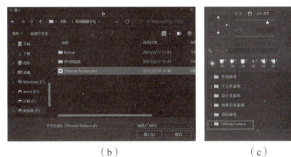

（b）　　　　　　　　　　（c）

图 8-25　"载入画笔"设置

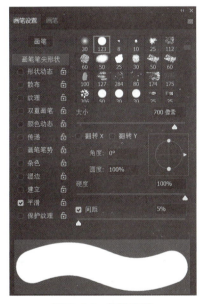

图 8-26　参数设置

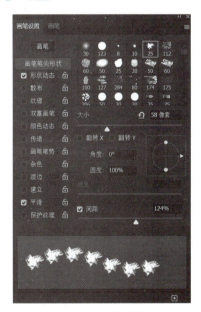

图 8-27　形状动态

（2）形状动态。借助画笔笔尖的形状动态，可以进行笔尖的形状、大小、角度的调整。

（3）散布。通过散布可以控制笔触的排列情况，将笔触散落在画笔路径的四周，形成散布的效果，如图 8-28 所示。

（4）纹理。可以使画笔绘制出带有纹理质感的笔触，如图 8-29 所示。

（5）双重画笔。以主画笔笔尖形状为基础，将"双重画笔"中的笔尖形状以某种混合模式混合在一起，从而产生"双重画笔"的效果，如图 8-30 所示。

（6）颜色动态。可以实现在绘制时出现不同颜色的效果，出现的颜色是根据前景色和背景色而定的，如图 8-31 所示。

（7）传递。画笔传递用来实现笔迹颜色浓淡干湿等的改变。虽然都是改变颜色，但画笔传递与颜色动态效果并不一样，画笔传递是对不透明度、流量、湿度、混合等抖动的控制，如图 8-32 所示。

图 8-28 散布

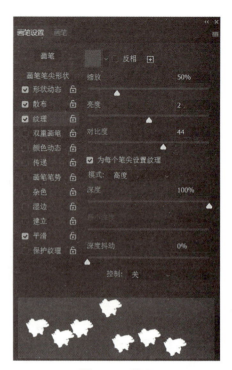

图 8-29 纹理

图 8-30 双重画笔

图 8-31 颜色动态

（8）画笔笔势。画笔笔势可用于调整画笔笔尖的角度，实现笔势变化的笔触效果，如图 8-33 所示。

注意：画笔笔势选项并不是对所有类型的画笔笔尖都起作用，应用于毛刷、侵蚀画笔笔尖时，效果可以呈现。

（9）杂色。杂色可以呈现颗粒状质感的视觉效果，如图 8-34 所示。

图 8-32　画笔传递参数

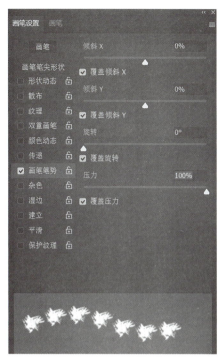

图 8-33　画笔笔势

注意：画笔工具的杂色选项应用于使用柔边圆画笔时，杂色的效果更明显。

（10）湿边。勾选"湿边"选项后，画笔笔迹边缘一圈的流量将增大，呈现一种水彩笔的效果，如图 8-35 所示。

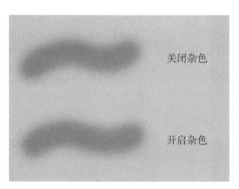

图 8-34　杂色

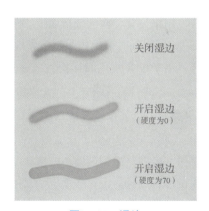

图 8-35　湿边

注意："硬度"数值越大，"湿边"效果越不明显。"湿边"应用于柔边圆画笔时效果更为明显。

（11）建立。未开启"建立"前，在画布上长按鼠标左键不动，笔迹的浓度不会叠加；开启"建立"后，在画布上长按鼠标左键不动，笔迹会越来越深。

（12）平滑。在用画笔绘制时，使用平滑的效果，生成的笔迹会更加平滑流畅。平滑数值越大，形成的笔迹越流畅，同时线条形成速度越慢。

（13）保护纹理。保护纹理使"纹理"选项中选定的纹理图案不被画笔自带纹理所替代，实现"保护纹理"的效果。

8.1.2 认识铅笔工具

1. 铅笔工具

"铅笔工具"可以创建硬边的画线。单击工具箱中的"铅笔工具"按钮，在选项栏中会出现相应的选项，如图8-36所示。

图8-36 "铅笔工具"选项栏

"铅笔工具"与"画笔工具"的区别在于，使用"画笔工具"既可以绘制带有柔边效果的线条，也可以绘制硬边效果的线条；而"铅笔工具"则只能绘制硬边效果的线条。

在实际工作中，"铅笔工具"常常用来绘制像素图。由于这种图像色彩鲜艳、个性鲜明，体积又很小，曾被广泛应用到互联网上。

2. 颜色替换工具

使用"颜色替换工具"，可以用前景色替换图像中的颜色。单击工具箱中的"颜色替换工具"按钮，在选项栏中会出现相应的选项，如图8-37所示。

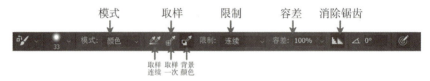

图8-37 "颜色替换工具"选项栏

模式：用来设置替换的颜色属性，包括"色相""饱和色""颜色"和"明度"，默认情况下为"颜色"，可以同时替换色相、饱和度和明度。

取样：用来设置颜色取样的方式。单击"连续"按钮 时，拖动鼠标时可连续对颜色取样；单击"一次"按钮 时，可替换包含第一次单击的颜色区域中的目标颜色；单击"背景色板"按钮 时，只替换包含当前背景色的区域。

限制：选择"不连续"，表示替换出现在光标下任何位置的样本颜色；选择"连续"，表示替换与光标下的颜色邻近的颜色；选择"查找边缘"，表示替换包含样本颜色的连接区域，同时更好地保留形状边缘的锐化程度。

容差：用来设置工具的容差。该工具可替换单击点像素容差范围内的颜色，该值越高，可替换的颜色范围越广。

消除锯齿：勾选该复选框，可以为校正区域定义平滑的边缘，从而消除锯齿。

"颜色替换工具"在替换图像中局部颜色方面非常方便实用。在替换颜色时应注意，光标不要碰到要替换颜色图像以外的范围，否则，也将替换成其他颜色。

3. 混合器画笔工具

使用"混合器画笔工具"可以在一个混合器画笔笔尖上定义多个颜色，以逼真的混色进行绘画；或使用干混合器画笔混合照片颜色，可以将它转化为一幅美丽的图画。"混合器画笔工具"选项栏如图8-38所示。

当前画笔载入：在该列表中选择相应的选项，可以对载入的画笔进行相应的设置。

有用的混合画笔组合：设置画笔的属性，在该下拉列表中提供了多个预设的混合画笔设置。

图 8-38　"混合器画笔工具"选项栏

选择其中任意一个选项，在绘画区域涂抹即可混合颜色。"当前画笔载入"选项栏如图 8-39 所示。"混合画笔组合"选项栏如图 8-40 所示。

潮湿：设置从画布中摄取的油彩量。

载入：设置画笔上的油彩量。

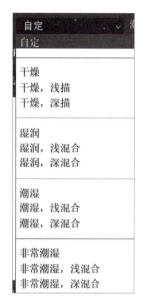

图 8-39　"当前画笔载入"选项栏　　　图 8-40　"混合画笔组合"选项栏

混合：设置描边的颜色混合。

当设置"潮湿"值为 100%、"载入"值为 0% 时，将以画布中的颜色为主进行绘画操作；当设置"潮湿"值为 0%、"载入"值为 100% 时，将以前景色为主进行绘画操作。

8.1.3　自定义画笔

在 Photoshop 操作过程中，有时需要大量使用一些独特的形状，这时可以选择将这个形状自定义为画笔，以节省时间。

自定义画笔步骤：

①将准备自定义为画笔的对象抠出来或绘制出来，并选中。

②在菜单栏中，单击"编辑"→"自定义画笔预设"，为自定义画笔重命名，单击"确定"按钮。

③在画笔面板找到对应自定义画笔，即可使用。

注意：准备自定义为画笔形状的白色部分在自定义为画笔后，会被判定为无信息。

应用案例：自定义画笔

（1）执行"文件"→"打开"命令，打开"花 .jpg"素材，选择"魔棒工具"工具，单击画面背景白色，按快捷键"Ctrl+Shift+I"反向选择，将花建立选区，如图 8-41 所示。

（2）按快捷键"Ctrl＋J"复制图层，得到"图层 1"，并隐藏"背景"图层，效果如

图 8-42 所示。

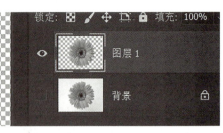

图 8-41 建立选区   图 8-42 复制图层

（3）执行"编辑"→"定义画笔预设"命令，在弹出的"画笔名称"对话框中输入预设画笔的名称，如图 8-43 所示。单击"确定"按钮，创建的画笔将添加在"画笔预设选取器"的末端，如图 8-44 所示。

图 8-43 "画笔名称"对话框

图 8-44 定义画笔预设

（4）单击"图层"面板底部的"创建新图层"按钮 ![+]，新建"图层 2"。单击工具箱中的"画笔工具"按钮，在"画笔预设选取器"中选择刚刚创建的画笔，设置"前景色"为#b42f71，调整画笔大小，在画布中绘制图像，效果如图 8-45 所示。

图 8-45 最终效果

✅ 拓展学习

二维码 8-1 画笔设置使用

二维码 8-2 认识插画

二维码 8-3 插画的常见类型

二维码 8-4 插画的常见风格

📓任务 2   "春夏秋冬" 插画设计

"春夏秋冬" 插画设计

✅ 任务清单

项目名称	任务内容
任务情境	小沈接到绘制"四季"插画项目，客户要求设计"春夏秋冬"四幅画面，同时完成贴图效果，实现最大化商业价值。该任务对插画设计过程及贴图制作技巧和方法进行整合设计。
任务目标	（1）掌握绘制图形的操作方法和技巧。 （2）掌握路径工具的操作方法。 （3）掌握智能对象的编辑方法。 （4）掌握贴图的技巧。
任务要求	通过知识点学习，完成以下任务： （1）完成基本图形的绘制及编辑。 （2）完成路径绘制。 （3）效果图贴图的制作方法和技巧。
任务思考	（1）如何制作矢量图形？ （2）智能对象的优缺点有哪些？ （3）如何制作产品贴图？

项目名称	任务内容
任务实施	（1）执行菜单栏中的"文件"→"新建"命令，在弹出的对话框中设置"宽度"为 29.7 厘米，"高度"为 21 厘米，"分辨率"为 300 像素/英寸，"颜色模式"为 RGB 颜色，新建一个空白画布。 （2）将前景色设置为#b0d8e0，选择"油漆桶工具"，单击画布，填充背景色，如图 8-46 所示。 （3）选择"钢笔工具"，在工具属性栏中，工具模式选择"形状"，"填充"设置为白色，绘制云彩，并复制几层，调整大小，效果如图 8-47 所示。 图 8-46 填充背景色　　　图 8-47 填充云彩 （4）选择工具箱中的"钢笔工具"，绘制直接三角形，工具属性栏中"填充"为#448e69，"描边"为无，如图 8-48 所示。 （5）按快捷键"Ctrl+J"复制该图层，按快捷键"Ctrl+T"，右击，选择"垂直翻转"，移动到指定位置，按"Enter"键结束编辑。单击"钢笔工具"，"填充"设置为#387353，如图 8-49 所示。 图 8-48 选择画笔形状　　　图 8-49 设置画笔属性 （6）选择"钢笔工具"，工具属性栏中"填充"为#afd128，"描边"为无，绘制图形，该图层不透明度设置为 50%，效果如图 8-50 所示。

图 8-46 填充背景色　　　　　　图 8-47 填充云彩

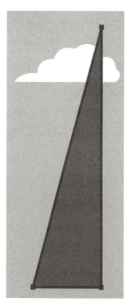

图 8-48 选择画笔形状　　　　　图 8-49 设置画笔属性

项目名称	任务内容
任务实施	 图8-50　绘制背景图形 （7）将三角形形状图层加选，按快捷键"Ctrl+G"编组，复制并调整图层先后顺序及大小，效果如图8-51所示。 图8-51　图层编组并调整图层顺序后效果 （8）选择"自定形状工具"，属性栏中的"形状"选择"橄榄树"，"填充"设置为#86b75e，复制多层，并调整大小及位置，个别颜色设置为#1b5032，效果如图8-52所示。   （a）　　　　　　　　　　　（b） 图8-52　选择"自定形状工具"绘制图形 （a）"自定形状"样式；（b）效果图

项目名称	任务内容
任务实施	（9）选择工具箱中的"矩形工具"，工具属性栏中"填充"为# 73b786，"描边"为无，在画布底部绘制矩形，如图 8-53 所示。 （10）选择"钢笔工具"，工具属性栏中"填充"为#bee5c9，"描边"为无，绘制图形，如图 8-54 所示。   图 8-53　绘制底部矩形效果　　　　　图 8-54　绘制矩形十字路效果 （11）选择"横排文字工具"，输入"spring"文字，在工具属性栏中，设置"字体"为"Curlz MT"，"字号"为90点，如图 8-55 所示。  图 8-55　添加文字 （12）双击文字图层，为文字图层添加"图层样式"，"描边"大小设置为 6 像素，"位置"为外部，"填充类型"为渐变，渐变色为草绿色#86b75e 到白色；"渐变叠加"中渐变颜色从#387353 到#448e69；"投影"大小为 32 像素。最终效果如图 8-56 所示。 （13）同上操作，分别完成"夏""秋""冬"插图制作，效果如图 8-57 所示。 （14）执行快捷键"Ctrl+O"，打开"抱枕.psd"文件，双击智能对象图层缩略图，可作为新画布独立打开，将制作好的"春天"平面图拖入该画布中，缩放并摆放到合适位置，如图 8-58 所示。 （15）执行快捷键"Ctrl＋S"，保存源文件，选中作图画面，可见效果会同步，如图 8-59 所示。 （16）双击背景图层缩略图，将颜色改为#78a689，如图 8-60 所示。 （17）执行双击智能对象图层缩略图，分别将制作好的"夏秋冬"平面图拖入该画布中，缩放并摆放到合适位置，效果如图 8-61 所示。

续表

项目名称	任务内容
任务实施	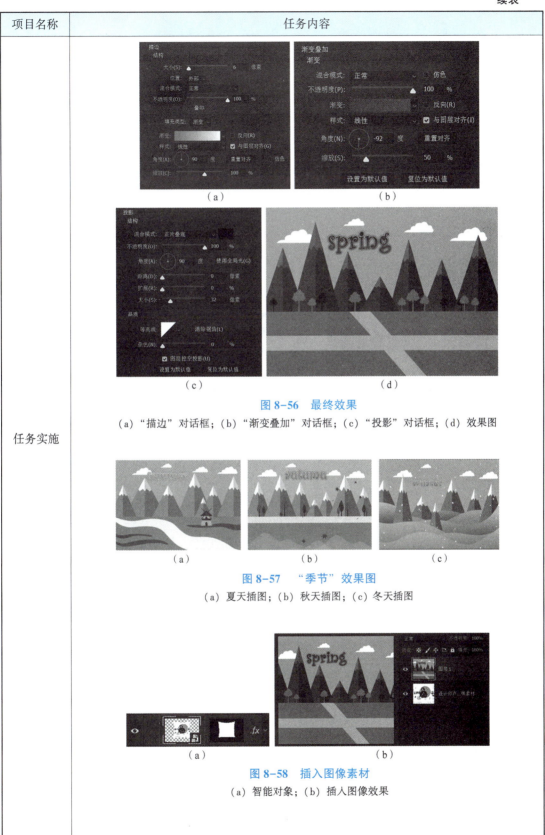

图 8-56　最终效果

（a）"描边"对话框；（b）"渐变叠加"对话框；（c）"投影"对话框；（d）效果图

图 8-57　"季节"效果图

（a）夏天插图；（b）秋天插图；（c）冬天插图

图 8-58　插入图像素材

（a）智能对象；（b）插入图像效果

续表

项目名称	任务内容
任务实施	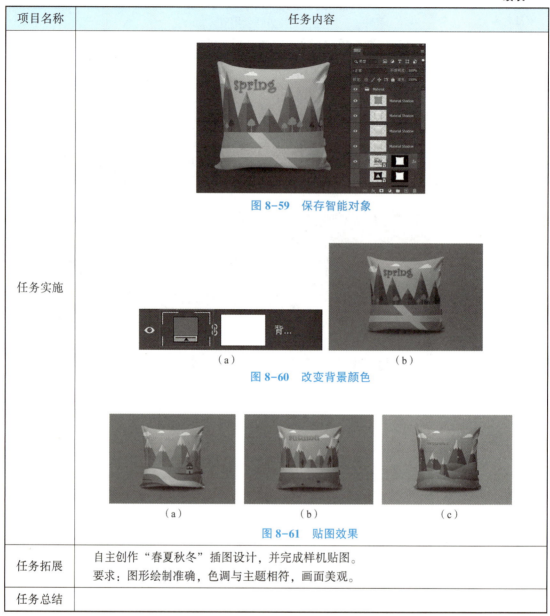 图 8-59　保存智能对象 （a）　　　　　　　　　（b） 图 8-60　改变背景颜色 （a）　　　　　　（b）　　　　　　（c） 图 8-61　贴图效果
任务拓展	自主创作"春夏秋冬"插图设计，并完成样机贴图。 要求：图形绘制准确，色调与主题相符，画面美观。
任务总结	

☑ 知识要点

8.2.1　认识智能对象图层

　　在使用 Photoshop 过程中可能会发现一个问题，处理一个多图层的图像时，先把其中一个图层中的图像缩小，确定以后，再把它放大，但它不能恢复到以前的效果，因为当把图像缩小时，图像的分辨率已经降低了，再放大就有马赛克了。智能对象图层就能解决这一点，智能对象图层可以把智能对象任意地放大与缩小 N 次，它的分辨率不会有损失。但是也不可能将图像放大到超过最原始的大小，那样也会有马赛克出来。简单来说，智能对象是包含栅格或矢量图像中的图像数据的图层。智能对象将保留图像的源内容及其所有原始特性，从而能够对图层执行非破坏性编辑。

1. 智能对象图层

智能对象图层缩略图比普通图层缩略图多了一个像纸张的图标，双击图标可以进入智能对象图层。

2. 创建智能对象的方法

（1）使用"打开为智能对象"命令，执行"菜单栏"→"文件"→"打开为智能对象"。

（2）置入链接的智能对象文件，执行"菜单栏"→"文件"→"置入链接的智能对象"。

（3）从 Adobe Illustrator 软件粘贴数据到 PS 软件，粘贴为"智能对象"。或从 AI 软件将图形直接拖曳到 PS 画布里，生成"智能对象"图层，双击智能对象缩略图，会跳转到 AI 软件里继续编辑，保存后，PS 图像效果会同步，如图 8-62 所示。

图 8-62　"智能对象"图层

（4）直接将 PDF 文件或 AI 软件中的图层拖曳到 Photoshop 文件中。

（5）从外部直接拖入当前图像的窗口内，即可将其以智能对象的形式置入当前图像中。

（6）将一个或多个 Photoshop 图层转换为智能对象。可在 PS 里将普通图层转换成智能对象图层，双击之后，PS 会另外打开一个窗口，可在新窗口中完成贴图效果。按快捷键"Ctrl+S"保存后，作图画布效果会同步。

选择"矩形工具"，在工具属性栏中，工具模式选择"形状"，"填充"任意色，在画布中绘制矩形，单击"矩形 1"图层，右击，选择"转换为智能对象"，如图 8-63 所示。

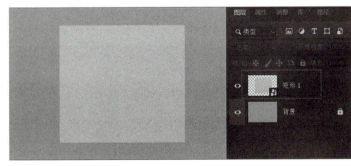

图 8-63　"转换为智能对象"图层

3. 编辑智能对象的内容

当编辑智能对象时，源内容在 Photoshop（如果内容为栅格数据或相机原始数据文件）或 Illustrator（如果内容为矢量 PDP）中打开。当存储对源内容所做的更改时，Photoshop 文档中所有链接的智能对象实例中都会显示所做的编辑。

（1）从"图层"面板中选择智能对象，然后执行下列操作之一：

①选择"图层"→"智能对象"→"编辑内容"。

②双击"图层"面板中的智能对象缩览图。

（2）单击"确定"按钮关闭该对话框。

（3）对源内容文件进行编辑，然后选择"文件"→"存储"命令。Photoshop 会更新智能对象，以反映所做的更改。

8.2.2　智能对象图层的特点

（1）保护图层，不会因自由变换图像而破坏图层像素数据。

智能对象相较于栅格化对象的第一个优势就是像素保护。大家在画图的时候经常会遇到这样一种情况：直接导入的素材大小并不合适，要使用 PS 中的缩放工具进行大小的调整才能使用。但是如果缩放调整的次数过多，往往就会出现素材模糊的现象。

比如对于图 8-64 中的草莓，先将其缩小。确定之后再将其放大，明显就能看出草莓变得极度模糊，这就是栅格化对象进行缩放过程中出现的像素丢失现象。

原图　　　缩小　　　再放大　　　　　原图　　　缩小　　　再放大

（a）　　　　　　　　　　　　　　（b）

图 8-64　未使用智能对象/使用智能对象

（a）未使用智能对象；（b）使用智能对象

执行非破坏性变换，可以对图层进行缩放、旋转、斜切、扭曲、透视变换或使图层变形，而不会丢失原始图像数据或降低品质，因为变换不会影响原始数据。

（2）处理矢量数据（如 Illustrator 中的矢量图形）。若不使用智能对象，这些数据在 PS 中将进行栅格化。

（3）联动处理。智能对象的第二个作用就是可以实现 Adobe 软件之间的联动处理，可替换图像，尤其在样机贴图中使用最为方便。

①PS 与 PS 联动。按快捷键"Ctrl+O"打开"手机壳.psd"源文件，双击智能对象图层缩略图，将智能对象图层独立打开，如图 8-65 所示。

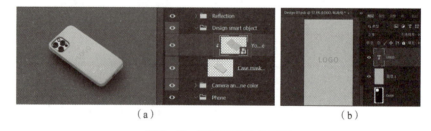

（a）　　　　　　　　　　　　　　（b）

图 8-65　编辑智能对象图层

（a）智能对象图层；（b）编辑智能对象图层

按快捷键"Ctrl+O"打开"飞天插图.jpg"素材，将图片素材拖入独立画布中，调整图像大小及位置，如图 8-66 所示。按快捷键"Ctrl+S"，将独立画布保存，打开"手机壳"文件，可见同步效果，如图 8-67 所示。

图 8-66　导入图片素材

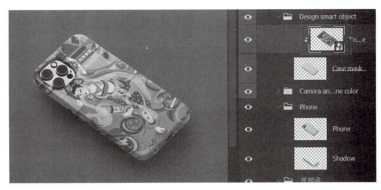

图 8-67 贴图效果

②PS 与 AI 联动。比如在 AI 中随便绘制几个形状，后续想进入 PS 进行处理，则选中 AI 线稿，直接拖曳到 PS 中，在图层列表中就可以看到矢量智能对象，如图 8-68 所示。

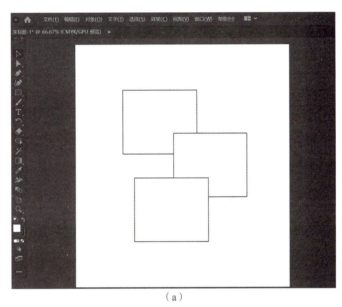

（a）

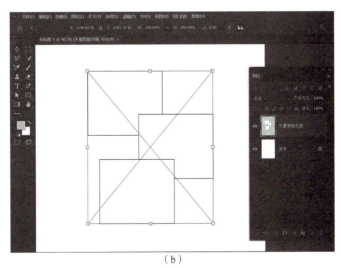

（b）

图 8-68 AI 图形拖曳到 PS 软件中建立智能对象图层

（a）AI 线稿；（b）拖入 PS 中效果

　　双击矢量智能对象的图标，AI 软件中会自动弹出一个名为矢量智能对象的新文件，如图 8-69 所示。

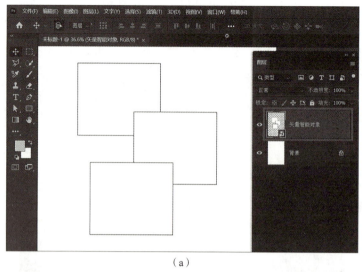

（a）

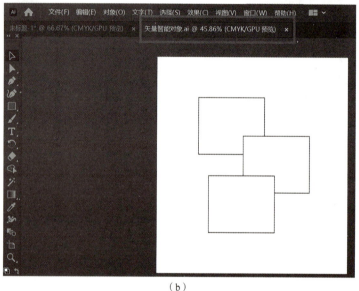

（b）

图 8-69　智能对象在 AI 软件中独立打开
（a）智能对象图层；（b）在 AI 软件中独立打开

　　可修改新的 AI 文件，按快捷键"Ctrl＋S"保存，PS 中的线稿就会实时地联动变换，如图 8-70 所示。

　　所以，借助智能对象可以极大地提高 AI 和 PS 交互文件的效率。

　　（4）智能滤镜。在智能对象下使用滤镜会变成智能滤镜，优点是可以随意关闭/开启滤镜效果。

　　智能对象比较重要的作用就是智能滤镜。通常 PS 中的操作都是无法记录的。比如打开一棵树木，使用色相/饱和度修改其颜色，如图 8-71 所示。

　　这样的操作并不会进行任何的记录，没有办法取消和重现操作（使用快捷键"Ctrl＋Z"理论上可以撤回，但如果在调色完成之后又进行了很多其他的操作，就很难取消调色的效果了），并且也无法记录之前调整的数值，如果后续想得到相同的调色效果，还需要进行参数的调整。

　　但如果把调整对象变成智能对象，所有的操作都会以智能滤镜的方式进行记录，同样使用

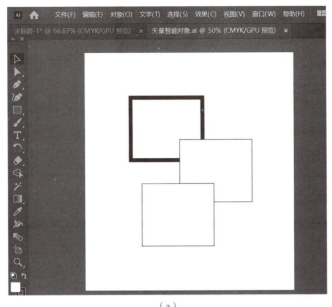

图 8-70　联动效果

（a）AI 画面效果；（b）PS 联动效果

"图像" → "调整" 进行调色，如图 8-72 所示。

调整完成之后，就可以在智能图层的下方看到对应的滤镜显示，如图 8-73 所示。

这种操作，一方面，可以继承调整图层这样操作可逆、数值可以记录、自带蒙版的优点；另一方面，当做多种不同类型的调整时，卷展栏还能收起，更加方便复杂文件的图层管理，如图 8-74 所示。

除此之外，对于不同的智能对象，还可以按住 "Alt" 键直接进行滤镜效果的复制，如图 8-75 所示。

当然，智能对象如果使用过多，相较于栅格化对象会更消耗一些电脑资源，所以，在实际使用过程中，还要依据实际情况合理使用智能对象。

虽然智能对象图层有很多优势，但是无法对智能对象图层直接执行会改变像素数据的操作（如绘画、减淡、加深或仿制），除非先将该图层转换成常规图层（进行栅格化）。要执行会改变像素数据的操作，可以编辑智能对象的内容，在智能对象图层的上方仿制一个新图层，编辑智能对象的副本或创建新图层。当变换已应用智能滤镜的智能对象时，Photoshop 会在执行变换时关闭滤镜效果。变换完成后，将重新应用滤镜效果。

图 8-71 调色

（a）普通图层；（b）调色后图层效果

图 8-72 智能对象图层

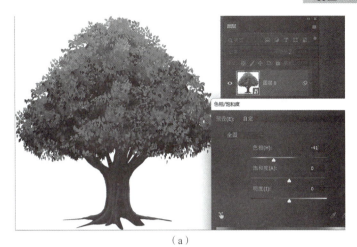

（a）

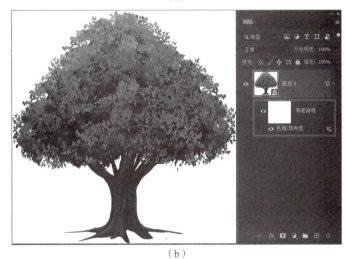

（b）

图 8-73　"智能滤镜"效果

（a）添加"色相饱和度"；（b）"智能滤镜"效果

（a）

图 8-74　效果可收起

（a）展开效果

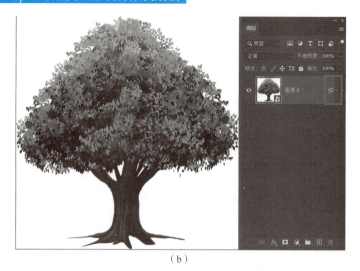

（b）

图 8-74　效果可收起（续）

（b）收起效果

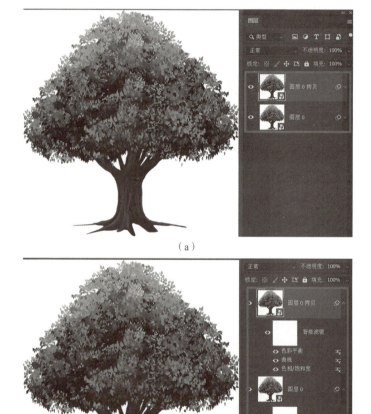

（a）

（b）

图 8-75　复制效果

（a）收起效果；（b）展开效果

拓展学习

二维码 8-5　贴图效果制作

手机屏保插画设计

任务 3　手机屏保插画设计

任务清单

项目名称	任务内容
任务情境	小沈接到绘制手机屏保插画项目，客户要求插画设计凸出立体效果，要有空间感、层次感。
任务目标	（1）掌握绘制图形的基本操作方法和技巧。 （2）认识 3D 图层。 （3）掌握创建 3D 模型的方法和技巧。 （4）掌握编辑 3D 模型的操作方法。
任务要求	请根据任务情景，完成以下任务： （1）完成基本图形的绘制及编辑。 （2）完成 3D 效果的制作。 （3）完成手机屏保插画的创意设计。
任务思考	（1）如何新建 3D 图层？ （2）如何编辑 3D 模型？ （3）创建 3D 模型的方式方法是什么？
任务实施	（1）执行菜单栏中的"文件"→"新建"命令，在弹出的对话框中设置"宽度"为 1 080 像素，"高度"为 1 920 像素，"分辨率"为 72 像素/英寸，"颜色模式"为 RGB 颜色，新建一个空白画布。 　　（2）执行快捷键"Ctrl+O"，打开一张图片素材，并将其拖曳到当前作图画布中，生成"图层 1"。按快捷键"Ctrl+T"框选图像，调整图像大小至填满画布，效果如图 8-76 所示。 　　（3）执行快捷键"Ctrl+J"，复制图层 1，生成"图层 1 拷贝"。执行菜单栏中的"滤镜"→"扭曲"→"旋转扭曲"命令，设置属性如图 8-77 所示。

续表

项目名称	任务内容
任务实施	 图 8-76　导入图像素材 （4）单击"确定"按钮，效果如图 8-78 所示。 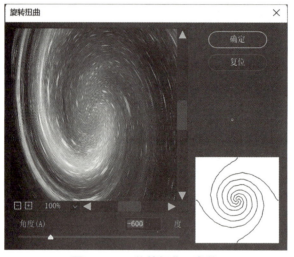 图 8-77　"旋转扭曲"参数　　　图 8-78　扭曲后效果 　　（5）执行菜单栏中的"3D"→"从图层新建网格"→"深度映射到"→"平面"命令，如图 8-79 所示。 　　（6）在"属性"面板中，将预设调整为"未照亮的纹理"，效果如图 8-80 所示。

项目名称	任务内容
任务实施	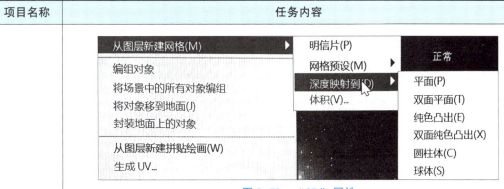 图 8-79 "3D"属性 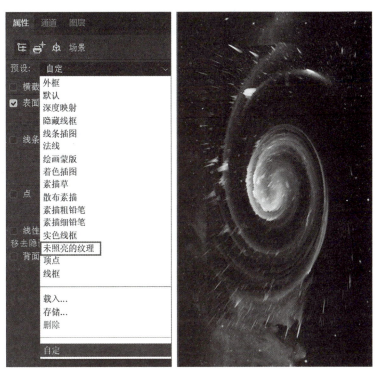 图 8-80 设置预设效果

（7）在工具属性栏中，选择"环绕移动 3D 相机"图标，拖曳图像，效果如图 8-81 所示。

（8）在工具属性栏中，选择"变焦 3D 相机"图标，拖曳图像放大，效果如图 8-82 所示。

（9）按快捷键"Ctrl+N"，新建一个空白画布，设置"宽度"为 800 像素，"高度"为 700 像素，"分辨率"为 72 像素/英寸，"颜色模式"为 RGB 颜色，选择"矩形工具"，在属性栏中将"填充"设置为紫色#9d3cb0，在画布中绘制矩形，如图 8-83 所示。

（10）按快捷键"Ctrl+J"，复制多个图层，并将其中一层移动到画布最底部，效果如图 8-84 所示。

续表

项目名称	任务内容
任务实施	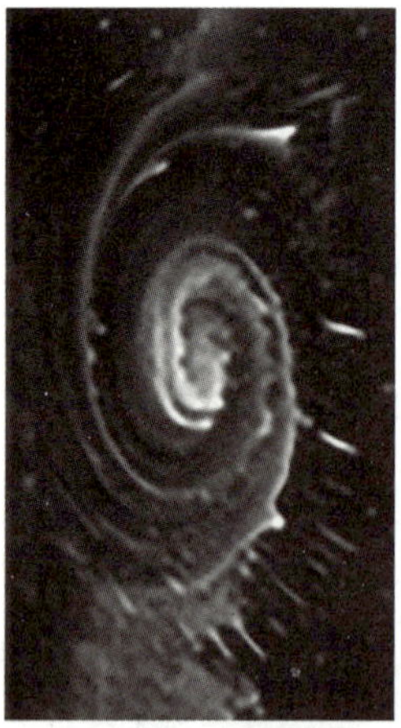 图 8-81　环绕移动 3D 相机调整角度 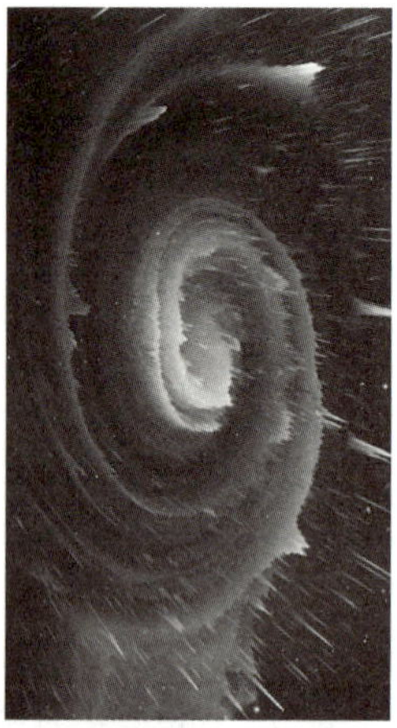 图 8-82　变焦 3D 相机调整大小 图 8-83　新建画布绘制矩形 图 8-84　复制并移动图层

项目名称	任务内容
任务实施	（11）按"Ctrl"键加选所有紫色图层，在属性栏中选择"垂直居中分布"图标![icon]，将所选图层等间距分布，效果如图 8-85 所示。  图 8-85　等间距分布 （12）将所有图层选中，按快捷键"Ctrl+E"，合并所有图层，执行菜单栏中的"3D"→"从图层新建网格"→"网格预设"→"球体"，效果如图 8-86 所示。  图 8-86　最终效果 （13）单击属性栏中的"滚动 3D 相机"图标![icon]，调整图像角度，选择"环绕移动 3D 相机"图标![icon]，拖曳图像，效果如图 8-87 所示。  图 8-87　图像效果

项目名称	任务内容
任务实施	（14）单击该图层，执行右击，选择"转换为智能对象"，再执行右击，选择"栅格化图层"，选择"魔棒"工具，将投影选中，按"Delete"键删除，如图 8-88 所示。 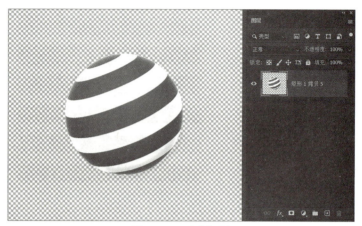 图 8-88　删除投影 （15）将该图像拖曳到作图画布，生成"图层 2"，复制多个图层，并调整图像位置、角度及大小，效果如图 8-89 所示。 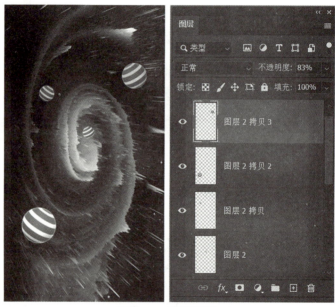 图 8-89　调整图像 （16）分别选中球图层，按快捷键"Ctrl+U"，调整色相，效果如图 8-90 所示。 （17）按快捷键"Ctrl+O"，打开"状态栏图标 . psd"文件，将所有图层拖曳到作图画布，并调整大小和位置，效果如图 8-91 所示。

续表

项目名称	任务内容
任务实施	（18）选择"横排文字工具"，输入时间，设置字体、字号、颜色，并放到合适位置，最终效果如图 8-92 所示。 图 8-90 改变球的颜色　　　图 8-91 状态栏　　　图 8-92 添加文字效果
任务拓展	完成一张 3D 效果手机屏保设计。 要求：3D 效果凸出，层次分明，画面美观。
任务总结	

✓ **知识要点**

8.3.1　认识 3D 图层

　　PS 的 3D 功能虽然比不上 3ds Max、Maya、C4d 等专业三维软件，但是做些简单立体效果还是比较轻松的。在 Photoshop 中不但可以打开和处理由 Adobe Acrobat 3D Version 8、3ds Max、Alias、Maya 以及 GoogleEarth 等程序创建的 3D 文件，而且可以直接为这些 3D 文件绘制贴图、制作动画。

　　创建 3D 图层后，通过 3D 工具可以对 3D 模型进行调整，实现对模型的移动、缩放以及视图缩放等操作，还可以分别对 3D 模型的网格、材质和光源进行设置。一般的 3D 文件中都包含网格、材质和光源，如图 8-93 所示。

网格 材质 光源

图 8-93　"智能对象"图层

网格：提供 3D 模型的底层结构。通常，网格看起来是由成千上万个单独的多边形框架结构组成的线框。3D 模型通常至少包含一个网格，也可能包含多个网格。在 Photoshop 中，可以在多种渲染模式下查看网格，还可以分别对每个网格进行操作。如果无法修改网格中实际的多边形，则可以更改其方向，并且可以通过沿不同坐标进行缩放以变换其形状。还可以通过使用预先提供的形状转换现有的 2D 图层，创建自己的 3D 网格。

材质：一个网格可具有一种或多种相关的材质，这些材质控制整个网格的外观或局部网格的外观。这些材质依次构建于被称为"纹理映射"的子组件，它们的积累效果可创建材质的外观。纹理映射本身就是一种 2D 图像文件，它可以产生各种品质，如颜色、图案、反光度或崎岖度。

光源：光源类型包括无限光、聚光灯和点光。用户可以移动和调整现有光照的颜色与强度，并且可以将新光照添加到 3D 场景中。

创建一个 3D 图层相对比较简单，只需执行"3D"→"从 3D 文件新建图层"命令，弹出"打开"对话框，Photoshop 支持下列 3D 文件格式：3DS、DAE、FL3、KMZ、U3D 和 OBJ，选择文件，单击"打开"按钮，即可新建 3D 图层。

1. 合并 3D 图层

执行"3D"→"合并 3D 图层"命令可以合并一个 Photoshop 文档中的多个 3D 模型。合并后，可以单独处理每个 3D 模型，或者同时在所有模型上使用调整对象和视图的工具。

合并两个 3D 模型后，每个 3D 文件的所有网格和材质都包含在目标文件中，并显示在 3D 面板中。可以使用其中的 3D 模式工具选择并重新调整各个网格的位置，如图 8-94 所示。

 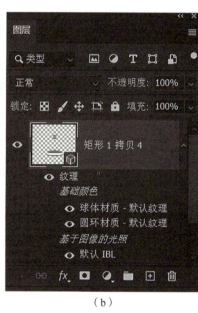 

（a）　　　　　　　　　　　（b）　　　　　　　　　　　（c）

图 8-94　合并图层

（a）图层效果；（b）合并后效果；（c）画面效果

2. 将 3D 图层转换为 2D 图层

将 3D 图层转换为 2D 图层，可使 3D 内容在当前状态下进行栅格化。只有不想再编辑 3D 模型位置、渲染模式、纹理或光源时，才可将 3D 图层转换为常规图层。栅格化的图像会保留 3D 场景的外观，但格式为平面化的 2D 格式。

执行"图层"→"栅格化"→"3D"命令，或用鼠标右键单击"图层"面板上的 3D 图层，选择"栅格化 3D"命令，都可以将 3D 图层转换为 2D 图层。

3. 将3D图层转换为智能图层

将3D图层转换为智能对象，可保留包含在3D图层中的3D信息。转换后，可以将变换或智能滤镜等其他调整应用于智能对象。可以重新打开"智能对象"图层，以编辑原始3D场景。应用于智能对象的任何变换或调整会随之应用于更新的3D内容。

执行"图层"→"智能对象"→"转换为智能对象"命令，或用鼠标右键单击"图层"面板上的3D图层，选择"转换为智能对象"命令，将3D图层转换为智能图层。

8.3.2 创建3D模型方法

在Photoshop中，可以使用凸出命令分别将图层、路径、选区和文字等2D对象凸出到3D网格中，如图8-95所示，然后继续对其完成类似指定材质的一系列操作。

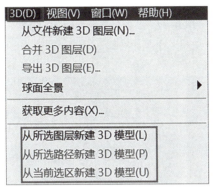

图8-95 "智能对象"图层

1. 从所选图层新建3D模型

选择Photoshop文档中的任一图层，在菜单栏中执行"3D"→"从所选图层新建3D模型"命令，即可将该图层的对象新建3D模型图层，如图8-96所示。

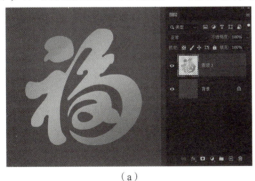

（a）　　　　　　　　　　　　　　　（b）

图8-96 从所选图层新建3D模型
（a）选中图层；（b）3D效果

2. 从所选路径新建3D模型

使用"钢笔工具"或"形状工具"在文档中创建路径或形状，在菜单栏中执行"3D"→"从所选路径新建3D模型"命令，即可将该路径对象新建3D模型图层，如图8-97所示。

3. 从当前选区新建3D模型

确定文档中创建了选区，在菜单栏中执行"3D"→"从当前选区新建3D模型"命令，即可将选区范围凸出为3D网格，如图8-98所示。

（a） （b）

图 8-97 从所选路径新建 3D 模型

（a）路径效果；（b）3D 效果

 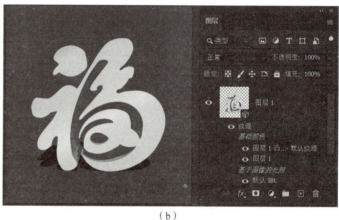

（a） （b）

图 8-98 从当前选区新建 3D 模型

（a）创建选区；（b）3D 效果

8.3.3 从图层新建网格

Photoshop 可以将 2D 图层作为起始点，生成各种基本的 3D 对象。创建 3D 对象后，可以执行在 3D 空间移动、更改渲染设置、添加光源或将其与其他 3D 图层合并等操作。

1. 创建 3D 明信片

一般的 2D 平面图像给人的视觉感受比较单一，不具备空间感。通过创建 3D 明信片，可以对 2D 平面图像随意执行旋转、滚动等操作，使其具有立体效果，如图 8-99 所示。

（1）打开素材图像"夜景.jpg"。执行"3D"→"从图层新建网格"→"明信片"命令，如图 8-100 所示。

（2）明信片效果如图 8-101 所示。

如果将 3D 明信片作为平面添加到 3D 场景，请将新建 3D 图层与现有的、包含其他 3D 对象的 3D 图层合并，然后根据需要进行对齐。要保留新的 3D 内容，可以将 3D 图层以 3D 文件格式导出或以 PSD 格式存储。

图 8-99　打开图像

图 8-100　"明信片"命令

图 8-101　效果图

2. 创建 3D 网格预设

在 Photoshop 中自带了 12 种网格预设，包括锥形、立体环绕、立方体、圆柱体、圆环、帽子、金字塔、环形、汽水、球体以及酒瓶等多网格对象，如图 8-102 所示。

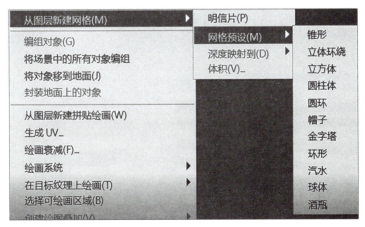

图 8-102　"网格预设"菜单

执行任一命令即可从图层新建形状，根据所选取的形状类型，最终得到的 3D 模型包含一个或多个网格。

（1）绘制图形，效果如图 8-103 所示。

图 8-103　绘制图形

（2）分别执行网格预设各命令，创建 3D 模型效果，如图 8-104 所示。

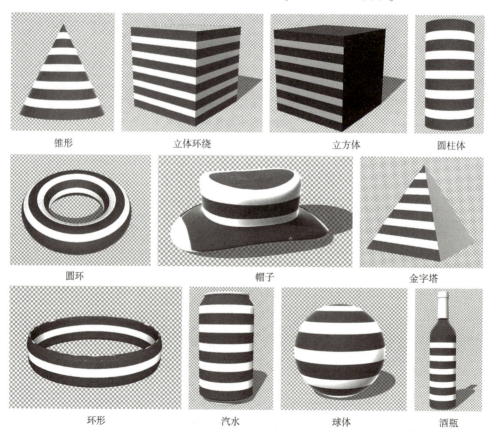

图 8-104　"网格预设"命令

3. 创建深度映射

执行该组命令可以将灰度图像转换为深度映射，如图 8-105 所示，从而将明度值转换为深度不一的表面。较亮的值生成表面上凸起的区域，较暗的值生成凹下的区域。

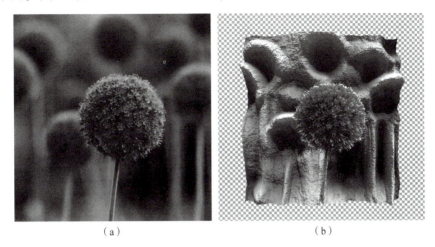

（a）　　　　　　　　　　　　　　　（b）

图 8-105　创建深度映射

（a）原图；（b）创建深度映射效果图

通过执行"深度映射到"命令可以创建 6 种 3D 模型，分别是平面、双面平面、纯色凸出、双面纯色凸出、圆柱体和球体，如图 8-106 所示。

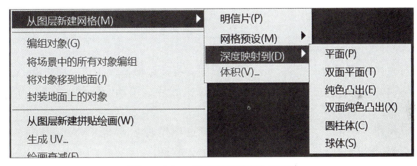

图 8-106　"深度映射到"菜单

平面：将深度映射数据应用于平面表面。

双面平面：创建两个沿中心轴对称的平面，并将深度映射数据应用于两个平面。

纯色凸出：将深度映射数据应用于立方体单面。

双面纯色凸出：将深度映射数据应用于立方体两面。

圆柱体：从垂直轴中心向外应用深度映射数据。

球体：从中心点向外呈放射状应用深度映射数据。

"深度映射"效果如图 8-107 所示。

4. 创建 3D 体积

使用 Photoshop 可以打开和处理医学上的 DICOM（医学数字成像和通信的首字母缩写）图像文件（扩展名为 dc3、dcm、dic 或无扩展名），并根据文件中的帧生成三维模型。

DICOM 是接收医学扫描的最常用标准，它是国际医疗影像设备的图像通信与交流的唯一规范。

Photoshop 可读取 DICOM 文件中的所有帧，并将它们转换为 Photoshop 图层。Photoshop 还可以将所有 DICOM 帧放置在某个图层上的一个网格中，或将帧作为可以在 3D 空间中旋转的 3D 体

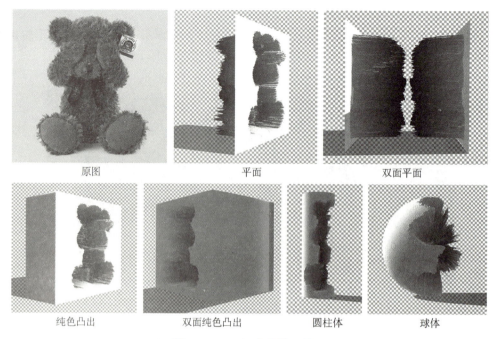

原图　　　　　　平面　　　　　　双面平面

纯色凸出　　　双面纯色凸出　　　圆柱体　　　球体

图 8-107　　"深度映射"效果

积来打开。Photoshop 可以读取 8 位、10 位、12 位或 16 位 DICOM 文件（Photoshop 可以将 10 位和 12 位文件转换为 16 位文件）。

8.3.4　认识 3D 模式

　　移动 3D 对象需要使用 3D 平移工具，调整视图需要使用摄像机工具。而在 Photoshop CS6 中，可以直接使用"移动工具"完成对 3D 对象和摄像机的环绕移动、滚动、拖动、滑动和缩放的操作。

　　对 3D 对象操作：单击"移动工具"按钮，其选项栏右侧显示 3D 模式操作按钮。如果当前图层为 3D 图层，则操作按钮处于可选状态。使用"移动工具"选中要操作的 3D 对象，即可选中不同的操作按钮完成各种操作。

　　对摄像机操作：使用 3D 工具在视图中任意位置单击，缩放 3D 对象工具图标将转换为如图 8-108 所示的形状，此时所有的操作将转换为对摄像机的操作。

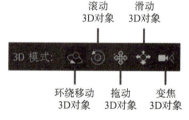

图 8-108　　"3D 模式"图标

　　环绕移动 3D 对象：单击该按钮，上下拖曳可将模型围绕其 X 轴旋转，左右拖曳可将模型围绕其 Y 轴旋转，按住 Alt 键的同时进行拖曳可滚动，环绕移动 3D 对象可以实现对 3D 对象和视图的旋转操作。

　　滚动 3D 对象：单击该按钮，左右拖曳可使模型围绕 Z 轴旋转，可以实现对 3D 对象和视图的滚动操作。

　　拖动 3D 对象：单击该按钮，左右拖曳可沿水平方向移动模型，上下拖曳可沿垂直方向移动模型，按住 Alt 键的同时进行拖曳可沿 X/Z 轴方向移动，拖动 3D 对象可以实现拖动 3D 对象和缩放视图的操作。

　　滑动 3D 对象：单击该按钮，左右拖曳可沿水平方向移动模型，上下拖曳可将模型移近或移远，按住 Alt 键的同时进行拖曳可沿 X/Y 轴方向移动，滑动 3D 对象可以实现滑动 3D 对象和视图的操作。

变焦 3D 对象  ：单击该按钮，上下拖曳可将模型放大或缩小，按住 Alt 键的同时进行拖曳可沿 Z 轴方向缩放，变焦 3D 对象可以实现缩放 3D 对象和视图的操作。

"3D 模式"效果如图 8-109 所示。

| 正形 | 环绕移动3D对象 | 滚动3D对象 |
| 拖动3D对象 | 滑动3D对象 | 变焦3D对象 |

图 8-109   "3D 模式"效果图

使用任意 3D 工具在视图中单击，当"缩放 3D 对象"按钮转换为一个 3D 摄像机图标时，则表示当前的 3D 操作工具将只针对当前视图进行操作，而不再对 3D 模型起作用。

✅ 拓展学习

二维码 8-6   3D 材质贴图制作过程

项目 9　网络广告设计

茶叶网站 banner 设计

"七夕甜蜜购"弹出式
动画广告设计

扫码关注 GIF
动态广告